JN491941

장흥섭 교수와 함께 둘러보는 **대구 전통시장**

과거 · 현재 · 미래

장흥섭 교수와 함께 둘러보는 **대구 전통시장**

과거 · 현재 · 미래

초판 1쇄 2010년 2월 10일 | **초판 2쇄** 2010년 10월 5일

지은이 장흥섭 | **펴낸이** 함인석 | **펴낸곳** 경북대학교출판부

출판등록 1973년 10월 10일㉣ 97호 | **주소** 대구광역시 북구 산격동 1370번지
전화 053) 950-6741~3 | **FAX** 053) 953-4692
이메일 press@knu.ac.kr | **홈페이지** http://knupress.com

ISBN 978-89-7180-283-0 93320

값은 표지 뒷면에 있습니다.
잘못 만들어진 책은 바꾸어 드립니다.

장흥섭 교수와 함께 둘러보는 **대구 전통시장**

과거 · 현재 · 미래

장흥섭 지음

경북대학교출판부

서문 Introduction

과거 우리나라 유통구조는 고급화를 지향하는 백화점, 가깝고 접근성이 좋은 슈퍼마켓(구멍가게), 그리고 가격 싸고 인간미 넘치는 전통시장으로 이루어져 있었다. 그중에서 전통시장은 상거래의 중심지, 소박하고 정이 넘치는 삶의 현장, 문화·놀이의 장, 그리고 만남의 터전 등 사회적·경제적으로 많은 역할을 해 왔다.

그런데 오늘날은 어떠한가. 대부분의 전통시장들이 시장 또는 쇼핑 장소로서의 기능을 잃어가고 있으며 수많은 시장 상인들은 깊은 시름에 빠져 있는 실정이다. "'변하지 않는 것은 아무것도 없다'라는 말만이 변화가 없다"고 한다. 이처럼 모든 것이 급속도로 변하고 있는 상황에서 시장과 시장 상인만은 별로 변화되지 않았기 때문에 그들의 시름이 점점 깊어지는 듯싶다.

이러한 상황에서 우리 정부는 2002년부터 지금까지 전통시장 활성화를 위해 관련 법령의 정비, 지원제도 마련 등 많은 노력을 기울여 왔으며, 또 1조 원이 넘는 막대한 자금을 투입해 왔다. 그 결과, 전통시장들이 외형적으로 크게 변화된 것은 사실이나 그 실질적 효과에 대해 의문을 갖는 사람들이 적지 않다. 이는 전통시장 활성화가 구조적으로 매우 복잡한 문제일 뿐만 아니라, 그 과정에 이해관계가 복잡하게 얽혀 있는 등 전통시장을 활성화하는 데 너무나 많은 걸림돌이 있기 때문이다.

한편 이 책은 총 다섯 개 장으로 구성되어 있다. 먼저 제1장에서 유통산업의 변화와 유통업태, 전통시장 관련 이론을 살펴보고, 제2장에서는 우리나라 전통시장 실태와 정부의 시장활성화 지원 정책에 대해 알아보았다. 그리고 제3장에서는 그간 저자가 3차(1983년, 2007년, 2008년)에 걸쳐 실시한 대구 전통시장의 상인 및 이용객 의식 조사 결과를 분석하였다.

제4장에서는 대구지역 33개 주요 전통시장에 대해 다음 사항들을 알아보았다. 시장별로 시장 일반사항, 점포, 시설 및 주변 환경, 상인(회), 시장이용객의 시장평가, 주요 살 거리·먹을거리·볼거리를 살펴보고, 1983년 조사 결과와 2007년

조사 결과를 비교하였으며, 시장활성화의 문제점과 방안을 기술하였다. 그리고 각 시장별로 1983년의 경우(과거)와 2007년의 경우(현재)를 비교하면서 그간의 변화 정도를 살펴보려 노력하였다. 그러나 1983년 조사시장 수가 2007년 조사시장 수에 미치지 못해 일부 시장의 비교에 그칠 수밖에 없었다.

마지막으로 제5장에서는 상기한 시장 상인·소비자의식 조사 결과와 현장 및 문헌조사를 통하여 전통시장의 문제점(현재)을 도출하고 그 해결방안(미래)을 새로운 시각에서 제시하였다. 이러한 맥락에서 이 책은 대구 전통시장의 과거·현재·미래를 살펴보려 시도한 결과물이라 하겠다.

이 책의 저자로서 개인적인 바람이 있다면 서민 생활의 터전이자 지역경제의 중심이었던 우리 전통시장이 그간 발길을 돌렸던 소비자는 물론 잃어버렸던 인정을 되찾는 것이다. 또한 이 책이 전통시장에 관심이 많은 연구자와 중앙정부 및 지방자치단체 관계자, 그리고 시장 상인(회)에게도 조금이나마 보탬이 되었으면 좋겠다. 이는 곧 저자가 지금까지 전통시장에 관심을 기울여 온 이유인 동시에 이 책을 쓰게 된 동기이기도 하다. 그리고 “변하지 않으면 살아남을 수 없다”, “시장 현대화는 시장 상인의 (의식)변화에서부터”, “전통시장 문제는 지역경제 활성화 차원에서 다루어져야 한다”는 말을 덧붙이고자 한다.

끝으로 전통시장 활성화에 앞장서고 있는 중소기업청·시장경영지원센터 관계자들의 그간의 노력에 감사드린다. 밤늦게까지 연구실을 지켜준 대학원 제자들, 책과 함께 살아갈 수 있도록 인생의 든든한 버팀목이 되어 주신 어머님과 나의 가족들에게 미안함과 고마움을 전하고 싶다.

2010년 2월 2일

경북대 지역시장연구소에서

저자 장홍섭

차례 Contents

Contents

Contents

Contents

I. 유통산업 변화와 전통시장

I 유통산업 변화와 전통시장

1. 유통산업 변화

1) 유통환경의 변화

유통산업은 '재화나 서비스가 생산자로부터 소비자 또는 최종소비자에게 이전되어 가는 과정에서 나타나는 여러 가지 산업'으로, 대체로 도·소매업 및 운수·창고업 등이 포함된다.

우리나라 유통산업은 1996년 유통시장의 전면 개방으로 산업 내 구조개편이 급속히 이루어져 왔다. 특히 IMF 이후에 소비자 욕구가 양극화되면서 고급 브랜드 소비층은 백화점으로, 또 저가격·합리적 구매 소비층은 대형마트, TV홈쇼핑, 인터넷쇼핑으로 옮겨 갔다. 여기에 TV홈쇼핑, 인터넷쇼핑 등의 발달과 택배 서비스의 일반화 현상이 추가됨으로써 원거리 쇼핑이 보다 쉽게 이루어질 수 있게 되었는데, 이야말로 지방시장 및 상권의 위축을 불러온 주요 요인이라 하겠다.

이러한 여건에서 현대 소비자들은 저가격·저품질의 상품을 낮은 서비스로 제공하는 전통시장에 대해 관심을 잃게 된 것이다. 여기서 그간의 유통환경 변화를 살펴보고자 한다.

(1) 유통시장 개방

1988년 유통시장 3단계 개방계획이 발표되면서 외국인 투자제한 완화조치가 점진적이고 단계적으로 이루어졌고, 1996년부터는 점포 수 및 매장면적의 제한마저 철폐되었다. 또 이러한 유통시장의 개방은 외국계 유통기업의 국내진출을 가능하게 했다. 그 결과 월마트Wallmart 등의 세계적인 대형마트가 국내 유통시장으로 들어왔고, 또 국내 대기업들도 이마트, 홈플러스, 롯데마트와 같은 대형마트 사업을 시작하게 되었다.

현실적으로 외국계 유통업체의 국내진출은 선진 경영기법의 도입, 소비자 선택 폭의 확대와 같은 긍정적인 면이 있으나, 국내 유통시장이 외국자본에 의해 잠식당할 수 있다는 부정적인 면도 있다.

요컨대 유통시장 개방으로 등장하게 된 국내외 기업의 대형마트는 막대한 자금력과 새로운 경영기법을 갖고 있어 기존의 전통시장이나 일반소매점으로서는 '상대가 되지 않는 경쟁자'라 하겠다.

(2) 새로운 유통업태의 등장

전통시장을 가장 크게 위협하는 요소는 새로운 유통업태(의 등장)이다. 즉 유통시장 개방 이후 저가격·고품질의 상품을 전통시장보다 훨씬 나은 서비스로 제공하는 대형마트의 등장이 바로 전통시장을 어렵게 만든 주된 요인인 것이다. 대형마트의 경우 2006년 매출액이 25조 5천억 원에 달하며, 그 점포 또한 대도시에서 중소도시에 이르기까지 크게 확산되고 있다.

대형마트는 엄청나게 큰 매장과 대형주차장을 가지고 있어 비교적 큰 상권을 형성하는데 이는 전통시장이 따라갈 수 없는 요소인 동시에 하나의 대형마트가 여러 개의 전통시장을 쇠퇴시키는 요인이라 하겠다.[1]

1 | 한국체인스토어협회 자료에 의하면 2009년 4월 현재 매장면적 3,000㎡ 이상의 대형마트는 전국에 392개나 있다. 대구의 경우를 보면 1997년 단 2개에 불과하던 것이 2009년 말 현재 17개로 늘어났다.

한편 TV홈쇼핑, 인터넷 쇼핑과 같은 무점포 판매방식 또한 매우 빠른 속도로 성장하고 있다. 이 업태들은 판매업자로서는 점포 관련 비용이 들지 않기 때문에 파격적인 가격을 제시할 수 있고, 또 소비자 입장에서는 신용카드credit card를 자유로이 사용할 수 있다는 장점을 갖는다. 뿐만 아니라 인터넷 쇼핑몰은 시간과 장소의 제약을 받지 않고 언제 어디서나 원하는 물품을 손쉽게 획득할 수 있어 인기가 높다.

이와 더불어 전자제품, 완구류, 신발, 의류 등의 특정 상품군만을 전문적으로 취급하는 카테고리 킬러category killer도 급격하게 성장하고 있다. 요컨대 새로운 유통업태들의 등장은 유통산업·시장에서의 경쟁을 심화시켰고, 그 결과 경쟁력이 다소 떨어지는 전통시장과 일반 소매점(동네 가게)이 쇠퇴하게 된 것이라고 할 수 있다.

(3) 상권 변화

도시 구조의 변화, 즉 주거지 분화와 신도시 개발 등으로 인한 도시민의 구시가지 이탈은 전통시장과 중산층의 거리를 멀게 하였고, 이는 전통시장의 상권을 약화시키는 요인으로 이어졌다. 과거 도심 주택가 주민들에게 여러 가지 생활물품을 판매해 온 전통시장 상인들은 그들이 떠난 지금까지 영업을 지속하고 있다. 이 점에서 현재 상인들이 어려움을 겪고 있는 것은 어쩌면 당연한 결과라 할 수 있다. 신도시에는 어김없이 대형 쇼핑시설이 들어옴으로써 중산층과 전통시장의 거리를 더욱 멀어지게 하고 있다.

(4) 유통시설의 기능 변화

현대적인 대형 유통시설들은 단순한 쇼핑공간이라기보다는 여가를 즐기는 공간으로서의 역할도 함께 하는 경향이다. 즉 유통시설 내부에는 패스트푸드점, 서점, 레코드점, 극장 등이 있고, 아울러 각종 이벤트도 열려 소비자들에게 즐거움을 제공하고 있다. 따라서 오늘날의 전통시장도 상품 구매처의 기능은 물론 사람들이 즐길 수 있는 문화공간의 기능을 수행할 수 있어야 할 것이다. 물론 더위와 추위를 막을 수 있는 냉난방 시설, 유아 동반 고객을 위한 놀이시설, 쉴 수 있는 고객 휴게소 등의 구비는 당연하다.

(5) 여성의 사회진출 증가

여성의 경제활동 참여는 빈번한 소량 구매 패턴에서 주말 대량 구매 패턴으로의 전환을 가져왔고, 결과적으로는 대형마트 선호현상을 초래했다고 할 수 있다. 여기에다가 가계소득이 높아지고 건강에 대한 관심이 증대됨으로써 무조건 저가품을 찾기보다는 원산지 및 가격 표시제로 좀 더 믿을 수 있고 질적 수준이 높은 제품을 선호하는 경향이 나타났는데 이 또한 저가격을 주요 경쟁수단으로 해온 전통시장을 크게 불리하게 만든 요인이라 하겠다.

2) 유통산업의 현황 및 변화

유통산업은 넓은 의미로 보면, 상품이 생산자에게서 소비자에게로 넘겨질 때까지의 흐름 전반에 관련된 산업이고, 또 우리나라 유통산업발전법 제2조에서는

"농산물·임산물·축산물·수산물(가공 및 조리물 포함) 및 공산품의 도·소매 및 이를 영위하기 위한 보관·배송·포장과 이와 관련된 정보·용역의 제공 등을 목적으로 하는 산업"이라고 규정하고 있다.

좁은 의미의 유통산업은 소비자에게 물건을 판매하는 소매업과, 소매업자 등을 상대로 물건을 판매하는 도매업을 가리킨다. 표준산업분류법상에서도 도·소매업을 유통산업으로 분류하고 있다. 요컨대 유통산업은 재화나 서비스가 생산자로부터 소비자에게로 이전되어 가는 과정과 관련된 여러 가지 산업으로, 도·소매업을 위시해 운수·창고업 등을 지칭한다. 여기서 우리나라 전체와 대구의 도·소매업에 관해 알아보고자 한다.

(1) 도·소매업 기본 현황

〈표 1-1〉은 2000년~2006년 도·소매업 사업체, 종사자, 매출액 현황을 나타낸 것이다. 전국 도·소매업의 2006년 매출액은 5조 2천8백억 원으로 2000년 대비 42.8%나 신장하였으며, 대구는 2천4백억 원으로 동년 대비 29.8% 증가하였다. 2006년의 경우 대구 도·소매업의 매출액은 우리나라 전체의 4.6%를 차지하는데 이는 2000년에 비해 0.4% 감소한 수치이나 점진적으로는 증가하는 추세이다.

한편 우리나라 전체와 대구의 도·소매업 사업체 수 및 종사자 수는 〈표 1-1〉에서 보듯이 모두 감소하는 추세이다. 즉, 2006년 전국 및 대구의 도·소매업체 수는 각각 844,695개, 48,046개로 2000년에 비해 7.9%, 11.5% 감소하였으며, 종사자 수 또한 2,422,391명, 126,705명으로 2000년 대비 2.8%, 5.4% 감소하였다.

〈표 1-1〉 도·소매업 기본 현황

단위 : 개, 명, 백만 원, %

연도	전국			대구			비율 (A/B)
	사업체 수	종사자 수	매출액(B)	사업체 수	종사자 수	매출액(A)	
2000	916,685	2,493,217	3,696,652	54,281	133,9191	85,977	5.0
2002	898,874	2,615,733	4,419,801	53,202	154,478	198,658	4.5
2004	878,294	2,481,215	4,473,758	50,833	135,811	211,825	4.7
2006	844,695 (−7.9)	2,422,391 (−2.8)	5,279,243 (42.8)	48,046 (−11.5)	126,705 (−5.4)	241,404 (29.8)	4.6

자료 : 통계청(2007), 도·소매업 통계조사, p. 271

주) ( )는 2000년 대비 증가율을 의미함

(2) 백화점 · 대형마트 현황

우리나라 백화점 및 대형마트 현황을 살펴보면 〈표 1-2〉와 같다. 이 표에서 보듯이 우리나라에는 백화점 52개, 대형마트 169개가 있는데 이들은 각각 140,367억 원, 153,702억 원의 연 매출을 올리고 있다.

그리고 대구의 경우 백화점이 6개 있으며 이들의 연 매출액은 11,718억 원인데 이는 다른 5대 광역시의 것과 비교할 때 높은 수준이다. 또한 대형마트는 17개가 있으며 이들의 매출액은 16,125억 원이고, 대형마트 1개당 인구 수는 142천 명이다. 이것 역시 다른 광역시에 비해 많은 편이다. 여기서 대구시민들은 다른 지역민에 비해 백화점이나 대형마트를 더 많이 이용한다고 말할 수 있다.

〈표 1-2〉 백화점 · 대형마트 현황

단위 : 만 명, 개, 억 원, 천 명

구 분	서울	부산	대구	인천	대전	광주	울산	전국
인구 수	1,035	363	255	266	147	141	110	2,317
백화점 수	24	4	6	5	5	5	3	52
백화점 매출액	89,619	11,020	11,718	7,501	6,585	7,266	6,658	140,367
대형마트 수	57	30	17	23	16	14	12	169
대형마트 매출액	70,537	24,244	16,125	17,012	10,717	7,796	7,271	153,702
대형마트 1개당 인구 수	182	121	142	116	92	101	92	136

자료 : 대구광역시(2009), 대구광역시 유통산업 현황과 정책 방향 발표자료

(3) 대구 도 · 소매업 현황

① 대구 도 · 소매업의 조직형태별 현황

도·소매업체의 조직형태는 개인사업체, 회사법인, 회사 이외 법인, 비법인단체 등으로 구분할 수 있는데, 〈표 1-3〉에서 보듯이 2006년 대구지역 개인사업체 수 및 종사자 수는 2000년 대비 각각 13.1%, 10.5% 감소한 반면, 회사법인의 수 및 종사자 수는 각각 38.9%, 23.3%로 크게 증가하였다.

그리고 2006년 개인사업체 수 및 종사자 수는 전체의 92.8%, 73.5%나 되지만 매출액은 전체의 절반에도 미치지 못하는 40.1%에 불과하다. 이는 사업체 수 및 종사자 수에 비해 매우 낮은 수준으로, 대구 도 소매업의 영세성 정도를 나타낸 것이라 하겠다.

〈표 1-3〉 대구 도 · 소매업의 조직형태별 현황

단위 : 개, 명, 억 원

구 분		개인사업체	회사법인	회사 이외 법인	비법인 단체	합계
2000년	사업체 수	51,302	2,445	521	14	54,282
	종사자 수	103,965	26,342	3,588	25	133,920
	매출액	72,931	100,406	12,635	5	185,977
2006년	사업체 수	44,569 (-13.1)	3,397 (38.9)	79 (-84.8)	-	48,045 (-11.5)
	종사자 수	93,085 (-10.5)	32,480 (23.3)	1,140 (-68.2)	-	126,705 (-5.4)
	매출액	96,701 (32.6)	140,923 (40.4)	3,780 (-70.1)	-	241,404 (29.8)

자료 : 대구광역시(2009), 대구광역시 유통산업 현황과 정책 방향 발표자료
주) ( ) 안의 숫자는 2000년 대비 증감 비율

② 대구 도 소매업의 종업원 규모별 현황

〈표 1-4〉에서 2006년 대구 도·소매업체의 종사자 규모별 현황을 보면, 5명 미만인 사업체들가 대부분(91.6%)이며, 그 다음으로는 5~9명(5.9%), 10~19명(1.7%) 순이다. 또 2006년 대구 소매업체 종사자 수를 종사자 규모별로 보면 5명 미만인 사업체가 62.3%로 가장 많고, 그 다음으로 20명 이상인 사업체 15.3%, 5~9명인 사업체 13.9%, 그리고 10~19명인 사업체가 8.5% 순으로 많게 나타나 있다.

마지막으로 매출액을 보면 2006년의 경우 5명 미만인 사업체가 전체 매출액의 36.5%를 차지하고 있는데, 이는 사업체 및 종사자 수에 비해 매우 낮은 수준이다.

〈표 1-4〉 대구 도 · 소매업의 종업원 규모별 현황

단위 : 개, 명, 억 원

구 분		1~4명	5~9명	10~19명	20명 이상	합계
2000년	사업체 수	50.843	2,071	983	384	54,281
	종사자 수	90,504	13,280	11,326	18,809	133,919
	매출액	64,449	36,450	34,590	50,486	185,975
2006년	사업체 수	43,992 (91.6)	2,827 (5.9)	812 (1.7)	415 (0.8)	48,046 (100.0)
	종사자 수	78,952 (62.3)	17,633 (13.9)	10,725 (8.5)	19,396 (15.3)	126,706 (100.0)
	매출액	88,152 (36.5)	54,144 (22.4)	40,129 (16.6)	58,976 (24.4)	241,401 (100.0)

자료 : 통계청(2007), 도 · 소매업 통계조사, p. 304
주) ( )는 전체에서 차지하는 비중(%)임

③ 대구 대형 유통업체 현황

〈표 1-5〉에 의하면, 2008년 말 현재 대구에는 32개의 대형 유통업체가 있다. 이를 구체적으로 살펴보면 홈플러스, 이마트 등 대형마트가 17개로 가장 많고, 대구백화점, 동아백화점, 롯데백화점 등 백화점이 6개, 광장코아 등 기타 유통업체가 4개, 모다아울렛 등 전문점이 3개, 쇼핑센터가 2개이다. 그런데 2008년 현재 유통업체 수는 2004년에 비해 큰 변화가 없으나 전문점이 절반 이상 감소했다는 사실은 특이한 점이라 하겠다.

한편 대구지역 유통업체를 구·군별로 살펴보면, 중구에는 대형마트가 없고 도시 중심가답게 백화점이 제일 많다. 또 주거지역인 북구와 달서구는 대형마트가 많으나 달성군에는 대규모 유통업체가 한 개도 없다.

〈표 1-5〉 대구 대형 유통업체 현황

단위 : 개

구분	중구	동구	서구	남구	북구	수성구	달서구	달성군	합계
백화점	3				1	1	1		6(6)
쇼핑센터	2								2(2)
대형마트		2	2	1	5	2	5		17(17)
전문점	2						1		3(7)
기타		2	1		1				4(3)
합계	7	4	3	1	7	3	7		32(35)

자료 : 대구광역시(2009), 대구광역시 유통산업 현황과 정책 방향 발표자료
주) ( ) 안의 숫자는 2004년도 유통업태 수임

2. 유통업태별 성격

유통산업발전법 제2조에서는 대규모 점포를 "하나 또는 대통령령이 정하는 2개 이상의 연접되어 있는 건물 안에 하나 또는 여러 개로 나누어 설치되는 매장으로, 상시 운영되고, 매장면적의 합계가 3,000 이상인 매장을 보유한 점포집단으로서 대통령령이 정하는 것"이라고 규정하고 있다.

대규모 점포(대형마트, 전문점, 백화점, 쇼핑센터, 그 밖의 대규모 점포), 체인사업, 상점가, 전문상가단지, 무점포 판매 등에 대한 법률상의 정의를 보면 아래 〈표 1-6〉과 같다.

〈표 1-6〉 유통업태별 개념 정의

구분		개념 정의
대규모점포	대형마트	식품 · 가전 또는 생활용품을 중심으로 점원의 도움 없이 소비자에게 판매하는 점포 집단
	전문점	의류 · 가전 또는 가정용품 등 특정 품목을 특화한 점포 집단
	백화점	상품을 편리하게 구매할 수 있도록 현대적 판매시설과 편의시설이 설치되어 있고 직영 비율이 30퍼센트 이상인 점포 집단
	쇼핑센터	다수의 대규모 점포 또는 소매 점포와 각종 편의시설이 일체적으로 설치된 점포로서, 직영 또는 임대의 형태로 운영되는 점포 집단
	그 밖의 대규모 점포	시장, 백화점, 대형마트, 쇼핑센터에 해당하지 아니하는 점포의 집단
체인사업		같은 업종의 여러 소매 점포를 직영(자기가 소유하거나 임차한 매장에서 자기의 책임과 계산 아래 직접 매장을 운영하는 것)
상점가		일정 범위 안의 가로 또는 지하도에 대통령령이 정하는 수 이상의 도매 점포 · 소매 점포 또는 용역 점포가 밀집하여 있는 지구
전문상가단지		같은 업종을 영위하는 여러 도매업자 또는 소매업자가 일정 지역에 점포 및 부대시설 등을 집단으로 설치하여 만든 상가단지
무점포 판매		상시 운영되는 매장을 가진 점포를 두지 아니하고 상품을 판매하는 것으로, 산업자원부령이 정하는 것

자료 : 유통산업발전법 시행령 제4조 관련 내용을 보완하여 작성함

여기서 오늘날 대표적 유통업태인 백화점, 대형마트, 전통시장, 편의점, 온라인 쇼핑몰, 그리고 전통시장의 특성 및 고객관리 방안에 대해 살펴보고자 한다.

1) 백화점

백화점은 상권이 우수한 시내 중심가나 도심 번화가에 위치하며, 교통이 매우 편리하고 일정 규모 이상의 주차공간을 확보하고 있다. 유명 브랜드의 상품을 최상의 가격 및 서비스로 판매하며, 패션의류 및 명품 브랜드 중심으로 상품구색을 갖추고 있으나 식품, 가전, 생활용품도 취급한다. 최고의 쇼핑환경과 편의시설, 고객서비스를 제공하고 있으며, 문화공간으로서의 기능까지 수행하기도 한다.

한편 백화점 고객의 특성을 살펴보면 소득수준이 높고, 자신이 사용하거나 중요한 사람에게 선물할 상품을 구매하는 고객이 대부분이며, 백화점 전체 매출의

80%는 상위 20%의 고객들에 의한 것이라고 한다. 백화점 이용객들은 과시적인 소비성향을 보이고, 중·저소득층 고객들은 세일기간에 백화점을 많이 이용하는 경향이 있다.

백화점 고객관리의 핵심은 VIP 마케팅에 있다고 하겠다. 즉, 백화점에서는 상위고객들만을 위한 특별한 이벤트와 서비스를 제공한다. 그리고 고급스런 분위기와 서비스로 다른 유통업태와 차별화하며, 제품포장에 비교적 신경을 많이 쓴다. 백화점은 바겐세일 등을 통해 과시적 소비성향이 높은 중산층 고객들을 유인하는 전략으로 매출 증대를 도모한다.

2) 대형마트

대형마트는 차량 이용객의 방문이 용이하도록 넓은 주차장을 보유하고 있으며, 교통이 편리한 상권에 위치해 있다. 이러한 대형마트들은 외국의 경우 주로 교외에 있지만 한국의 경우는 대부분 교통이 편리하고 상권이 밀집된 지역에 있다. 또 생필품 위주의 상품구색을 갖추고 있고, 상품 가격이 비교적 저렴하다. 그리고 저가격 수준을 유지하기 위해 복수 상품 포장을 지향하며, 가격이 싼 PB(private brand) 상품을 제작·판매하기도 한다. 대형마트들은 초기에는 가격을 중시하면서 시설은 다소 경시하였으나 현재는 시설 수준도 크게 향상시켰다.

한편 대형마트 고객의 특성을 살펴보면 차량 소유자, 가족 단위 방문객들이 대다수이고, 주말이나 저녁시간에 많이 방문한다. 방문빈도는 다른 유통업태들보다 낮은 수준이지만 1회 방문 시의 구매량 및 금액이 크고, 가격 민감도가 높다.

그리고 고객관리면을 보면 대형마트들은 불특정 다수의 고객을 타깃target으로 하는 행사(1+1 행사, 시즌할인, 적립제도, 쿠폰제도 등)로 고객을 유인하고 있다. 주로 카탈로그나 전단지를 고객들에게 발송하거나 지역신문에 끼워 보내는 방법을 이용한다. 최근에는 가족 단위로 이용할 수 있는 편의시설(휴식공간, 유아놀이방, 푸드 코트, 세탁소, 의복 수선집, 동물병원)을 설치하여 마트 내에서 일상적인 일도 해결할 수 있게 함으로써 고객유인은 물론 마트 내 체류시간도 높이고 있다.

3) 편의점

편의점은 대부분 가시성이 좋은 장소에 위치하면서 24시간 연중무휴로 영업을 한다. 상품구색은 다른 경쟁업태에 비해 떨어지나, 고객들이 자주 찾는 편의품 위주로 상품을 구성하고, 가격은 다른 업태에 비해 비싼 편이다. 접근성이 좋고, 언제 어디서나 이용할 수 있다는 점이 다른 유통업태와 차별화되는 요인인 동시에 편의점의 가장 큰 경쟁력이라 하겠다.

또한 편의점의 주 고객은 편의성을 중시하면서 비교적 생활패턴이 일정하지 않는 젊은 층이다. 즉 젊은이들은 쇼핑시간에 구애받지 않으면서 필요한 상품을 쉽게 획득할 수 있는 편의점을 많이 이용한다.

이처럼 편의점은 불특정 다수의 젊은 층이 주요 고객이기 때문에 경쟁력 있는 유인상품을 개발하고(1+1 행사, 할인행사, 경품행사, 제휴상품 등) 젊은 층의 기호에 맞는 인테리어 및 진열을 해야 한다. 또한 ATM(automatic teller machine) 설치, 택배 접수, 전기요금 수납 등의 서비스를 제공함으로써 고객들을 유인하고 있다.

4) 온라인 쇼핑몰

온라인 쇼핑의 가장 큰 장점은 원하는 시간에 원하는 장소에서 쇼핑이 가능하다는 것이다. 상품구색은 생필품에서 가전제품, 가구 등 그 범위가 무한하며, 가격 또한 다른 유통업태에 비해 저렴하다. 그러나 상품 전달이 택배에 의해서만 이루어지기 때문에 상품을 획득하는 데 비교적 많은 시간이 소요되며, 소비자가 실물을 볼 수 없고 판매원과의 대면접촉 없이 상품을 구매해야 한다는 단점이 있다. 그래서 소비자는 온라인 쇼핑 시에 여러 가지 구매상의 위험을 감수해야 하는데, 이로 인해 구매 시 서비스 제공업체의 신뢰도와 명성을 중요시한다. 그 결과 유명업체 제품일수록 판매가 잘되는 현상이 나타난다. 온라인 쇼핑업자들은 지불제도 개선, 반품제도 실시, 실물사진 제시 등으로 소비자의 불안감을 해소하려는 노력을 기울인다. 또한 다양한 할인 이벤트나 무료배송, 경품증정 등의 행사를 실시함으로써 고객의 관심도를 높이는 데 많은 노력을 기울인다.

대부분의 온라인 쇼핑 고객들은 편의성을 중시하며, 인터넷이나 통신에 능하고 가격을 중요시하는 젊은 층이다. 이에 비해 TV홈쇼핑 고객은 인터넷이나 통신판매와는 달리 비교적 시간이 많으면서 충동적 성향을 가진 주부들이 대부분이다.

5) 전통시장

과거 유통업의 중심인 동시에 서민경제의 버팀목이었던 전통시장은 시설의 노후화와 구태의연한 영업방식으로 인해 유통업태들 중에서 가장 불리한 입장에 있다.

일반적으로 전통시장은 주거 밀집지역에 위치하며, 근린생활시장의 구조를 갖는다. 주로 식료품, 생필품 위주의 상품구색을 갖추고 있으며 가격 및 품질경쟁력도 다소 있다. 진열이나 가격표시, 카드결제, 사후관리 등의 경영현대화 수준은 비교적 낮으나, 경영현대화 사업을 통해 그 수준을 높이려고 노력하고 있다. 현재 아케이드, 화장실, 점포간판 등의 기본적인 시설을 갖추어 나가고 있지만, 백화점이나 대형마트에 비해 수준이 크게 떨어지는 실정이다.

〈표 1-7〉 유통업태별 특성 비교

구분	백화점	대형마트	슈퍼마켓	편의점	카테고리 킬러	무점포 판매	전통시장
중심상품	패션	식품, 생필품	식품	편의점	내구재	패션 생활용품	식품, 생필품
주요고객	30대 중반 ~ 40대 중반	30대 초반 ~ 40대 중반	30대 초반 ~ 40대 중반	20대 ~ 30대	20대 ~ 40대	30대 ~ 40대	40대 ~ 60대
운영형태	수수료 매장	수수료 + 직영	직영	직영	직영	수수료 매장	임대
상권범위	초광역권	광역권	지구권	근린권	지역권	초광역권	초광역권 ~ 근린권
라이프 사이클	성숙기	성장기	성숙기	성장기 후반	성장기 초반	홈쇼핑 : 성숙기 전자상거래 : 성장기	쇠퇴기
주차장 (1대 내외 /평당)	약 10평	약 5평	약 10평	-	10~15평	-	극히 취약
종사자 연령	20~40대	20~30대	20~30대	10~20대	20~30대	20~30대	40~60대

자료 : 중소기업청(2008), 상인 교육 자료, p. 22

전통시장 이용객 대부분은 시장 1km 미만에 거주하는 40~60대의 주민이다. 그들은 자주 시장을 방문하나 비교적 소량 구매한다.

그리고 전통시장에서는 고객관리가 전무하다 해도 과언이 아니다. 그러므로 고객유인을 위해 이용객들에게 마일리지 제도, 배달 서비스 등을 시행해 볼만 하다. 다른 경쟁업태들보다 뛰어난 쇼핑환경을 제공하는 것은 어렵지만, 고객들이 불편하지 않을 정도의 편의시설 구비 및 시설현대화는 필수적이다. 또한 이용객의 대부분이 40~60대이므로 이들의 취향에 맞는 프로그램 및 이벤트가 개발되어야 할 것이다.

유통업태별 취급상품, 주 고객층, 운영형태, 상권범위, 라이프 사이클, 종사자 연령 등을 알아보면 왼쪽 〈표 1-7〉과 같다.

한편 백화점, 대형마트, 슈퍼마켓, 편의점, 대형전문점, 무점포 판매, 기타 소매점(전통시장)의 매출액 변화 추이를 보면, 〈표 1-8〉에서와 같다. 이 표에 의하면 우선 백화점은 2000년 이후 매출액 증가가 보합세를 유지하고 있는 데 비해, 대형마트, 편의점, 무점포 판매는 매출액이 급속히 증가하고 있다. 반면 슈퍼마켓, 기타 소매점(전통시장)은 2000년 이후 지속적으로 감소하는 실정이다. 그리고 2006년의 매출액은 2000년을 기준으로 할 때 편의점, 무점포 판매, 대형마트 순으로 많이 신장했음을 알 수 있다.

〈표 1-8〉 유통업태별 매출액 추이(2000년=100)

단위 : %

업태 / 년	백화점	슈퍼마켓	대형마트	편의점	대형 전문점	무점포 판매	기타 소매점
2000	100.0	100.0	100.0	100.0	100.0	100.0	100.0
2001	105.9	97.8	127.1	140.5	110.7	142.0	99.8
2002	111.8	98.6	155.8	189.3	121.0	183.1	104.0
2003	105.8	99.8	170.2	226.4	109.3	179.2	100.9
2004	100.7	93.1	180.7	240.9	91.4	184.3	99.7
2005	103.8	94.9	195.7	243.0	84.2	210.8	101.0
2006	107.6	96.5	213.0	258.5	95.2	245.5	101.6

자료 : 통계청(2007), 도 · 소매업 통계조사, p. 307

주) 무점포 판매에는 전자상거래, 기타 통신판매(TV홈쇼핑, 우편 소매, 카탈로그 소매 등), 기타 무점포 소매업(계약 배달판매, 방문판매 등)이 포함되며 재래시장은 기타 소매점에 포함되었음

3. 시장과 전통시장

1) 시장의 의의와 기능

(1) 시장의 의의

시장은 사회집단의 모든 구성원들 간의 인간관계를 연결하는 매개체로, 재화와 용역의 수요·공급을 조절하는 기능을 수행한다. 또한 시장에는 인간의 오랜 삶이 함축되어 있고 다양한 정보들이 담겨 있어 시장이야말로 지역민들의 의식주(내용 및 수준)와 전통적 생활양식을 알게 해 준다.

일반적으로 말하는 시장은 '상품이 거래되는 곳', '상품의 수요와 공급에 따라 가격이 결정되는 추상적인 곳', 그리고 '판매자와 구매자 간에 상품거래가 이루어지는 구체적인 시설 또는 장소' 등으로 정의된다. 우리나라 시장법에 의하면 "시장이라 함은 상설시장과 정기시장을 말한다"라고 규정되어 있는데, 여기서 이들 각각에 대한 정의를 알아보고자 한다.

먼저 상설시장이라 함은 "이 법에서 정해 놓은 시장 개설 요건을 갖추고 하나의 건물 안에서 대통령령이 정하는 수의 영업자가 상시로 물품의 매매 교환이나 기타 이를 지원하는 용역의 제공 등을 하는 영업장을 말한다"라고 규정하고 있다. 이에 반해 정기시장[2]은 "일정구역 안에서 규정에 의한 시설 기준 등을 갖추고, 정기 또는 계절적으로 다수의 수요자와 공급자가 모여 물품의 매매 교환이나 기타 이를 지원하는 용역의 제공을 하는 장소를 말한다"라고 정의되어 있다.

한편 우리나라 전통시장은 '마을 장터'의 의미를 갖는데, 계획적으로 조성된 시장이라기보다는 소비자의 실생활 과정에서 자연스럽게 형성·발전되어 온 시장인 것이다. 그러나 법률상에서는 전통시장을 "우리나라 고유의 전통시장으로 이미 개설 허가된 시장 중 1980년 이전에 형성된 시장으로서 시설이 노후화되어 재개발 및 근대화의 필요성이 있는 시장"으로 규정하고 있다.

또 전통시장 및 상점가 육성을 위한 특별법 제2조에 의하면 "전통시장이라 함은 상업기반 시설이 노후화되어 개·보수 또는 정비가 필요하거나 유통기능이 취약하여 경영개선 및 상거래의 현대화 촉진이 필요한 장소를 말한다"라고 표기되어 있다.

2 | 한국의 정기시장은 이것이 가지고 있는 공간적·경제적·사회적·문화적 의미 때문에 지리학, 역사학, 경제학, 사회학, 그리고 인류학 등의 학문 분야에서 지속적인 연구 과제가 되어 왔다.(설병수, 「농촌 정기 시장의 사회·문화적 의미」, 『지방사와 지방 문화』 8권 1호, 경북대 영남문화연구원, 2004, p. 282)

〈표 1-9〉 전통시장의 정의

연구자 명	정의
김효록(1960)	시장은 2종류 이상의 물재를 소유하고 있으며, 그것을 교환할 의사를 가지고 있는 곳이다.
C. S. Belshaw(1965)	사회, 경제, 문화 및 기타 대상물을 가진 장소로서, 사는 사람과 파는 사람이 모여서 가격이 결정되는 곳을 가리킨다.
게본스(1970)	원래는 물재가 판매되는 공개적인 장소를 뜻했으나, 그러한 장소는 물론 물재를 거래하는 사람들의 집단까지도 포함한다.
Bromley, Symanski, Good(1975)	시장은 매주 또는 월 1회 이상이지만 매일보다는 덜 자주 규칙적으로 열리는 곳으로, 파는 사람과 사는 사람이 일정한 시간과 장소에 모여 행하는 거래 또는 거래가 이루어지는 장소이다.
설성희(1980)	인적 · 물적 · 시간적 · 공간적 요소들이 한데 모여 자연 발생적으로 만들어진 사회적 합의를 말한다.
장지은(2003)	전통시장이란 '전통'과 '시장'의 조합으로 이루어진 단어로서 자연 발생적으로 조성된 고유의 전통적 시장을 말한다.
중소기업청(2004)	전통시장은 자연 발생적으로 조성된 고유의 전통적 시장을 의미하며, 1980년 이전에 개설된 시장이거나 시설이 노후화하여 재개발을 필요로 하는 상설 전통시장과 정기시장을 총칭한다.

자료 : 김종국, 「한국 재래시장의 유형 분류와 전략적 유형 정의에 관한 연구」, 숭실대학교 대학원 박사학위논문, p. 35

위 정의들을 종합해 보면 시장은 "단순히 경제적 기능만을 하는 곳이 아니라 사회·문화적 기능이 포함된 인간의 삶과 관련되는 종합적 기능을 수행하는 사회 집단의 생명의 원천인 동시에 집단의 삶의 현장"이라고 말할 수 있다. 그런데 일반 소비자들은 시장과 전통시장을 구분 없이 사용하는 경향이 있다.[3]

3 | 김종국, 「한국 재래시장의 유형 분류와 전략적 유형 정의에 관한 연구」, 숭실대학교 대학원 박사학위논문, 2007. 12., p. 26

(2) 시장의 기능

첫째, 자원배분 기능을 수행한다.

시장은 수요와 공급을 조절하여 자원을 적절히 배분하는 기능을 수행한다. 수요량이 공급량보다 많을 때에는 가격이 상승하고, 가격이 상승하면 생산량을 늘리게 된다. 이와 반대로 수요량이 공급량보다 적을 때에는 가격이 하락하며, 생산량이 감소한다. 이처럼 시장은 수요와 공급의 조절작용을 통해 사회가 필요로 하는 자원을 적절히 배분하는 기능을 수행한다.

둘째, 사회적 복지 증진에 기여한다.

시장은 사회적 복지를 증진시킨다. 즉 시장은 경제 주체들에게 저마다 필요로 하는 물자를 얻게 해 줌으로써 모든 경제 주체들의 복지를 증진시킨다는 것이다.

셋째, 경쟁을 촉진한다.

경제 주체들은 각자의 이익을 위해 시장에서 이루어지는 다양한 경쟁에 참여하게 된다. 이처럼 경쟁은 경제가 활성화되도록 작용하고, 또 소비자들이 보다 나은 재화를 구매·사용할 수 있도록 해 준다.

넷째, 혁신력과 기술발전 기능을 수행한다.

시장의 존재는 기업들이 시장경쟁에서 살아남기 위해 많은 노력을 하도록 하고 또 보다 많은 이윤을 남기기 위해 끊임없는 기술혁신을 유발한다. 기술혁신은 시장경제의 역동적인 힘을 갖고 있기 때문이며, 이는 곧 소비자 선호 및 선택(원리)에 기초를 둔 것이라 하겠다.

2) 전통시장의 장단점

(1) 전통시장의 장점

우리나라 전통시장은 도시의 번화가나 주거 밀집지역에 위치하고 있어 개발잠재력이 크다. 그러나 〈그림 1-1〉에서 보듯이 전통적 구매 분위기, 입지적 장점, 넓은 부지 규모, 지역 커뮤니티 역할 등의 장점이 있다. 여기서 이들에 대해 구체적으로 알아보고자 한다.

첫째, 입지상의 장점이 있다.

지방 중소도시에 있는 전통시장은 대체로 도심에 위치해 있다. 이는 광역시를 제외한 지역 전통시장 중 65.5%가 상업지역에 위치해 있다는 사실에서 알 수 있다.(중소기업청·한국유통연구소, 2000) 대도시 전통시장은 도시 또는 지구(지역) 중심으로 발전한 것과 주택가 생활권 중심으로 발전한 것으로 나눌 수 있다.

지방 중소도시의 전통시장은 상업중심지에 위치하여 그 지역 유통의 중심이 될 정도로 입지조건이 좋고, 또 대도시 상업중심지에 있는 전통시장은 교통이 편리하다(대중교통의 접근용이성). 주거지역의 전통시장은 주민들이 도보로 시장에 갈 수 있고, 고정고객 또한 쉽게 확보할 수 있다는 장점이 있다.

한편 전통시장은 대체로 넓은 부지를 차지하고 있다. 참고로 중소기업청 시장경영지원센터의 자료[4]에 따르면, 2008년 현재 전통시장의 평균 대지면적, 건물면적, 매장면적은 각각 7,136㎡, 7,186㎡, 4,444㎡로 나타나 있다.

둘째, 우리의 역사와 문화가 담겨 있다.

4 | 중소기업청 시장경영지원센터(2008), 2008 전국전통시장 및 점포경영 실태조사 통계자료집, p. 220

〈그림 1-1〉 전통시장의 장점

전통시장은 중·장년층 이상에게는 향수를 느끼게 한다. 즉 중·장년층은 가격표시제 보다는 가격흥정에 익숙하며, 덤으로 주기를 통해 인정을 나누는 등 전통시장이 친숙한 구매 장소로 각인되어 있다. 요컨대 전통시장은 서민층 소비자들이 주로 이용하는 장소, 서민적 애환이 교차되는 곳, 그리고 사람들 간에 정보가 교환되고 여론이 형성되는 공간이라고 하겠다.

셋째, 업종과 상품이 다양하다.

전통시장에는 많은 점포와 다양한 업종 및 상품이 있다. 즉 생활권 중심 전통시장의 경우 거의 모든 생활용품을 갖추고 있으며, 또 전문시장의 경우에는 전문업종의 많은 상품들이 집결되어 있다. 그리고 동일 업종의 점포들이 모여 있어 점포 간에 경쟁이 이루어짐으로써 양질의 상품을 저렴하게 공급할 수 있고, 소비자의 비교구매 또한 쉽게 한다. 전통시장에는 대형마트·슈퍼마켓에서는 볼 수 없는 독특한 상품(대장간, 칼·톱갈이 등)도 있다.

뿐만 아니라 시장은 다수의 상인들이 모여 있어 경쟁의 원리, 보완의 원리, 조화의 원리가 작용하며 대부분의 시장 점포들은 가족 단위로 생업적 경영을 하고 있어 일반 판매원과는 비교할 수 없을 정도로 깊은 인간관계를 가진다.

넷째, 지역경제에 크게 기여한다.

대형마트나 백화점이 주로 전국적 브랜드를 취급하는 데 비해 전통시장은 그 지역에서 생산된 물품을 많이 취급하기 때문에 지역경제와의 관련성이 높다. 특히 농산물, 축산물, 수산물의 경우는 시장이 지역특산물의 집산지 기능과 거래중심지 기능을 수행한다. 뿐만 아니라 지방 중소제조업이 생산한 제품도 많이 거래된다. 따라서 전통시장은 지역경제의 중심적 역할을 하고 있다고 말할 수 있다.(김준호 외, 2002)

다섯째, 지역 커뮤니티의 역할을 한다.

전통시장은 각 생활권역별로 입지해 있어 지역 주민들의 만남과 교류의 장인 커뮤니티 센터로서의 역할을 해 왔다. 즉, 서구의 광장과 같은 역할을 함으로써 단순한 상품교환의 장 이상의 역할을 수행해 왔으며, 또 지역 풍물과 축제의 중심무대이기도 하였다.

그러나 전통시장의 지역 커뮤니티 역할은 사회 경제적 환경변화로 점점 퇴색되고 있다. 오늘날의 전통시장에서는 과거 전통시장 볼거리로는 더 이상 관심을 끌지 못할 뿐만 아니라 과거와 같은 시장 기능과 장세를 찾아 볼 수 없는 것이 현실이다. 따라서 과거의 이러한 커뮤니티 역할을 오늘날에 맞도록 부활시키는 것이야 말로 전통시장 활성화의 좋은 방안이 될 수 있을 것이다.

요컨대 상기한 바와 같은 전통시장이 붕괴된다면 지역경제가 크게 위축될 것이며, 또 상인들은 생존권마저 위협받게 될 것이다. 이는 곧 우리나라 전통시장을 활성화시켜야 하는 주요 이유라 하겠다.

(2) 전통시장의 단점

전통시장은 〈그림 1-2〉에서 보듯이 시설의 낙후성, 개발주체의 모호성, 상인들의 의지·능력 부족 등의 단점이 있다. 여기서 이들에 대해 구체적으로 알아보고자 한다.

첫째, 제반시설이 낙후되어 있고 시장 환경이 열악하다. 즉, 대부분의 시설이 노후하여 외관상 불결해 보일 뿐만 아니라 안전상의 위험까지 내포하고 있다. 또 주차시설 등 고객편의시설이 부족해 이용객은 물론 상인들도 불편을 느끼고 있다.

둘째, 시장운영이 비효율적이다. 시장들이 영세상인들로 구성되고 강력한 리더십을 가진 리더가 없어 시장경영이 비효율적이며 사업 추진 시에 크고 작은 난

〈그림 1-2〉 전통시장의 단점

관에 부딪히곤 한다.

셋째, 대부분의 점포들이 영세하고 상인들의 점포경영 능력이 부족하다. 시장 점포 상인들은 교육수준이 낮고 자본력이 약할 뿐만 아니라 점포들이 생업 위주의 전통적 경영방식으로 운영되고 있다. 이러한 시장 상인들에게 시장활성화를 위한 재투자를 기대하기는 다소 무리라 하겠다.

넷째, 상거래가 전근대적이며 대고객 서비스가 부족하다. 즉 유통질서 문란, 가격 정찰제 미정착, 무자료거래 관행 등이 시장발전을 저해하며, 또 대부분의 상인들이 현대 소비자들의 욕구에 부응하지 못하고 있다.

다섯째, 경영 및 마케팅 능력이 부족한 실정이다. 전통시장 상인 대부분은 학력 및 경영의식 수준이 낮아 점포 및 시장경영 능력이 부족하다. 그래서 시장들이 자체적으로 마케팅 전략을 수립하는 데에는 한계가 있다고 본다.

여섯째, 개발 주체가 애매모호하다.

시장은 시장개설자가 임대하는 임대시장과 분양시장으로 나눌 수 있는데, 분양시장은 다시 분양자가 직영하는 경우와 타인에게 임대하는 경우로 나뉜다. 이처럼 시장에 관련된 사람이 많으며, 당사자들 간의 이해관계가 복잡하여 이해관계를 조율하기가 매우 어렵다. 더욱이 시장활성화의 주체가 상인들이어야 함에도 불구하고 재정적·경영적 능력의 한계로 그렇지 못한 실정이라 문제가 된다.

결론적으로 말해 많은 전통시장들이 도시계획 이전에 형성된 것들이라 시장건물 및 설비들이 크게 노후화 되었고 도시 미관마저 해치고 있는 실정이다. 게다가 임대 점포가 과반수이상이고 대부분의 점포들이 영세하기 때문에 유통환경 변화에 대처하는 능력을 갖추지 못하고 있다 해도 과언이 아니다. 뿐만 아니라 전통시장은 서비스 능력, 상품 기획·관리능력 등의 면에서 백화점이나 대형마트에 비해 영업 효율성이 크게 떨어진다.

Ⅱ. 우리나라 전통시장의 성격

NEXT

Ⅲ. 대구 전통시장의 소비자 및 상인의식

Ⅳ. 대구 전통시장의 다차원 분석(과거/현재)

Ⅴ. 대구 전통시장의 문제점과 활성화 방안(미래)

II 우리나라 전통시장의 성격

1. 우리나라 전통시장의 역사
2. 전국 및 대구 전통시장 현황
3. 정부의 전통시장 지원정책 및 실적

1. 우리나라 전통시장의 역사

1) 시장의 기원[5]

시장이 형성된 시기는 신석기시대로 보며 초기의 시장은 침묵교역沈默交易의 형태였다. 즉, 어떤 공동체가 특정 물품이 필요하면 이웃 공동체에게 자신들이 필요로 하는 물품을 일정한 장소에 두고 가도록 암시하고 이웃 공동체는 그 물품을 정해진 장소에 둠으로써 서로 필요한 물품을 나누는 형태였던 것이다. 이러한 형태의 물물교환은 상당히 오랫동안 지속 되었다고 한다.

나라 안 교역으로는 연시年市, 정기시定期市가 발달했는데 그중 종교행사와 관련하여 열렸던 연시에는, 외국산 희귀 사치품과 국내 각 지방의 특산물들이 나왔다. 또한 연시가 열릴 때면 시장은 먼 곳에서 온 상인, 수공업자, 농민 등은 물론이고 연예인에서부터 오락장을 여는 사람, 거지 등 각양각색의 사람들이 모여 물건을 사고파는 축제의 장이었다고 전해진다.

이러한 시장의 예로 고대 그리스 델포이에 열렸던 시장을 들 수 있다. 델포이에서는 1년에 한 번씩 신전에 제사를 지냈는데, 제사를 지내는 사흘째 되는 날 오전에 시장이 열려 가축, 의류, 노예, 금·은제품 등이 거래되었다. 또한 중세봉건시대에는 성이나 교회, 수도원을 배경으로 도시가 발달하였는데, 여기서도 축제일을 계기로 시장이 열렸다. 이때의 시장이 주시週市, 연시年市 등의 형태로 정

5 | 주영하 · 전성현 · 강재석(2003), 『사라져 가는 우리의 5일장을 찾아서』, 민속원
신기진(2005), 『재래시장 블루오션』, 도서출판 효성

기시장으로 발전하게 된 것이다.

농촌 중심 사회에서 광범위하게 개설된 정기시장은 간지干支[6]를 주기로 10일이나 12일 단위로 열렸으며 농산물, 해산물, 일용품 등의 생활필수품이 주로 거래되었다. 인구와 수입이 증가하면서 농촌 정기시장이 활성화되어 10일이나 12일 사이에 2회씩 정기적으로 열렸으며, 더 나아가 2~3일에 한 번씩 열리는 시장으로 발전하였다. 이러한 정기시장[7]은 상인들이 인근지역까지 상권을 넓히는 계기가 되었으며, 근대도시에 상설시장이 생기는 기반을 마련해 주었다.

그리고 진·한시대에는 관료제 성립, 지방 군현제 도입으로 현이 교역의 중심이었다. 나라에서는 '소금과 철기를 국가가 전매한다'는 법을 만들어 대상인을 통제했고, 상인들을 세금부과 대상으로 삼았다. 그리고 당·송대에 들어오면서 중국사회는 그동안의 생산력 향상과 인구 증가에 힘입어 성 밖으로 주거지가 확대되면서 곳곳에 촌시村市, 초시草市, 장場 등으로 불리는 정기시장들이 생겨났다.

6 | 천간(天干)과 지지(地支). 십간(十干)과 십이지(十二支) 또는 간(干)과 지(支)를 조합한 것을 이르는 말이다.

7 | 정기시장이 가장 활발했던 곳은 중국인데, 고대 중국에서는 전설의 제왕인 신농씨(神農氏)가 시장을 만들었다고 전해지고 있다.

2) 우리나라 전통시장의 역사[8]

우리나라 전통시장의 역사는 6단계, 즉 고조선 및 삼한시대, 삼국 및 통일신라시대, 고려시대, 조선시대, 일제강점기, 그리고 8·15 해방 이후로 나눌 수 있다. 여기서 이들에 대해 구체적으로 알아보고자 한다.

(1) 고조선 및 삼한시대

우리나라에서 시장은 '저자', '장시場市', '장문場門' 등으로 불려 왔으며, 이를 줄여서 '장場' 또는 '시市'라고도 했다. 문정창에 의하면 시장은 단군조선시대에 이미 발달해 있었다고 한다. 즉, '시장선 화폐후市場先 貨幣後'설에 근거하여 물물교환이 이루어지는 장소에 시장이 발생하고, 시장은 화폐가 생긴 후 급속히 발전하였다는 것이다.

또한 우리나라에서는 이미 단군조선시대에 곡폐穀幣와 피폐皮幣를 사용하였으며, 기자 홍평왕 원년(기원전 957년)에 금속화폐인 자모전이 만들어졌는데 이는 고조선시대에 이미 시장이 발달했었다는 사실을 입증하는 것이라 하겠다.

우리나라 최초의 시장에 관한 기록은 삼한시대의 것이다. 중국의 『후한서』에 의하면, 당시에 조, 보리, 콩, 벼 등의 오곡이 생산되었고 누에고치와 삼을 원료

8 | 문정창(1941), 『조선의 시장』, 일본평론사
이재하 · 홍순완(1992), 『한국의 장시』, 민음사
황명수 등(1992), 『한국의 시장 상업사』, 신세계백화점
조병찬(2004), 『한국시장사』, 동국대학교출판부
변명식 · 고경순(2006), 『재래시장 경영론』, 학문사

로 하는 방적이 널리 행해졌는데, 이들은 여러 시장에서 철 화폐로 매매·교환되었다고 한다. 또한 『삼국지 위지동이전』에 의하면, 시장에서의 모든 매매는 철을 매개로 이루어지는데, 이것은 마치 중국에서 돈을 쓰는 것과 같다고 하였다.

한편 삼한시대에는 4종류의 시장이 있었는데 이들에 대해 알아보면 다음과 같다.

첫째, 경계시境界市이다. 이는 주권이 서로 다른 78개 읍국들의 경계지점에 위치한 임지 또는 하천변에서 열리는 시장이다.

둘째, 가로시街路市이다. 이는 촌락과 촌락을 연결하는 교통이 편리한 길목 또는 밀집촌락의 길거리에서 열리는 시장을 가리킨다.

셋째, 성읍시城邑市이다. 이는 읍국의 중심지인 성읍 안의 적당한 가로歌路, 광장廣場 또는 성문城門 내외의 연도沿道에서 물자교환을 위하여 열리는 시장이다.

넷째, 제전시祭典市이다. 촌락민들이 자연신에게 제례를 지낼 때 필요한 물자를 교환·매매하기 위해 제단 부근에서 열리는 시장을 가리킨다.

우리나라에서 시장이 언제 생겨났는지에 대한 문헌상의 기록은 명확하지 않다. 그러나 시장은 화폐보다 먼저 생겼을 것이므로 고조선시대부터 발생했다고 보는 것이 일반적 견해다.

(2) 삼국 및 통일신라시대

① 고구려시대

고구려시대의 시장 관련문헌은 찾을 수가 없어 당시 어떠한 시장이 있었는지를 알 수 없는 실정이다. 그러나 고구려는 곡폐와 포폐布幣 및 전錢과 같은 화폐를 사용하였고 화폐를 통한 교환경제가 발달해 있었다고 한다. 또한 전국적으로 164개의 주州, 군郡, 현縣이 있었는데, 이들 행정구역의 소재지에는 생활물자의 교환·매매를 위한 각종 시장이 있었을 것으로 추측된다.

② 백제시대

백제 내에도 상업이 성행하여 시장이 크게 발달했을 것으로 보이나, 경시京市에 관한 문헌이 없어 웅진시대에 경시가 있었다는 것밖에 알 수 없다. 백제는 그 수도인 고마성固麻城에 관설시장을 개설하고, 도시부라는 시장 감독청을 두어 시장의 개폐, 상거래질서 유지, 분쟁 조정, 불법거래 등을 관리하며 세금을 징수하고 어용품御用品을 조달하는 일을 수행토록 했다. 그런데 고마성이 곧 웅진성이므로 이 고마성 시장이 바로 웅진시장인 것이다.

한편 백제는 지역적으로 삼한의 마한지역을 이어받은 나라이다. 따라서 백제의 지방시장, 즉 향시는 삼한시대 마한지역의 경계시, 가로시, 성읍시를 계승·발전시킨 것이라고 할 수 있다. 또 백제가요 「정읍사」를 보면 백제에는 지방시장과, 지방을 돌아다니면서 장사를 하는 행상이 있었다고 한다. 즉 행상을 다니는 남편을 그리워하는 아내의 노래에서 지방시장이 있었음을 짐작할 수 있다.

③ 신라시대

『삼국사기』에 의하면, 신라 소지왕 12년(490년)에 원활한 물자교역을 위해 경주에 최초의 시장이 있었다는 기록이 있는데, 이것이 도시적인 시장인 경시에 해당된다고 하겠다. 이어서 지증왕 10년(509년)에 경주 동쪽에 동시東市를 두었고, 또 통일신라 후인 효소왕 4년(695년)에는 경주의 서쪽과 남쪽에 시장이 각각 설치되었으며, 그 후 시장 감독기관인 동시전東市典, 서시전, 남시전도 세워졌다. 이러한 신라의 시장은 정기시장이 아니라 상설시장인 것으로 사료된다.

사실 신라에는 지방시장, 즉 향시鄕市로서 그전부터 내려오는 자연 발생적인 시장이 있었다고 한다. 신라는 진한지역에서 개국하여 발전된 나라이므로 신라의 향시는 삼한시대부터 이어져 내려오던 시장들이 발전된 것이라 하겠다. 신라시대에는 이미 시장을 돌아다니는 보부상褓負商이 상당수 있었다는 견해가 있다. 또 당시 신라와 교류가 많았던 당나라에 정기시장이 많았다는 사실을 감안한다면 지방에도 정기시장이 크게 발달했을 것으로 짐작된다.

④ 통일신라시대

정기시장이 지방에도 많이 있었을 것으로 보이나 이를 구체적으로 제시할 문헌이 없다. 다만 당시 농촌에서는 교환이 빈번하게 이루어지지 않았으므로 일정한 기간을 두고 정기적인 장시가 열렸을 것이고, 농촌 부녀자들이 이곳에 잉여생산물을 갖고 와 교환했을 것으로 추정된다. 문정창은 통일신라시대에 들어와 경주의 시장 외에도 426개의 주읍시州邑市와 가로시歌路市 등이 있었다고 했다.

(3) 고려시대

고려왕조를 세운 태조는 919년 봄에 도읍을 개성으로 정하고 도읍건립 3대 사업의 하나로 시전[9]을 세웠다. 시전은 희종 4년(1208년)에 더욱 확대되어 종래의 시전을 광화문에서 십자가에 이르는 대시장大市場으로 개축하였다. 이러한 상설

9 | 시전은 관청의 허가를 받아 장사를 하면서, 관에 필수품을 공급하는 상점이다.

시장 형태의 시전은 평양과 경주에도 있었다고 한다.

고려시대에는 향시를 허시墟市라고 하였는데 이는 시장과 같은 의미로 각자가 자신의 생산물을 장에 가지고 나가 필요한 물품과 교환하는 방식으로 운영되었을 것으로 보인다. 중국 송나라 사신인 서긍이 남긴 『고려도경』에 의하면, 지방 농촌에는 상설점포가 없고 오직 정오부터 하오 2~3시경에 열리는 시장이 있었다고 한다. 그곳에서는 남녀노소와 관리, 수공업자들이 각자의 물품을 교역하였는데, 모시와 은병銀甁을 화폐로 사용하였다고 한다.

(4) 조선시대

조선시대 초기에는 경복궁 신무문 밖에 상설시가 열렸고 정종 원년(1399년)에 서울에 시전이 처음 설치된 것으로 전해진다. 이 시전에는 좌우로 800여 칸의 행랑[10]이 혜정교에서부터 창덕궁 동구까지 늘어서 있었다. 그것들 중 이익을 많이 내는 곳만을 골라 국역을 부담시켰는데, 이를 유분각전有分各廛이라고 불렀고, 국역을 많이 부담하는 규모가 큰 여섯 개의 시전을 육의전六矣廛이라 했다.

또 규모가 작은 시전은 무분각전無分各廛이라 하였는데 이들에게는 국역을 면제해 주었다. 육의전은 국역을 많이 부담하는 대신 그에 상응하는 권한과 혜택도 누렸다. 그리고 시장에서 사기·약탈행위단속, 물가감시, 세금징수 등의 일들을 담당하는 경시감이라는 감독관청이 있었다 한다.

한편 조선시대에는 향시鄕市가 발달했는데 처음에는 6~7일 간격으로 서는 향시(정기시)가 많았으나, 이후 점차 5일 간격으로 변했다. 왕복거리 30~40리마다의 교통 요충지에 열리는 향시는 15세기 말 삼남지방에서부터 생겨났다고 한다. 기록상으로 보면 성종 1년(1470년)에 심한 흉년이 들어 전라도 농민들이 이를 극복하기 위해 이듬해부터 가지고 있던 물건들을 갖고 나와 장을 연 것이 그 시초이다. 중종 때에 이르러서는 향시가 지방마다 크게 발전하였으나 중앙 정부의 억제로 더 이상 발전하지 못하였다.

그리고 한 자료에 의하면 1830년경에서 1909년까지 무려 203곳의 향시가 없어진 것으로 나타났는데, 이는 지방의 중심지에 있던 향시가 상설시장으로 바뀐 것도 이유가 되겠으나 19세기 후반에 초래된 사회 경제적 혼란에 따른 농촌경제의 피폐가 주요 원인이었다고 본다.

10 | 행랑(行廊)은 조선시대에 조정에서 빌려주는 점포이며, 공랑(公廊)이라고도 한다.

❶	❷

1960년대 시장 모습(신현국 作)
❶_대구장(서문시장)
❷_대구장 점포

(5) 일제강점기

일제시대에 들어서면서 시장은 새로운 모습으로 바뀌었다. 1910년 조선총독부는 각 지방장관에게 시장의 설치와 변경 등에 관한 사항에 대해 총독부의 허가를 받도록 함으로써 한국 내의 모든 시장을 통제했다. 또 1913년부터 1917년까지 총독부 임시토지조사국에서는 토지조사사업과 함께 '시장조사사업'을 실시하였다. 그리고 일본은 시장조사사업을 시작한 그 다음 해인 1914년에 총독부령으로 '시장규칙'을 발표했고, 이로써 우리나라의 모든 시장을 장악하게 된 것이다.

〈표 2-1〉은 총독부령으로 발표된 시장규칙상의 시장 분류를 나타낸 것이다. 이 표에 의하면 우리나라의 모든 시장을 제1호, 제2호, 제3호로 구분하고, 일본인이 경영하는 제3호 시장을 제외하고는 도·군·부의 공공단체 또는 이에 준하는 자만이 시장을 개설할 수 있도록 했다. 결과적으로 일본은 장시, 즉 향시를 완전히 장악하였고, 정기시장이라 부르는 제1호 시장(장시)을 326곳이나 늘렸다. 여기서 당시의 장시는 일본인들의 경제적 침탈수단이었다고 말할 수 있겠다. 그리고 일본은 1920년에 제4호 시장을 신설·추가하였다가, 1931년에 시장규칙의 개정을 통해 제4호 시장을 없앴다.

〈표 2-1〉 시장규칙상의 시장 분류

구분	내용
제1호 시장	재래시장(장시), 가축시장, 약령시장 포함
제2호 시장	공설시장(중앙도매시장, 일용품시장)
제3호 시장	어채시장, 중앙도매시장
제4호 시장	곡물, 유가증권 및 현물거래소

자료 : 조병찬(2005), 『한국시장사』, 동국대학교출판부, p. 177

(6) 8 · 15 해방 이후

8·15 해방과 한국전쟁을 거치면서 우리 농촌경제는 최악의 상황을 맞았다. 그 결과 1938년 남한에 있던 900여 개의 장시가 1950년에는 668개로 줄어들었다. 그러나 1950년대 후반부터 전쟁 피해의 복구가 이루어지고, 미국으로부터 경제 원조가 들어옴으로써 경제가 활기를 되찾게 되었고 장시의 수도 크게 증가하였다. 〈표 2-2〉는 8·15 해방 이후 1983년까지의 시장 수 변화를 나타낸 것이다.

〈표 2-2〉 8 · 15 해방~1980년대 시장 수

단위 : 개, 만 명, %

1950	시장 수	증가지수	총 인구수(증가율)
1950	668	100.0	
1960	826	123.7	2,576.6(2.97)
1970	1,032	154.5	3,224.1(2.21)
1975	952	142.5	3,528.1(1.70)
1978	934	139.8	3,696.9(1.53)
1980	889	133.1	3,812.4(1.57)
1983	866	129.6	3,992.9(1.46)

자료 : 이상옥(1994), 「한국 재래시장의 유통근대화에 관한 연구」, 단국대학교 대학원 박사학위논문, p. 89

❶_1950년대 대구 전통시장 (신현국 作)

❷_1970년대 대구 전통시장 (신현국 作)

우리나라는 일본이 총독부령으로 발표한 시장규칙을 오랫동안 적용해 오다가 1961년 8월에 군사정부에 의해 새로운 시장법이 제정·공포되었다. 여기서 시장은 서울특별시장과 도지사의 허가를 받아 지방자치단체와 공익법인이 개설할 수 있도록 하되, 제2호 시장인 정기시장 또는 계절시장만은 지방자치단체에 의해 개설할 수 있게 하였으며, 제1호, 제2호, 제3호 시장 모두 상공부(현 산업자원부의 전신) 장관의 지휘·감독을 받도록 했다.

한편, 우리나라는 경제적 여건이 크게 달라졌음에도 불구하고 1961년에 개정·적용해 온 시장법을 오랫동안 개정하지 않았다. 그러던 것이 1981년 12월 31일 시장법 전문을 개정하였으며, 1986년에는 시장법을 폐기하고 도·소매진흥법을 제정·공포한 바 있고, 또 1997년 4월 10일에 종전의 도·소매진흥법을 폐기하고 새로운 유통산업발전법을 제정·공포하기에 이르렀다.

1970년대는 이른바 녹색혁명으로 부를 축적했던 당시 농촌에서 각 면마다 5일장이 생겨 장시가 크게 발달했으나 1980년대에 들어와서는 농촌인구의 급격한 감소와 상설시장의 증가로 장시가 도리어 감소하였다. 근래에는 교통의 발달, 도심 공동화空洞化, 농촌인구의 감소, 농산물 유통구조의 변화 등으로 인해 전통시장의 장세가 쇠퇴일로를 걷고 있다. 참고로 법률상의 시장 분류는 〈표 2-3〉에 나타난 바와 같다.

〈표 2-3〉 정부수립 이후 법률상의 시장 분류

기타		도·소매진흥법	유통산업발전법
1961년 제정	1981년 전문개정	1986년 제정	1997년 제정
1호 : 정기시장 2호 : 공설시장 3호 : 대형점 (백화점 등)	상설시장 - 도매시장 - 일반소매시장 - 백화점 - 쇼핑센터 - 대형점 정기시장 연쇄화사업	시장(상설시장) 정기시장 대규모 소매점 - 백화점 - 쇼핑센터 - 대형점 도매센터 연쇄화사업 상점가	대규모 점포 - 시장 - 대형점 - 백화점 - 쇼핑센터 - 도매센터 - 기타 상점가 전문상가단지 체인사업 정기시장 - 정기시장 - 임시시장

자료 : 조병찬(2004), 『한국시장사』, 동국대학교출판부, p. 554의 내용을 재구성함

1) 시장 수 및 시장 등록률

〈표 2-4〉에서 보듯이 2008년 12월 현재 우리나라 전체 전통시장 수는 1,550개이며, 그중 41.7%에 해당하는 646개의 시장이 대도시에 위치해 있다. 특히 서울, 경기, 인천 등 수도권 3개 지역에 전체의 25.9%에 해당하는 401개의 시장이 집중되어 있다. 2008년 우리나라 전체 시장에서 주요 지역별 시장이 차지하는 비율을 보면 서울 13.2%, 부산 12.2%, 대구 6.8%로 2006년에 비해 서울은 감소했고, 부산, 대구는 증가했다. 또 전체 시장 1,550개 중에는 등록시장[11]이 55.4%(858개), 인정시장[12]이 25.1%(389개), 그리고 기타시장이 19.5%(303개)를 차지한다.

그리고 대구지역에는 2008년 말 현재 106개의 전통시장이 있는데, 등록시장 비율은 97.2%로 전국 평균 80.5%에 비해 높은 수준이다.

11 | 등록시장은 유통산업발전법 제2조 제3호의 규정에 의한 대규모 점포의 요건을 갖추고 동법 시행령 제3조의 규정에 의한 시장에 해당하는 곳으로서, 동법 제8조의 규정에 따라 등록을 한 곳 중 상업기반시설이 노후화되어, 개·보수 또는 정비가 필요하거나 유통기능이 취약하여 경영개선 및 상거래의 현대화 촉진이 필요한 시장을 가리킴

12 | 인정시장이란 재래시장 및 상점가 육성을 위한 특별법 제2조 제1호 나목 및 동법 시행령 제2조 제1호의 규정에 따라 시장, 군수, 구청장이 인정한 전통시장을 의미함

〈표 2-4〉 우리나라 시장 수 및 시장 등록률

단위 : 개, %

구분	2006년		2008년	
	시장 수	등록시장 비율	시장 수	등록시장 비율
서울	226(14.0)	68.1	204(13.2)	74.5
부산	191(11.9)	89.5	189(12.2)	90.5
대구	98(6.1)	99.0	106(6.8)	97.2
인천	50(3.1)	70.0	48(3.1)	77.1
광주	29(1.8)	82.8	26(1.7)	65.4
대전	36(2.2)	63.9	36(2.3)	75.0
울산	43(2.7)	93.0	37(2.4)	97.3
기타	937(58.2)	81.3	904(58.2)	78.9
전국	1,610(100.0)	80.3	1,550(100.0)	80.5

자료 : 시장경영지원센터의 2008년도 전통시장 및 점포경영 실태조사 자료에서 재구성함
주) 시장등록률={(등록시장+인정시장)/전체 전통시장}×100

대구 전통시장 106개를 구·군별로 나누어 보면 달서구에 18개, 남구에 16개, 중구와 동구에 각 15개, 서구와 북구에 각 13개, 수성구에 11개, 달성군에 5개가 있다(〈표 2-5〉 참조). 그리고 중구와 북구에는 상대적으로 활성화된 시장이 많은

반면, 수성구와 달성군은 그러하지 못함을 알 수 있다.

〈표 2-5〉 대구 전통시장의 구 · 군별 및 활성화 수준별 현황

단위 : 개

구분	중구	동구	서구	남구	북구	수성구	달서구	달성군	합계
A급	5	2		3	4		2		16
B급	6	9	10	5	5	1	9	2	47
C급	4	4	3	8	4	10	7	3	43
합계	**15**	**15**	**13**	**16**	**13**	**11**	**18**	**5**	**106**

자료 : 대구광역시(2008), 대구광역시 유통산업 현황과 정책 방향, 발표자료
주) A, B : 시장활성화 수준이 높고 영업이 양호한 시장, C : 활성화 수준이 보통인 시장, D, E : 활성화 수준이 취약하고 영업이 부진한 시장(중소기업청, 2008년 전국 전통시장 총람 Ⅰ, p. 8 참조)

2) 시장 유형별 현황

(1) 시장 크기별 현황

〈표 2-6〉에서 먼저 우리나라 전체 시장의 크기별 구성을 보면 다음과 같다. 점포 수 1,000개 이상의 대형시장이 1.5%(23개), 점포 수 500개 이상 1,000개 미만의 중대형시장이 2.5%(38개), 점포 수 100개 이상 500개 미만의 중형시장이 30.8%(477개), 그리고 점포 수 100개 미만의 소형시장이 65.3%(1,012개)로 나타나 있다. 그리고 2006년에 비해 중대형시장과 중형시장이 감소한 반면 소형시장은 오히려 증가하였고, 대형시장의 87.0%, 중대형시장의 57.9%가 대도시에 소재해 있어 대부분의 큰 시장들이 대도시에 위치해 있다는 것을 알 수 있다.

또한 대구지역의 106개 전통시장은 대형시장 1개(0.9%), 중대형시장 5개(4.7%), 중형시장 32개(30.2%), 소형시장 68개(64.2%)로 이루어진다. 여기서 1,000개 이상의 점포를 가진 대형시장은 서문시장 1개뿐이고 대다수 시장(94.4%)들이 중소형 시장임을 알 수 있다.

(2) 상권 크기별 현황

우리나라 시장 중에는 근린상권시장(68%)이 제일 많고, 그 다음이 지역상권시장(25.4%)이다. 광역상권시장과 전국상권시장은 각각 4.8%, 1.8%에 불과하다. 그리고 대구지역 전체 106개 시장 중에는 광역상권시장이 8개(7.5%), 지역상권시

장이 19개(17.9%), 근린상권시장이 79개(74.5%) 있으며 여기서 근린상권시장이 대다수임을 알 수 있다. 이는 대구지역 시장 대부분이 중·소규모의 생활밀착형 시장이기 때문이다.

(3) 시장 형태별 현황

〈표 2-6〉에서 우리나라 시장의 형태별 현황을 보면, 상가건물형 시장이 731개(47.2%)로 가장 많고, 상가주택복합형 시장(525개, 33.9%), 장옥형 시장(216개, 13.9%), 노점형 시장(78개, 5.0%) 순으로 많은 것으로 나타나 있다. 또한 상가건물형 시장의 50.3%가 대도시에 위치해 있으며, 장옥형 시장의 59.9%가 읍면지역에 소재하고 있다. 그리고 전국상권 시장과 광역상권 시장의 경우 상가건물형 시장의 비율이 비교적 높은 편이다.(시장경영센터, 2008년도 전통시장 및 점포경영 실태조사 참조)

한편 대구 전통시장의 경우에는 상가건물형 시장이 62개(58.5%)로 가장 많고, 상가주택복합형 시장(37개, 34.9%), 장옥형 시장(6개, 5.7%), 노점형 시장(1개, 0.9%) 순으로 많다.

(4) 개설 주기별 현황

우리나라 시장 중에는 상설시장이 1,042개(67.2%), 정기시장이 377개(24.3%), 상설시장이면서 장날이 있는 시장(정기시장)이 131개(8.5%) 있다. 그리고 상설시장의 경우 59.1%가 대도시에, 35.8%가 중소도시에 소재하며, 또 전체 시장 중 48%가 정기시장이고 정기시장의 59.9%가 읍면지역에 위치한다.

대구지역에는 상설시장이 98개(92.5%), 정기시장이 5개(4.7%), 상설·정기시장이 3개(2.8%, 불로전통시장, 현풍시장, 화원시장) 있다. 전문시장 대부분은 시장 규모가 크고 시장 소유자가 법인 또는 개인이며, 전문성을 가지고 있다. 또 공설시장은 정기시장의 성격을 띠고, 노점형 시장은 상설시장과 정기시장의 성격을 동시에 갖는 것이 일반적이다.

(5) 취급 상품별 현황

〈표 2-6〉에서 보듯이 우리나라 전통시장은 일반시장 1,468개(94.7%)와 전문시장 82개(5.3%)로 구성된다. 시장경영지원센터 조사자료에 의하면 전국상권시장의 89.3%가 전문시장이며, 지역상권시장의 94.2%, 근린상권시장의 99.0%가 일

반시장인 것으로 조사되었다. 여기서 상권 크기가 작을수록 일반시장의 성격을 갖는다고 할 수 있겠다.

또한 시장 규모가 클수록 전문시장의 비율이 높은데 이는 전국상권의 89.3%(82개 시장)가 전문시장이며, 전체 전문시장의 93.9%가 상설시장이라는 사실에서 알 수 있다. 그리고 대구지역 전통시장은 일반시장 103개(97.2%)와 전문시장 3개(2.8%)로 이루어져 있다.

〈표 2-6〉 전통시장의 유형별 현황

단위 : 개, %

1950	구분	전국	대구
시장 크기	대형시장	23(1.5)	1(0.9)
	중대형시장	38(2.5)	5(4.7)
	중형시장	477(30.8)	32(30.2)
	소형시장	1,012(65.3)	68(64.2)
상권 크기	전국상권	28(1.8)	-
	광역상권	74(4.8)	8(7.5)
	지역상권	394(25.4)	19(17.9)
	근린상권	1,054(68.0)	79(74.5)
시장 형태	상가건물형 시장	731(47.2)	62(58.5)
	노점형 시장	78(5.0)	1(0.9)
	장옥형 시장	216(13.9)	6(5.7)
	상가주택복합형 시장	525(33.9)	37(34.9)
개설 주기	상설시장	1,042(67.2)	98(92.5)
	정기시장	377(24.3)	5(4.7)
	상설 · 정기시장	131(8.5)	3(2.8)
취급상품	일반시장	1,468(94.7)	103(97.2)
	전문시장	82(5.3)	3(2.8)
전체		1,550(100.0)	106(100.0)

자료 : 시장경영지원센터의 2008년도 전통시장 및 점포경영 실태조사 자료에서 재구성함

3) 점포 및 상인

〈표 2-7〉에서 보듯이 2008년 전국 전통시장의 점포 수는 207,329개인데 이는 자기 소유 점포 43,704개, 임차 점포 135,206개, 빈 점포 23,663개, 기타 점포 4,756개로 구성된다.

그리고 2008년 전통시장 내 총 상인 수[13]는 362,960명이며 종사자[14] 중 종업원 수가 118,364명이고 점포를 소유한 상인 수는 43,428명이다. 노점상인은 66,955명인데 이는 총 상인의 18.4%에 해당된다.

한편 대구 전통시장의 총 점포 수는 13,867개인데 이는 임차 점포 6,970개, 자기 점포 3,695개, 빈 점포 2,721개, 그리고 기타 점포 481개로 구성되어 있다. 대구의 빈 점포는 전체의 19.6%인 반면 전국의 경우는 11.4%에 불과하다.

또한 대구의 총 시장 상인 수는 19,863명인데 이는 종사자 18,035명, 노점상인 1,828명으로 구성되어 있다. 등록시장, 중형시장, 공동시장, 상가건물형 시장, 상설시장, 일반시장에서는 총 시장 상인과 종사자의 비율이 높고, 중형시장, 근린상권시장, 상설시장에서는 노점상 비율이 높다.

13 | 총 시장 상인 수=종사자+노점상인

14 | 종사자=점포소유상인+점포임차상인+종업원

〈표 2-7〉 전통시장 점포 및 상인 현황

단위 : 개, (%)

구분	전국 점포 수	대구 점포 수
자기 점포	43,704(21.1)	3,695(26.6)
임차 점포	135,206(65.2)	6,970(50.3)
빈 점포	23,663(11.4)	2,721(19.6)
기타 점포	4,756(2.3)	481(3.5)
전체	207,329(100.0)	13,867(100.0)
구분	**전국 상인 수**	**대구 상인 수**
종사자(D)	296,005(81.6)	18,035(90.8)
점포소유상인(A)	43,428(14.7)	3,694(18.6)
점포임차상인(B)	134,213(45.3)	6,870(34.6)
종업원(C)	118,364(40.0)	7,471(37.6)
노점상인(E)	66,955(18.4)	1,828(9.2)
총 시장 상인(F)	**362,960(100.0)**	**19,863(100.0)**

자료 : 시장경영지원센터의 2008년도 전통시장 및 점포경영 실태조사 통계자료집, p. 36~37에서 재구성함
주) D=A+B+C, F=D+E

4) 상인조직

우리나라 전체 1,550개 시장 중 80.3%에 해당하는 1,245개 전통시장이 상인조직을 갖고 있다. 그들 중 법적단체가 875개(56.5%)이고, 임의단체는 370개(23.9%)이며 법인 조직화율[15]은 70.3%이다.

15 | 상인조직의 법인 조직화율=법적단체 시장/조직 있는 시장×100

대구의 경우 전체 106개 시장 중 72.6%에 해당하는 77개 시장에 상인조직이 있다. 이는 법적단체 53개(50.0%), 임의단체 24개(22.6%)로 이루어지며, 수도권을 비롯한 5대 광역시에 비해 낮은 수준이다. 여기서 대구지역 시장에는 상인조직의 결속과 활동이 비교적 크게 요구된다고 말할 수 있다. 참고로 우리나라 전통시장 상인조직 현황을 소개하면 〈표 2-8〉과 같다.

〈표 2-8〉 전통시장 상인조직 현황

단위 : 개, (%)

구분	조직 있음			조직 없음	전국
	법적단체	임의단체	소계		
전국	875(56.5)	370(23.9)	1,245(80.3)	305(19.7)	1,550
서울	95	60	155	49	204
부산	129	46	175	14	189
대구	53(50.0)	24(22.6)	77(72.6)	29(27.4)	106
인천	38	6	44	4	48
광주	16	3	19	7	26
대전	27	3	30	6	36
울산	20	12	32	5	37
기타	497(59.0)	216(22.0)	713(81.0)	191(22.9)	904

자료 : 시장경영지원센터의 2008년도 전통시장 및 점포경영 실태조사 통계자료집, p. 32에서 재구성함

5) 점포경영 현황

우리나라 전통시장의 점포 소유 형태, 업종 구성, 종사자 규모, 그리고 상인특성 등에 대해 살펴보면 〈표 2-9〉에 나타난 바와 같다. 먼저 점포의 소유 형태를 보면 점포소유 상인은 24.4%에 불과하고 나머지 75.6%는 세를 얻어 영업하고 있는데, 이들은 보증부 월세상인 61.3%, 월세상인 11.2%, 전세상인 3.1%로 구성

된다. 대구지역의 경우도 이와 마찬가지로 보증부 월세 51.6%, 소유 23.1%, 월세 22.8%, 그리고 전세 2.5% 순으로 나타난다.

우리나라 전통시장 점포들 중에는 농축수산물 취급 점포가 26.7%로 가장 높은 비중을 차지하고, 의류·신발 22.5%, 음식점업 12.6%, 기타 소매업 11.3%, 가공식품 11.2%, 근린생활서비스 8.2%, 가정용품 7.4%의 순으로 나타났다. 그리고 대구지역 전통시장을 보면 농축수산물 21.9%, 의류·신발 21.1%, 음식점업 13.7%, 가정용품 13.4% 순으로 많음을 알 수 있다.

또한 전체 전통시장 점포의 평균 종사자 수는 1.7명이고, 점포주 1인과 점포주 포함 2인이 운영하는 점포의 비중은 각각 43.8%, 49.1%로 나타나 있다. 이에 비해 대구 전통시장 내 점포의 평균 종사자 수는 1.6명이며, 종사자 2명 이하가 96.8%로 거의 대부분을 차지한다. 그리고 사업자 등록증 소지율을 보면 전국 전통시장 점포의 경우는 72.8%이나 대구 전통시장 점포는 전국 수준에 미치지 못하는 64.6%에 불과하다.

한편, 우리나라 상인의 일반 사항을 보면 먼저 전국의 경우 여성이 62.3%로 남성(37.7%)에 비해 많고, 평균 연령은 52.9세이다. 50세 이상의 상인은 전체 상인의 63.1%이며, 29세 이하는 1.5%에 불과하다. 이에 비해 대구 전통시장 점포 상인의 경우 여성이 61.5%를 차지하며, 평균연령은 53.8세인데 이는 전국 평균연령인 52.9세에 비해 약간 높은 수준이다. 또 대구지역의 50세 이상 상인은 전체의 67.6%로, 전국의 그것(63.1%)보다 다소 높다. 여기서 대구지역 시장 상인의 고령화 정도가 전체에 비해 다소 높음을 알 수 있다.

전통시장 상인의 학력은 고졸이 44.1%로 가장 많고, 중졸 이하 41.8%, 대졸 이상 9.2%, 전문대 졸 5.0% 순으로 나타나 있다. 이에 비해 대구는 고졸 이하가 전체의 84.2%이며, 대졸 이상이 10.4%, 전문대 졸이 5.4%이다.

그리고 우리나라 전통시장 점포 상인의 평균 영업연수는 13년이며, 영업연수 5년 미만인 점포가 26.7%로 가장 많고, 10~19년이 25.2%로 그 다음을 차지한다. 5년 미만이 많은 것은 시장 상인으로서의 초기 정착이 어려움을 나타낸 것이라 하겠다. 이에 비해 대구지역 시장 상인의 평균 영업연수는 12.9년이며, 10~19년이 26.4%이고 5년 미만은 26.0%이다.

〈표 2-9〉 전통시장 점포경영 현황(1)

단위 : %

구분		전국	대구
점포 소유 형태	소유	24.4	23.1
	전세	3.1	2.5
	보증부 월세	61.3	51.6
	월세	11.2	22.8
업종 구성	농축수산물	26.7	21.9
	가공식품	11.2	11.7
	의류 · 신발	22.5	21.1
	가정용품	7.4	13.4
	음식업종	12.6	13.7
	기타 소매업	11.3	11.2
	근린생활서비스	8.2	7.1
성별 구성	남자	37.7	38.5
	여자	62.3	61.5
종사자 규모(명)	1명	43.8	49.3
	2명	49.1	47.5
	3명	5.8	2.4
	4명	0.9	0.6
	5명 이상	0.4	0.2
	평균	1.7	1.6
종사자 등록증 유무	있음	72.8	64.6
	없음	27.2	35.4
상인 연령(세)	29세 이하	1.5	0.8
	30~39세	9.6	7.7
	40~49세	25.8	23.9
	50~59세	35.6	38.4
	60~69세	20.8	22.7
	70세 이상	6.7	6.5
	평균	52.9	53.8
상인 학력	중졸 이하	41.8	42.5
	고졸	44.1	41.7
	전문대 졸	5.0	5.4
	대졸 이상	9.2	10.4
영업 연수(년)	4년 이하	26.7	26.0
	5~9년	17.8	17.2
	10~19년	25.2	26.4
	20~29년	17.6	17.2
	30~39년	9.4	9.8
	40년 이상	3.2	2.4
	평균	13.0	12.9

자료 : 시장경영지원센터의 2008년도 전통시장 및 점포경영 실태조사 통계자료집, p. 31~38에서 재구성함

우리나라 전체 시장 점포들의 정보화기기 보유율을 알아보면 〈표 2-10〉과 같다. 즉 신용카드 단말기 46.4%, POS 기기 1.4%, 컴퓨터 13.3%, 인터넷 설치 12.1%, 점포 홈페이지 1.9%, 인터넷 쇼핑몰 0.6%로 나타나 있는데, 여기서 시장 점포들의 정보화기기 보유율이 매우 낮다는 것을 알 수 있다. 또 그 활용도를 보면 신용카드 단말기 42.2%, POS 기기 66.5%, 점포 홈페이지 2.5%, 인터넷 쇼핑몰 17.6%로 매우 낮은 수준이다.

〈표 2-10〉 전통시장 점포경영 현황(2)

단위 : %

구분		전국	대구
정보화기기 보유율 (활용률)	신용카드 단말기	46.4(42.2)	43.6(39.4)
	POS 기기	1.4(66.5)	0.6 (70.8)
	PC 보유	13.3	10.4
	인터넷 설치	12.1(66.5)	9.5
	점포 홈페이지	1.9(2.5)	2.0(2.1)
	인터넷 쇼핑몰	0.6(17.6)	0.7(18.2)
상품진열 및 프로모션 (표시 비율)	쿠폰	2.6	3.9
	포인트 카드	1.6	2.0
	가격 표시	39.8(83.5)	26.8(87.2)
	원산지 표시	66.7(88.2)	67.3(89.2)
고객관리 및 서비스	교환 · 환불	66.6	70.4
	택배 서비스	35.4	35.3
상품매입처	지역 내	61.5	70.0
	지역 외	38.5	30.0
전체		100.0	100.0

자료 : 시장경영지원센터의 2008년도 전통시장 및 점포경영 실태조사 통계자료집, p. 35와 p. 130에서 재구성함

한편 대구 전통시장 점포들의 정보화기기 보유율은 신용카드 단말기 43.6%(활용도 39.4%), POS 기기 0.6%(활용도 70.8%), PC 10.4%, 인터넷 설치 9.5%, 점포 홈페이지 2.0%(활용도 2.1%), 인터넷쇼핑몰 0.7%(활용도 18.2%)에 불과하다.

쿠폰 사용이 가능한 점포의 비율은 2.6%에 불과하며, 포인트 카드 활용률 또한 1.6%에 그치고 있다. 그리고 가격과 원산지를 표시하는 점포의 비율은 각각 39.8%, 66.7%로 나타나 있다. 여기서 상품진열 및 촉진 활동이 크게 개선되어야 함을 알 수 있다.

그리고 대구 전통시장의 경우를 보면 쿠폰 3.9%, 포인트 카드 2.0%, 가격 표시 26.8%, 원산지 표시 67.3%로 프로모션 활용 비율이 대체로 낮은 수준이다. 또 교환·환불과 택배 서비스는 각각 70.4%, 35.3%로 나타나 있는데, 이는 과거에 비해 다소 향상된 수치라 하겠다.

우리나라의 경우 지역 내에서 상품을 매입하는 비율은 61.5%이고 지역 외에서 매입하는 비율은 38.5%이다. 대구 전통시장의 지역 내 상품매입 비율은 70.0%이고, 지역 외 매입 비율은 30%이다.

6) 시설 현황 및 평가

(1) 기반시설

전국 전통시장의 기반시설 현황을 알아보면 〈표 2-11〉과 같다. 즉, 이 표에 의하면 소방시설 85.2%(1,320개), 실외 가로등 82.9%(1,285개), 가스시설 82.5%(1,036개), 건물실내조명 82.2%(601개) 등 전반적으로 기반시설 보유율이 매우 높고, 기반시설 전체의 노후도는 5점 만점에 평균 3.35점으로 비교적 높은 수준이다.

대구지역 전통시장은 소방시설 96.2%(102개), 공동화장실 88.7%(94개), 건물실내조명 83.9%(52개), 가스시설 83.8%(83개)로 기반시설 보유율이 비교적 높음을 알 수 있다. 그리고 기반시설 노후도는 5점 만점에 평균 3.29점으로 대체로 양호한 편이라 하겠다.

〈표 2-11〉 전통시장 기반시설 현황 및 평가

단위 : 개, %, 점

시설명	전국			대구		
	수(비율)	노후도	충족도	수(비율)	노후도	충족도
소방	1,320(85.2)	3.39	3.27	102(96.2)	3.23	3.18
전기배선	856(52.2)	3.05	-	64(60.4)	2.82	-
방송	814(52.5)	3.49	3.50	49(46.2)	3.22	3.26
공동화장실	1,256(81.0)	3.37	3.28	94(88.7)	3.05	3.17
주 · 보조진입로	788(50.8)	-	-	58(54.7)	-	-
고객동선통로	788(50.8)	-	-	36(34.0)	-	-
실외 가로등	1,285(82.9)	3.44	3.34	85(80.2)	3.19	3.24
배수	1,268(81.8)	3.46	3.43	80(75.5)	3.36	3.40
아케이드	313(20.2)	3.92	3.74	21(19.8)	4.24	4.00

시설명	전국			대구		
	수(비율)	노후도	충족도	수(비율)	노후도	충족도
건물	731(100.0)	2.94	-	62(100.0)	2.70	-
냉난방	516(70.5)	3.29	3.25	51(82.3)	3.08	3.04
엘리베이터 · 에스컬레이터	98(13.4)	3.50	3.50	5(8.1)	3.60	4.00
건물실내조명	601(82.2)	3.39	3.38	52(83.9)	3.33	3.37
가스	1,036(82.5)	3.31	3.29	83(83.8)	3.14	3.15
CCTV	257(20.5)	3.74	3.48	14(14.1)	3.93	3.79

자료 : 시장경영지원센터(2008), 2008년도 전통시장 및 점포경영 실태조사 통계자료집, p. 134
주) 노후도, 충족도(0~5)는 숫자가 클수록 그 정도가 높음을 의미함

(2) 편의시설

〈표 2-12〉에서 전국 전통시장의 편의시설 보유율을 살펴보면 고객주차장 보유율(41.5%)은 상대적으로 높으나 그 외 시설의 보유율은 매우 낮음을 알 수 있다. 미보유 편의시설 중 필요도가 높은 시설로는 고객주차장(3.98), 간이음수대(3.42), 고객휴게실(3.37), 자전거 보관소(3.36) 등이다.

〈표 2-12〉 전통시장 편의시설 현황 및 평가

단위 : 개, %, 점

시설명	전국			대구		
	수(비율)	노후도	충족도	수(비율)	노후도	충족도
유아놀이방 · 어린이놀이터	33(2.1)	3.48	3.36	2(1.9)	4.00	4.50
고객안내센터	92(5.9)	3.67	3.60	3(2.8)	4.00	4.00
고객휴게실	90(5.8)	3.67	3.45	5(4.7)	3.80	3.60
수유시설	17(1.1)	3.93	3.86	1(0.9)	4.00	4.00
물품보관함	36(2.3)	3.57	3.56	4(3.8)	3.75	3.75
자전거 보관소	118(7.6)	3.42	3.31	11(10.4)	3.36	3.18
간이음수대	99(6.4)	3.53	3.36	5(4.7)	4.00	3.80
자율포장대	22(1.4)	3.55	3.70	4(3.8)	4.00	4.00
카트	86(5.5)	3.64	3.51	6(5.7)	3.67	3.67
고객주차장	643(41.5)	3.47	3.14	28(26.4)	3.11	2.68
문화전시실	8(0.5)	3.86	3.71	-	-	-
영상관	11(0.7)	4.00	3.60	-	-	-
운동시설	25(1.6)	3.25	3.21	3(2.8)	2.67	2.67

자료 : 시장경영지원센터(2008), 2008년도 전통시장 및 점포경영 실태조사 통계자료집, p. 136
주) 노후도, 충족도(0~5)는 숫자가 클수록 그 정도가 높음을 의미함

한편 대구 전통시장의 편의시설 보유현황을 보면 자전거 보관소(10.4%)와 고객주차장(26.4%)을 제외하고는 매우 낮은 10% 미만 수준이다. 미보유 편의시설 중 필요도가 높은 시설로는 고객주차장이 4.04점으로 가장 높고, 그 다음이 간이음수대, 고객휴게실로 각각 3.25점이다. 여기서 고객주차장의 경우 보유율과 필요도가 높으면서 충족도는 다소 낮은데 이는 주차공간이 아직 부족한 상태임을 시사하는 것이라 하겠다.

(3) 홍보시설

〈표 2-13〉에 의하면 전국 전통시장의 홍보시설로는 시장광고판 312개(20.1%), 아치·조형물 290개(18.7%), 시장 안내도 191개(12.3%), 네온광고 168개(10.8%) 순으로 많이 보유하고 있다. 그리고 대구 전통시장 중 시장광고판이 있는 시장은 25개(23.6%)이며, 아치·조형물과 네온광고를 가진 시장은 각각 24개(22.6%), 12개(11.3%)이다. 여기서 전통시장의 홍보시설 보유율이 매우 낮은 편임을 알 수 있는데, 앞으로 전통시장에서는 각 시장의 특성에 맞는 홍보시설을 설치하고 보다 적극적으로 홍보해 나가야 할 것이다.

〈표 2-13〉 전통시장 홍보시설 현황 및 평가

단위 : 개, %, 점

시설명	전국			대구		
	수(비율)	노후도	충족도	수(비율)	노후도	충족도
이벤트광장	105(6.8)	3.77	3.54	2(1.9)	5.00	5.00
테마거리	29(1.9)	3.96	3.59	–	–	–
아치 · 조형물	290(18.7)	3.64	3.45	24(22.6)	3.71	3.50
시장광고판	312(20.1)	3.51	3.41	25(23.6)	3.64	3.60
네온광고	168(10.8)	3.51	3.33	12(11.3)	3.73	3.73
시장 안내도	191(12.3)	3.51	3.39	10(9.4)	3.90	3.80

자료 : 시장경영지원센터(2008), 2008년도 전통시장 및 점포경영 실태조사 통계자료집, p. 135
주) 노후도, 충족도(0~5)는 숫자가 클수록 그 정도가 높음을 의미함

(4) 공동사업

전국 전통시장들의 공동사업 추진현황을 살펴보면 〈표 2-14〉에 나타난 바와 같다. 이 표에 의하면, 시장축제 및 이벤트 15.8%(245개 시장), 경품행사 13.5%(209개 시장), 전단지 광고 11.0%(170개 시장), 정기세일 8.3%(129개 시장), 쿠

폰발행 3.6%(56개 시장) 순으로 많이 실시하였음을 알 수 있다.

대구 전통시장의 경우에는 시장축제 및 이벤트가 전체의 15.1%에 해당하는 16개 시장이, 경품행사는 13.2%에 해당하는 14개 시장이, 그리고 상품권 발행은 전체의 9.4%인 10개 시장만이 실시한 것으로 나타났다. 대구지역 시장들의 공동사업실적이 매우 미미한 수준임을 알 수 있다.

〈표 2-14〉 전통시장 공동사업 추진 현황

단위 : 건, %

사업명	전국		대구	
	시장 수	구성비	시장 수	구성비
경품행사	209	13.5	14	13.2
정기세일	129	8.3	5	4.7
전단지광고	170	11.0	10	9.4
신문광고	65	4.2	2	1.9
방송광고	57	3.7	4	3.8
시장축제 · 이벤트	245	15.8	16	15.1
상품권 발행	128	8.3	10	9.4
쿠폰 발행	56	3.6	3	2.8
출장판매	11	0.7	–	
특산품 판매장 운영	23	1.5	1	0.9
공동구매 · 판매	21	1.4	1	0.9
공동포장지	27	1.7	1	0.9
시장소식지	30	1.9	3	2.8
시장 내 점포 배치지도	76	4.9	2	1.9
시장홈페이지	59	3.8	3	2.8
인터넷쇼핑몰	15	1.0	–	
택배운영공간	20	1.3	2	1.9
배송수단	13	0.8	–	
전화주문센터	11	0.7	–	

자료 : 시장경영지원센터(2008), 2008년도 전통시장 및 점포경영 실태조사 통계자료집, p. 137

3. 정부의 전통시장 지원정책 및 실적

1) 전통시장 활성화 지원정책

1995년 9월 시장재개발·재건축과 관련하여「중소기업 구조개선 및 경영안정 지원을 위한 특별조치법」이 제정되었다. 정부는 이 법을 근거로 재개발·재건축이 시급한 시장에 대해 시설자금 융자와 세제지원 등을 통해 전통시장을 활성화하고자 했으나 한계가 있었다. 그래서 전통시장을 획기적으로 활성화하기 위해 용적률, 도시계획 절차, 지구단위계획과 시장시설현대화 등에 관한 특례 조항을 둔「중소기업의 구조개선과 전통시장 활성화를 위한 특별조치법」을 2002년 1월 제정하였다. 이 법 또한 여러 가지 문제가 있어 폐지되었고 2004년 10월「전통시장 육성을 위한 특별법」, 2006년 4월「전통시장 및 상점가 육성을 위한 특별법[16]」으로 이어졌다.

2010년 1월 현재 전통시장 지원사업의 가장 근간이 되는 법률은「전통시장 및 상점가 육성을 위한 특별법」이다[17]. 여기서 이 법의 주요 내용을 살펴보면 다음과 같다. 먼저 동법 제2조에서 전통시장, 상점가 및 시장활성화 구역으로서 다음 중 어느 하나에 해당하는 사업주체를 보유한 곳을 지원 대상으로 한다고 명시하고 있다. 즉, 지원대상은「전통시장 및 상점가 육성을 위한 특별법」 제65조에 따른 시장 상인회와「유통산업 발전법」 제18조에 따른 상점가 진흥조합이다.

여기서 우선 지원대상 순위를 보면 첫째, 시장·군수 구청장이 수립한 지역추진계획에 반영된 시장·상점가·시장활성화 구역, 둘째, 최근 3년 이내에 중소기업청장 이상의 단체표창을 받은 시장·상점가, 셋째, 상인 자부담 비율, 상인교육 이수율, 상인회 가입률이 높은 시장·상점가, 넷째, 시장활성화 컨설팅 또는 연구용역을 마친 시장·상점가 순으로 되어 있다.

한편 특별법 이외의 시장관련법으로는「유통산업발전법」이 있다. 이 법에서는 동법 시행령과 함께 대규모 점포와 임시시장, 체인사업 등과 관련된 여러 가지 개념들을 정의하고 있으며, 유통산업의 발전을 도모하기 위한 법적 근거도 마련해 두고 있다.

또한,「지역균형개발 및 지방중소기업 육성에 관한 법률」은 지방중소기업을 적극적으로 육성함으로써 인구의 지방정착 유도, 지역경제 활성화를 통해 국토

16 | 이 법은 전통시장 관련 법령 및 제도 중에서 가장 기본이 되는 것으로, 2016년 12월 31일까지 한시적으로 적용되는 법이다.

17 | 새로운「전통시장 및 상점가 육성을 위한 특별법」이 2009년 12월 30일 국회에서 통과되어 앞으로 전통시장 활성화 등은 이 법을 적용받게 된다.

의 균형 발전을 도모하기 위한 법으로, 지역 전통시장을 지원하는 데 근거가 되는 법률 중의 하나이다. 이 외에 「도시계획조례」, 「중소기업 협동조합법」, 「지방자치법」 등도 전통시장 활성화 관련법이라 할 수 있다. 여기서 전통시장 활성화 지원정책의 변화와 법률들의 특징을 살펴보면 다음 〈표 2-15〉와 같다.

〈표 2-15〉 전통시장과 관련된 주요 법률

구분	중소기업의 구조개선과 전통시장 활성화를 위한 특별조치법	전통시장 육성을 위한 특별법	전통시장 및 상점가 육성을 위한 특별법
제정일/지원대상	2002. 1. / 2002. 4.	2004. 10. / 2005. 3.	2006. 4. / 2006. 12.
지원대상	• 전통시장 * 시장정비, 시설현대화	• 전통시장 * 시장정비, 시설현대화, 경영혁신	• 전통시장 * 시장정비, 시설현대화, 경영혁신 • 밀집 상점가 및 전통시장과 인접한 상점가
상인 부담경감		• 전통시장 공동시설 설치 • 시 · 국 · 공유지 사용허가 • 도로 점용료 감면(80%)	• 국 · 공유지 사용허가 및 사용료 감면(80%) • 도로 점용료 및 하천 점용료 감면 • 공용주차장 주차요금 감면 및 상인회 위탁관리 허용
시장관리			• 시장관리자 지정제도 도입 • 임시시장 개설요건 규정
특성별 육성			• 지원사업 평가 의무화 • 시장 특성별 육성 지원 • 시장활성화 구역 지정 · 운영
상인회		시 · 군 · 구 등록단체	• 등록단체 또는 법인단체 • 상인조직 공동사업 확대
시장경영 지원센터	전문기관 지정 · 운영 (상공회의소 등)	민법상 독립된 재단법인	특수법인화
시장 정비사업 특례	• 토지소유자의 동의 특례(4/5→3/5) • 주거지역 용적률 특례(500%→700%)	주거지역, 상업지역에 건축관련 특례 인정 (용적률, 건폐율, 높이 제한)	• 심의절차 일원화 (시장정비사업심의위원회) • 16개 인허가 사항 • 일괄 의제처리 제도 도입 • 준공업지역까지 건축관련 특례 • 시장정비구역 내 국 · 공유지 수의 매각 허용

자료 : 중소기업청(2008), 전통시장 지원정책 참고자료집, p. 21

정부는 이들 법률을 근거로 하여 전통시장 지원정책을 수립·전개해 왔으며, 지원분야로는 경영혁신 및 공동사업, 시장관리 및 점포경영현대화, 시설현대화 사업, 지역상권 활성화 연구 등이 있다. 지원분야별 주요 내용을 소개하면 다음 〈표 2-16〉, 〈표 2-17〉, 〈표 2-18〉, 〈표 2-19〉와 같다.[18]

18 | 〈표 2-16〉에서 〈표 2-19〉까지의 내용은 시장경영지원센터 관련 자료에서 재구성한 것임. (원, 명) 안은 2008년도 지원 실적임

〈표 2-16〉 전통시장 경영혁신 및 공동사업

분야	사업명	지원내용	지원한도	지원조건
마케팅	공동마케팅 (60억 원)	고객 및 매출 증대를 위한 이벤트·홍보, 공동쿠폰 발행 등	2~8천만 원 국비 70% 상인 30%	상인조직 활동이 활발한 곳 [단위사업] 참조
	우수시장 상품 전시회 개최 (4억 원)	지역 우수상품 및 특산품 판매·전시회 개최	7천만 원 이내 국비 70% 상인·지자체 30%	10개 시장 이상 상인 50명 이상
공동사업	공동상품권 발행(6억 원)	시도를 구역으로 한 전통시장 공동 상품권 발행	1억 원 이내 국비 70% 상인·지자체 30%	10개 시장 이상 상인 200명 이상
	상인공동 구·판매 사업(12개 품목)	공동구매 상품의 브랜드·디자인 개발, 홍보·판촉, 운송비 등 지원	소요비용의 50~100%	품목별 상인 50명 이상 참여
	상품정보지홍보	지역특산품, 시장 우수상품 등 경쟁력 있는 상품 홍보	전액 보조	가격경쟁력 있는 상품 우선 지원
교육연수	상인교육 연수 (25천 명)	마케팅·경영기법, 상품 및 고객관리, 의식혁신 등의 교육(상인대학, 단기위탁교육, 현장교육, 전문교육, 해외연수 등)	전액 보조 (단, 해외연수는 50% 보조)	시장, 상점가, 시장활성화구역 내의 상인 및 예비창업자

〈표 2-17〉 전통시장 관리 및 점포경영현대화 사업

분야	사업명	지원내용	지원한도	지원조건
시장관리 및 점포경영 현대화	정보화교육 (10천 명)	컴퓨터 활용, 인터넷 영업기법, 상품개발, 온라인 쇼핑몰 운영·교육	전액 보조	시장 상인·예비창업자
	인터넷쇼핑몰 사업(6천 명)	에브리마켓 무료입점, 상품판매 지도, 상품콘텐츠 제작지원 등	전액 보조	정보화 교육 이수자 우대
	시장자문(150개) 점포지도(700개)	시설현대화, 경영혁신, 상권개발, 시장정비사업 자문,상품 디스플레이, 점포 인테리어	전액 보조	연 8일 이내 4일 이내
	우수점포 지원 (150개)	경영 우수 점포에 인증표식 및 인증서 수여, 판촉물 지원	판촉물 70만 원 이내	시장·상점가 내의 점포

〈표 2-18〉 전통시장 시설현대화 사업

사업명	지원내용	지원한도	지원조건
시설현대화 (1,345억 원)	주차장, 아케이드, 진입로, 화장실, 안전시설, 지역 주민이 함께하는 문화공간 설치 등	70억 원 이내 국비 60% 지방비 30% 민간 10%	2007년 사업비 신청 *주차장, 진입로 등은 상인부담 면제
구조개선 공동사업 (30억 원)	공동배송센터 등 택배시설, 재해로 인한 공동시설물 복구, 전기 · 소방 · 안전 · 위생시설 등	국비 2억 원 이내 국비 60% 지방비 30% 민간 10%	평가결과에 따라 지원 *중소기업청 홈페이지 참조

〈표 2-19〉 지역상권 활성화 연구 사업

사업명	지원내용	지원한도	지원조건
시장 · 상점가 활성화 연구용역 (11억 원)	시장 · 상점가 · 시장활성화구역의 상권개발 및 활성화 방안, 지역상권개발 및 시장육성계획 수립을 위한 연구용역 등	6천만 원 이내 국비 60% 지방비 40%	사업비 30억 원 이상 투자 확보 시장, 2008년 사업착수 시장 우선
상점가 · 시장 활성화 구역지원 (141억 원)	주차장, 아케이드, 도로포장, 테마거리 조성 등 상업기반시설 (공공시설은 민간부담 면제)	70억 원 이내 국비 60% 지방비 30% 민간 10%	2007년 사업비 신청 연구용역, 컨설팅 완료 상점가 우선 지원

정부는 이들 지원정책 외에도 아케이드사업 완료시장을 중심으로 택배시스템 도입을 확대할 계획인데 그 내용은 고객콜센터, 택배차량, 공동물류시설 등에 대한 지원이다. 또한, 지역 단위의 상권개발 사업을 추진 중이며 전통시장, 상점가 인접지역을 연계한 지역 상권개발 연구용역도 수행할 예정이다.

그리고 시장 홍보를 위해 전통시장 케이블TV 홍보방송사업도 지원할 예정인데, 이 사업은 케이블TV를 통해 전통시장·상점가를 소개함으로써 전통시장에 대한 소비자의 인식을 개선하는 데 목적이 있다.

오늘날 전통시장 활성화 문제는 상인과 정부 양자 관계보다는 지방자치단체, 민간, 지역기업, 방송사 등의 다자간 관계에서 풀어야 할 것으로 본다. 우선 일부 지방자치단체는 전통시장을 지역특성에 맞춰 관광과 연계하여 활성화시키는 노력을 하고 있으며, 또 전통시장 이용의 날, 상품권 이용 촉진, 주부 장보기단 유치 등을 추진하고 있다.

한편 지역기업은 1사1시장 자매결연, 전통시장 상품권 구입, 시장에서 회식하기 등을, 민간단체는 전통시장 이용캠페인 전개, 시장 물가조사, 원산지표시 지도 등을 실시하고 있다. 또 방송사는 우수시장 홍보, 특산품 소개, 고객유치를 위한 이벤트 개최 등을 맡아 실시하고 있다.[19]

19 | KBS의 〈6시 내고향〉이라는 프로그램은 우리나라 전통시장 홍보 및 매출액 증대에 크게 기여해 왔다.

그간 지원되지 않았던 점포 밀집 상점가에 대해서는 시장·군수·구청장이 직접 또는 상인회의 신청을 받아 시장인접지역의 상점가와 무등록시장을 하나로 묶어 '시장활성화구역'으로 지정해 지원할 수 있도록 했다.

아케이드, 주차장, 공동창고 등 전통시장 공동시설의 국·공유지 사용료를 변경했는데, 국유지에 대해서는 80% 감면하고, 공유지는 80% 범위 내에서 지방자치단체 조례로 감면율을 정하도록 하였으며, 하천점용료도 지방자치단체 조례로 감면할 수 있는 근거를 마련해 두었다.

아울러 시장 상인 및 고객에게 시장 공설주차장의 이용료를 감면해 주고, 공설주차장을 상인회 등 시장관리자에게 위탁하여 관리할 수 있도록 허용하며, 등록시장 재개발의 경우 시장정비사업구역 안의 국·공유지를 사업시행자에게 우선적으로 수의매각할 수 있도록 하는 특례도 마련하였다.

한편 5일장은 주 5일제 근무에 맞춰 주말 시장으로의 전환을 유도하고, 전통시장의 관광지화 및 시장 내의 농어민직영매장 설치 시에도 지원할 수 있도록 하였다. 그리고 시장정비사업 시에 대체시장이 필요할 경우에는 임시시장을 마련해 운영할 수 있게 했다.

또한 시장·군수·구청장은 시장의 상업기반시설 유지 및 관리, 화재 예방, 청소 및 방범활동등을 수행할 수 있도록 상인회 등을 시장관리자로 지정하여 전통시장을 체계적으로 관리할 수 있도록 하였다. 여기서 전통시장 활성화 사업비의 신청 절차를 소개하면 〈표 2-20〉과 같다.

〈표 2-20〉 전통시장 활성화 사업별 신청절차

사업명	사업명	지원한도
구조개선 공동사업, 시장·상점가 활성화 연구용역, 공동상품권 발행	시장 상인회 → 시·군·구 시·도 → 중소기업청	중소기업청
공동마케팅, 우수점포, 상인교육·연수, 자문·점포지도, PC 보급 및 정보화 교육	시장 상인회 → 시·군·구 → 시장경영지원센터	시장경영 지원센터
공동 구·판매, 온라인쇼핑몰 사업, 우수시장 상품전시회 및 무가정보지 홍보사업	상인회 → 전국상인연합회 *지역전시회는 시·도 경유	전국시장 상인연합회

자료 : 중소기업청(2008), 전통시장 지원정책 참고자료집

2) 전통시장 활성화 사업 지원실적

2002년부터 2008년까지 정부는 전통시장 활성화 사업에 9,636억 원을 투입했는데, 시장경영 혁신 부문에 1,104억 원, 시설현대화 부문에 8,532억 원을 투입하였다. 2007년 말 현재까지 전체 1,610개 시장 중 709개 시장이 지원을 받았다. 그간의 시장활성화 지원예산 집행액을 알아보면 〈표 2-21〉과 같다.

〈표 2-21〉 전통시장 활성화 지원예산 집행액

단위 : 억 원

사업명	구분	지원실적							
		′02년	′03년	′04년	′05년	′06년	′07년	′08년	합계
시장경영혁신	집행액	3	8	42	199	244	289	319	1,104
시설 현대화	집행액	228	816	1,608	1,068	1,228	1,616	1,968	8,532
	지원 건수	75	182	263	169	201	227	281	1,398
	지원시장 수	75	145	171	77	87	82	72	709
합계	집행액	231	824	1,650	1,267	1,472	1,905	2,287	9,636
비고	′02~′08년(1,398건) : 아케이드 511건, 주차장 286건, 진입로 82건, 기타 시설 519건 ′08년(추경 포함) : 아케이드 82건, 주차장 75건, 진입로 10건, 기타 시설 114건								

자료 : 중소기업청(2008), 2008년 전국 전통시장 총람 Ⅰ, p. 9

〈표 2-22〉에서 2002년부터 2008년까지 시설현대화 사업의 분야별 지원 건수를 살펴보면, 아케이드 511건(3,263억 원), 주차장 286건(2,583억 원), 진입로 정비 82건(529억 원), 기타 시설 519건(2,156억 원)임을 알 수 있다. 기타 시설은 시장 안내간판, 고객지원센터, 유아놀이방, 택배시설 등이 해당된다.

〈표 2-22〉 시설현대화 사업 분야별 지원 실적

단위 : 건, 억 원

구분		누계 (′02~′08년)	아케이드	주차장	진입로 정비	기타 시설
지원 실적	시장 수	709	중복을 제외한 지원시장 수			
	건수	1,398	511	286	82	519
	금액	8,532	3,263	2,583	529	2,156

자료 : 중소기업청(2008), 2008년 전국 전통시장 총람 Ⅰ, p. 10

한편 정부는 2008년 말까지 전통시장 경영현대화 사업(상거래 기법 개선, 홍보·마케팅, 공동사업 지원, 상인교육 및 경영혁신, 시장경영지원센터 운영)에 1,104억 원을 투입해 왔다. 참고로 경영현대화 사업의 분야별 지원 실적을 소개하면 아래 〈표 2-23〉과 같다.

〈표 2-23〉 경영현대화 사업 분야별 지원 실적

단위 : 백만 원

구분	'03년	'04년	'05년	'06년	'07년
상거래기법 개선		2,182	2,800	1,700	4,100
온라인 쇼핑몰 · 전자상거래망 구축		2,182	2,300	1,200	3,600
공동 상품권 및 공동 쿠폰 발행			500	500	500
홍보 · 마케팅		1,000	4,000	4,850	4,600
홍보 · 방송		600	1,000	1,200	1,100
시장축제 · 이벤트 및 마케팅 지원			1,000	1,200	2,000
명절 TV 광고			1,000	1,200	500
전국전통시장박람회		400	1,000	1,200	1,000
공동사업 지원	250	250	7,400	9,700	11,300
구조개선 공동사업			6,600	9,000	10,000
공동브랜드 상품개발, 공동 구 · 판매	250	250	800	700	1,300
상인교육, 경영혁신	540	441	2700	5547	5541
교육 연수			573	850	2,341
시범시장 및 혁신점포 육성			1,000	2,000	1,650
활성화 연구, 경쟁력 실태 및 성과 평가	540	441	1,127	2,697	1,550
시장경영지원센터 운영	989	309	3,100	3,200	3,459
합계	**2,569**	**8,055**	**36,900**	**46,744**	**54,541**

자료 : 시장경영지원센터(2008), 전통시장 및 점포경영 실태조사, p. 372

〈표 2-24〉에서 2002년부터 2008년까지의 지역별 전통시장 시설현대화 사업 지원금액을 살펴보면 경상북도가 789억 원(118개 시장)으로 가장 많고, 그 다음이 경상남도 739억 원(189개 시장), 전라북도 732억 원(100개 시장) 순으로 나타나 있다. 그리고 대구광역시는 광역시 중 서울특별시(561억 원) 다음으로 많은 예산(512억 원)을 지원받았음을 알 수 있다. 여기서 시도별 시설현대화 사업 국비지원금액을 알아보면 〈표 2-24〉와 같다.

〈표 2-24〉 전통시장 활성화 사업 국비지원금액

단위 : 건, 백만 원

지역	계		'02년		'03년		'04년		'05년		'06년		'07년		'08년 (추경 포함)	
	건수	지원액	건수	지원액	건수	지원액	건수	지원액	건수	지원액	건수	지원액	건수	지원액	건수	지원액
대구	77	51,262	6	846	9	2,940	20	10,102	5	4,500	7	6,211	17	12,130	13	14,533
서울	65	56,127	5	1,978	12	6,444	10	8,121	7	6,233	8	7,233	7	11,950	16	14,168
부산	132	48,939	6	1,362	21	7,142	32	11,861	15	6,000	20	6,574	17	6,500	22	9,500
인천	26	32,971	2	520	4	3,630	7	8,298	2	3,000	3	4,323	4	5,500	4	7,700
광주	34	26,506	4	191	3	655	5	5,197	3	3,660	4	5,800	8	5,500	4	7,700
대전	48	36,233	1	1,000	7	1,495	12	7,656	11	6,158	6	5,000	5	5,248	6	9,676
울산	39	36,241	1	158	7	2,440	11	7,390	2	2,000	5	4,013	7	5,741	6	4,499
경기	98	71,272	3	1,360	11	7,862	20	14,701	12	9,400	11	8,183	14	14,187	27	15,579
강원	110	63,666	9	3,422	14	6,378	13	7,251	16	10,481	23	15,000	17	11,180	18	9,954
충북	82	45,066	11	2,775	10	4,641	18	5,822	9	6,560	8	7,600	14	8,370	12	9,298
충남	113	71,394	4	778	11	5,400	24	14,022	17	11,097	22	13,945	18	14,982	17	11,170
전북	100	73,224	7	3,133	11	6,560	16	5,749	13	7,118	11	7,111	18	18,759	22	24,794
전남	115	64,685	6	2,515	21	7,047	13	14,721	17	5,000	16	6,183	17	9,149	25	20,070
경북	118	78,957	4	1,681	10	5,058	25	14,985	11	10,725	18	11,349	16	13,530	34	21,629
경남	189	73,992	2	456	21	8,380	24	13,926	24	11,067	34	11,766	41	14,374	43	14,023
제주	53	32,633	4	568	10	5,477	13	11,016	5	3,850	5	2,546	7	5,006	9	4,170
합계	1,399	874,168	75	22,743	182	81,549	263	160,818	169	106,849	201	122,837	227	162,106	278	198,463

자료 : 중소기업청(2008), 2008년 전국 전통시장 총람 Ⅰ, p. 11

한편 최근(2007년부터 2009년 3월까지)의 대구 전통시장 시설현대화 사업 지원현황을 알아보면 〈표 2-25〉와 같다. 이 표에 따르면 화장실, 아케이드, 진입로, 주차장, 전기안전설비 등과 같은 기반시설을 확충하는 데 많은 예산이 투입되었음을 알 수 있다. 참고로 2007년, 2008년, 2009년(3월 현재까지)에 투입된 대구 전통시장 시설현대화 사업비를 살펴보면 각각 20,250백만 원, 24,221백만 원, 그리고 15,285백만 원이나 된다. 또 시설현대화 자금 지원액을 구·군별로 보면 중구가 17,524백만 원으로 가장 많고 달서구 14,869백만 원, 동구 9,665백만 원, 남구 9,312백만 원 순으로 많게 나타나 있다.

〈표 2-25〉 대구 전통시장 시설현대화 사업(2007~2009. 3.)

단위 : 백만 원

구 · 군	시장명	사업내용(년도)	사업비			
			계	국비	시 · 구비	민간
중구 (17,524)	서문시장	아케이드설치('07)	3,000	1,800	900	300
	서문4지구	냉난방시설 교체('07)	2,280	1,368	684	228
	서문1지구 2층	전기보수('07)	816.5	490	244.5	82
	서문1지구 1층	전기보수('08)	645	387	194	64
	서문시장 활성화구역('08)	전주지중화	1,400	840	560	0
		가드레일 설치	480	288	144	48
		진입로 아케이드	849.5	510	254.5	85
		고객지원센터, 화장실 리모델링	100	60	40	-
		야시장 테마거리조성	575	345	230	-
	서문시장 동산상가	화장실 리모델링	185	111	74	-
	패션주얼리 특구상점가('08)	화장실 설치	587	352	235	-
		전선지중화	1,100	660	330	110
		도로노면 교체	400	240	120	40
		가로등 및 상징물	100	60	30	10
		옥외 광고물 정비	400	240	120	40
	교동시장 · 상점가	공영주차장('08)	3,606	2,164	1,442	-
	교동시장	주차장 설치('09)	1,000	600	400	-
동구 (9,665)	불로전통시장	공영주차장('07)	1,540	924	616	-
		진입로 확장('08)	2,400	1,440	960	-
	공항시장	아케이드설치('07)	1,120	672	336	112
		공중화장실('09)	500	400	100	-
	동서시장	아케이드설치('07)	2,405	1,443	722	240
	반야월시장	공영주차장 확충('07)	700	400	300	-
	방촌시장	소방전기 시설보수, 벽재보강('09)	1,000	800	100	100
남구 (9,312)	관문상가시장	아케이드 연장('07)	2,500	1,500	750	250
		공영주차장 확충('07)	500	300	200	-
		공중화장실 설치('08)	500	300	200	-
	관문시장	화장실 · 하수도 정비('07)	150	90	60	-
	명덕시장	하수도 정비('07)	60	36	24	-
	남부시장	화장실 · 하수도 정비('07)	80	48	32	-
	대명시장	화장실 · 하수도 정비('07)	120	72	48	-
	성당시장	화장실 · 하수도 정비('07)	90	54	36	-
		주차장 확충('09)	1,250	1,000	250	-
	영선신시장('08)	공중화장실 설치	500	300	200	-
		주차장 설치	2,312	1,850	462	-
	봉덕신시장	주차장 확충('09)	1,250	1,000	250	-

구 · 군	시장명	사업내용(년도)	사업비			
			계	국비	시 · 구비	민간
북구 (4,700)	팔달신시장('08)	아케이드 설치	2,800	1,680	840	280
		공중화장실 및 쉼터	600	360	240	-
	능금시장	공중화장실 설치(' 08)	500	300	200	-
	태전중앙시장	아케이드 설치(' 09)	800	480	240	-
달서구 (14,869)	서남신시장	아케이드 설치(' 07)	3,000	1,800	900	300
		아케이드 설치(' 08)	1,000	600	300	100
	두류종합시장	아케이드 설치(' 07)	1,167	700	350	117
	월배시장	소방시설 공사(' 07)	286	172	86	28
		아케이드 설치(' 08)	1,700	1,020	510	170
	와룡시장('08)	아케이드 설치	2,645	1,587	793.5	264.5
		아케이드 연장	1,333	800	400	133
	달서시장	아케이드 설치(' 09)	2,738	1,643	822	273
	송현주공시장	아케이드 설치(' 09)	1,000	600	300	100
수성구	지산목련시장	시설물 개 · 보수(' 07)	435	261	131	43
서구	원대신시장	치마 캐노피 설치(' 09)	250	150	75	25
달성군	현풍공설시장	현대식 마트신축(' 09)	3,000	1,800	1,200	-
합계			59,755.5	37,097	19,035.5	3,542.5

자료 : 대구광역시 시장관련 자료에서 재구성함

결론적으로 지금까지의 우리나라 전통시장 활성화 사업은 하드웨어적인 시설 현대화 중심이었고 소프트웨어적인 경영현대화 사업은 비교적 등한시되었다. 이는 우리나라 시장활성화 정책의 가장 큰 문제점이라 사료된다.

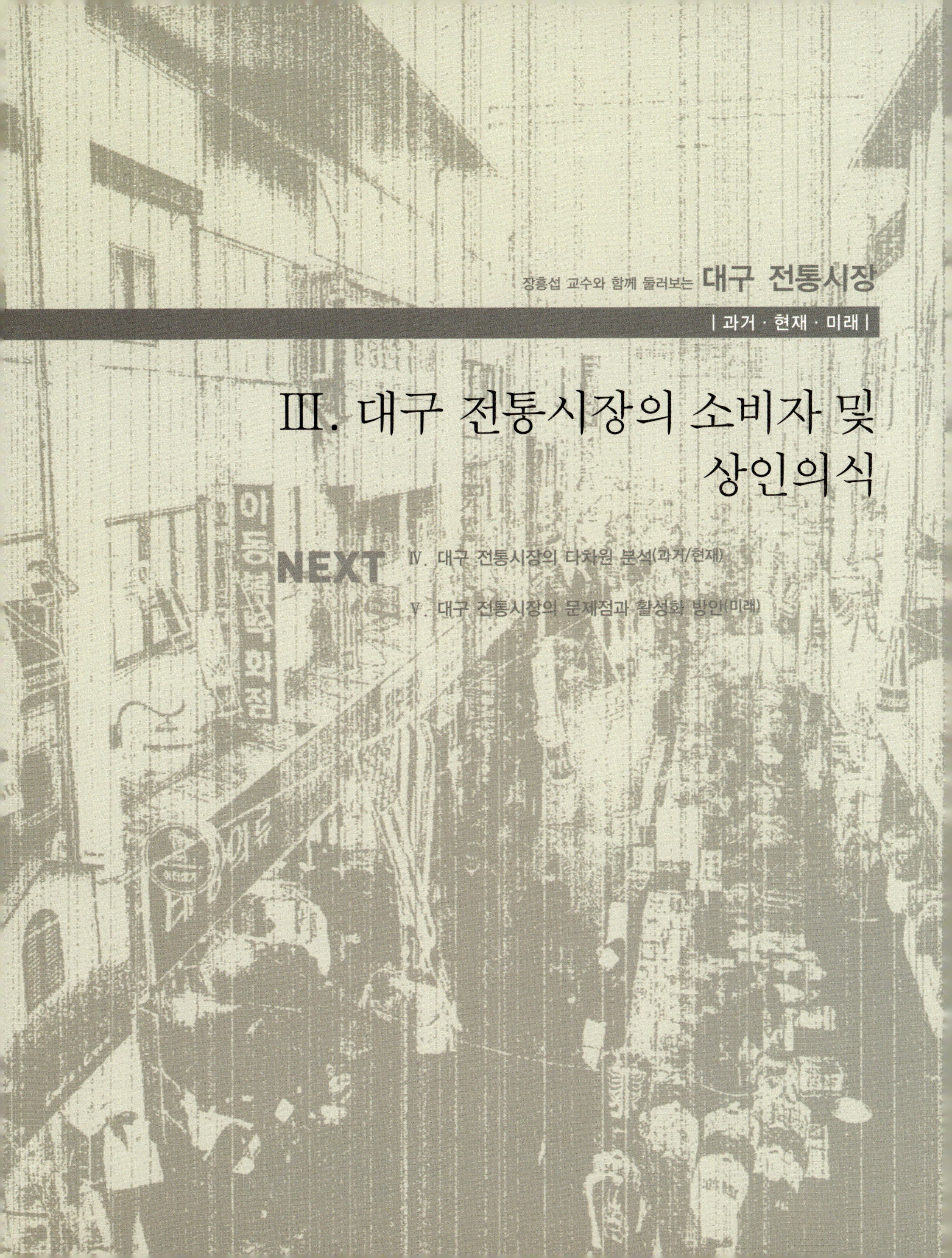

Ⅲ. 대구 전통시장의 소비자 및 상인의식

III 대구 전통시장의 소비자 및 상인의식

1. 2007년 대구 전통시장의 소비자 및 상인의식

1) 2007년 대구 전통시장의 소비자의식 조사

(1) 조사 개요

본 조사의 목적은 지역 전통시장 이용객들의 의식 조사를 통해 현 전통시장의 문제점과 활성화 방안을 찾아보는 데 있다. 본 조사의 모집단 및 자료수집 방법, 표본의 크기, 조사방법, 조사도구, 조사기간 등은 아래 〈표 3-1〉과 같다.

〈표 3-1〉 2007년 대구 전통시장 소비자의식 조사 개요

구분	내용
모집단	대구지역 전통시장 이용 소비자
자료수집 방법	전통시장 이용고객 중 편의표본추출
표본의 크기	168명
조사방법	면접원의 시장 이용객 1:1 개별면접
조사도구	구조화된 설문지(structured questionnaire)
조사기간	2007. 12. 24.~2007. 12. 31.

(2) 전통시장 소비자의식 조사 결과

조사에 응한 전체 응답자 수는 168명인데, 남성 24%, 여성 76%로 구성되었으며 연령은 40대가 33%, 50대가 24%이었다. 또 응답자들의 시장 방문횟수는 주 1회가 50명으로 가장 많았고 월평균 소득은 150~300만 원 44%, 150만 원 미만 43% 순으로 많았다.

대구지역 전통시장 소비자들의 의식 조사 결과를 살펴보면 다음과 같다.

첫째, 생필품 구매 시 가장 많이 이용하는 곳을 묻는 설문에 대한 답변으로는 전통시장이 49%로 가장 많았고, 그 다음이 대형마트로 40%이었다.

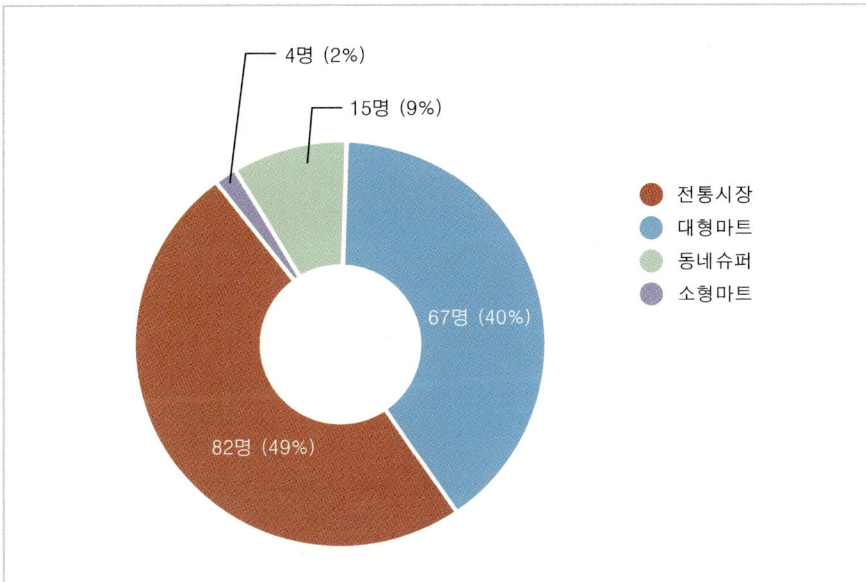

〈그림 3-1〉 생필품 구매 시 가장 많이 이용하는 곳

주) 응답자 수 : 168명(무응답 0명)

둘째, 전통시장에서의 카드결제 경험여부를 묻는 설문에서 카드결제 경험이 있다고 한 응답자는 31%에 불과한 데 반해 없다고 한 응답자는 69%나 되었다. 이 설문을 통해 시장에서의 카드결제가 어려운 실정임을 알 수 있는데, 이는 곧 현대 소비자들이 전통시장을 기피하는 주요 원인 가운데 하나이다.

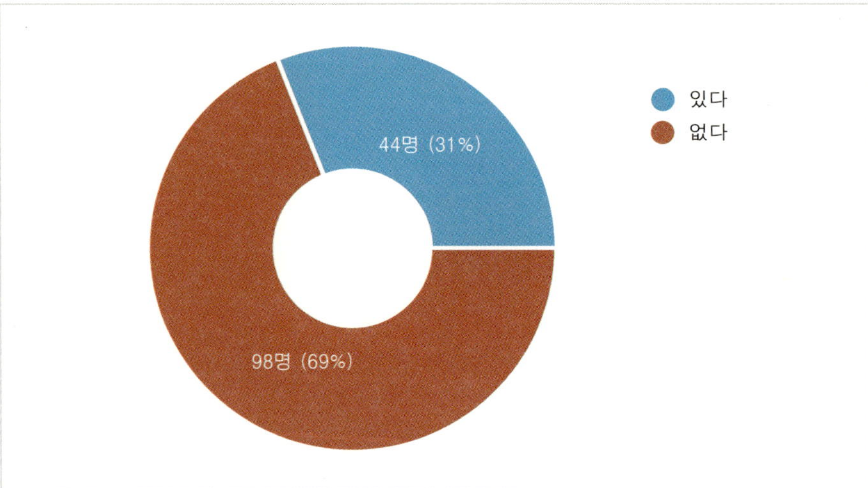

〈그림 3-2〉 시장에서의 카드결제 경험 유무
주) 응답자 수 : 142명(무응답 26명)

셋째, 〈그림 3-3〉 전통시장의 속성별 만족도에 나타나 있듯이 소비자들은 교통편리성(3.57점), 상인서비스(3.33점), 상품품질(3.28점), 상품 다양성(3.24점) 순으로 만족도가 높고, 편의시설(2.24점), 주차시설(2.52점), 시설상태(2.69점) 순으로 만족도가 낮은 것으로 나타났다.

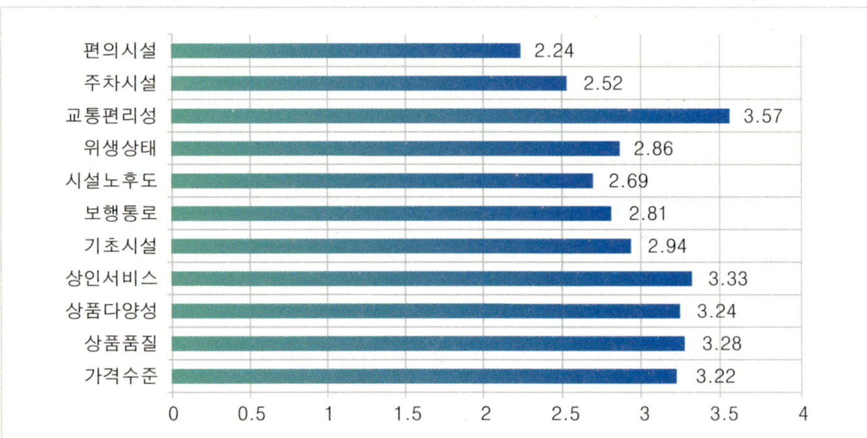

단위 : 점

〈그림 3-3〉 전통시장 속성별 소비자 만족도
주) 응답자 수: 142명(무응답 26명)

넷째, 소비자들은 전통시장의 이미지에 대해 먹을거리 많음(63명), 편리함(60

명), 볼거리 많음(58명) 순으로 많이 지적했으며, 특화상품과 청결함, 현대적 시설은 비교적 적게 지적했다.

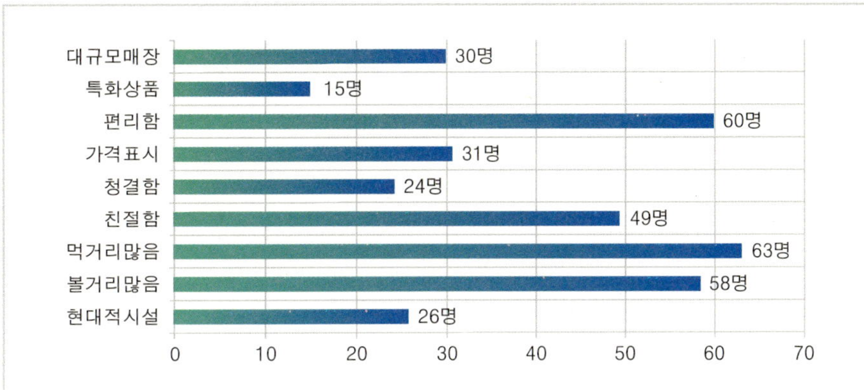

단위 : 명

〈그림 3-4〉 전통시장 이미지

주) 응답자 수 : 142명/위 숫자는 응답자별로 2~3개씩 응답한 것임

2) 2007년 대구 전통시장의 상인의식 조사

(1) 조사 개요

본 조사는 전통시장 상인들의 의식 조사를 통해 오늘날 우리지역 전통시장이 갖고 있는 문제점을 찾고, 그 해결 방안을 모색하는 데 목적이 있다. 대구지역 전통시장 상인들에 대한 설문조사의 모집단 및 자료수집 방법, 표본의 크기, 조사방법, 조사도구, 조사기간 등은 아래 〈표 3-2〉와 같다.

〈표 3-2〉 2007년 대구 전통시장의 상인의식 조사 개요

구분	내용
모집단	대구지역 16개 전통시장 상인
자료수집 방법	전통시장 상인 중 편의표본추출
표본의 크기	176명
조사방법	면접원의 시장 상인 1:1 개별면접
조사도구	구조화된 설문지(structured questionnaire)
조사기간	2007. 8. 1.~2007. 8. 30.

(2) 전통시장 상인의식 조사 결과

조사에 응답한 16개 전통시장 상인 수는 176명이고, 성당시장과 대명시장의 상인이 가장 많았다. 성별로는 남성보다 여성의 비율(59%)이 높았으며 연령으로는 50대 이상(54%)이 제일 많았고, 또 10년 이상 근속 상인이 54%나 차지하고 있다.

한편, 대구지역 16개 전통시장 상인의식 조사 결과는 다음과 같이 나타났다.

첫 번째, 시장활성화를 위한 정부지원 여부를 묻는 설문에서 지원을 받았다고 한 시장 상인은 29%에 불과한 반면, 지원을 받지 않았다고 한 상인은 56%나 되었다.

두 번째, 1년 전보다 손님이 증가하였느냐는 설문에서 그렇다가 4%이고, 그렇지 않다는 87%로 나타난 것으로 보아 상인 대부분이 시장 손님이 감소한 것으로 보고 있었다.

세 번째, 〈그림 3-5〉에서 보듯이 시장의 시설상태에 대해 좋다고 한 응답자는 26%, 나쁘다고 한 응답자는 58%나 되는데 여기서 대구지역의 많은 상인들이 시장 시설상태에 대해 부정적으로 생각하고 있음을 알 수 있다.

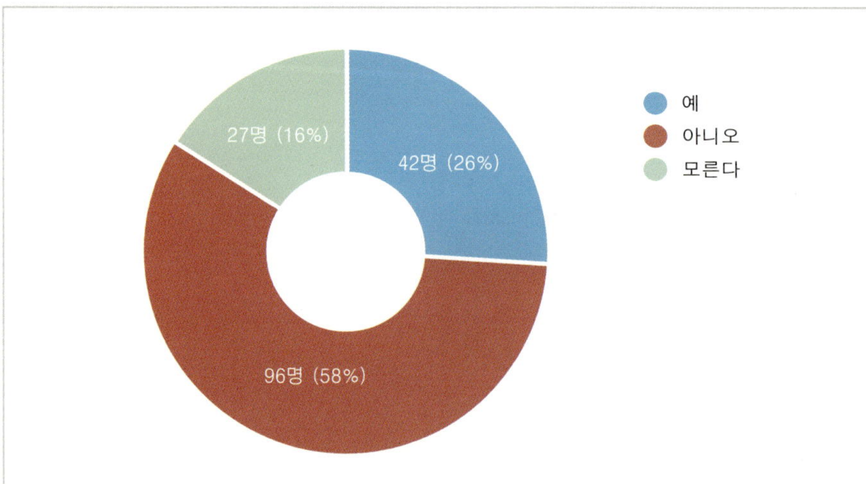

〈그림 3-5〉 전통시장의 시설상태

주) 응답자 수 : 165명(무응답 11명)

네 번째, 〈그림 3-6〉과 같이 전통시장이 더욱 발전할 것인가라는 설문에 대해 그렇다고 한 응답자는 21%에 불과한 반면, 그렇지 않다고 한 응답자는 60%에 달했다. 여기서 많은 전통시장 상인들이 시장 발전 가능성에 대해 부정적 견해를 갖고 있음을 알 수 있다.

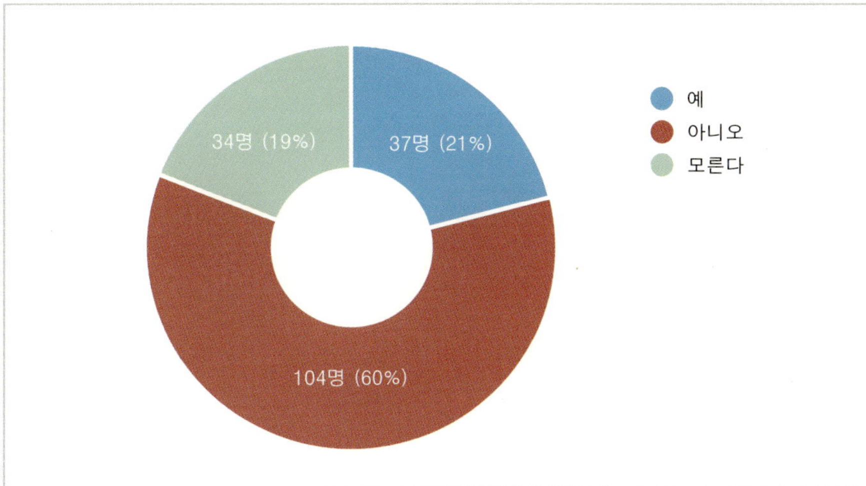

〈그림 3-6〉 시장의 발전 가능성

주) 응답자 수 : 175명(무응답 1명)

다섯 번째, 상인회의 존재여부를 묻는 질문에 대해 있다고 답한 응답자가 81%인 데 반해, 없다고 답한 응답자는 13%에 불과한데, 여기서 대부분의 전통시장 상인들은 상인회의 존재를 인지하고 있음을 알 수 있다.

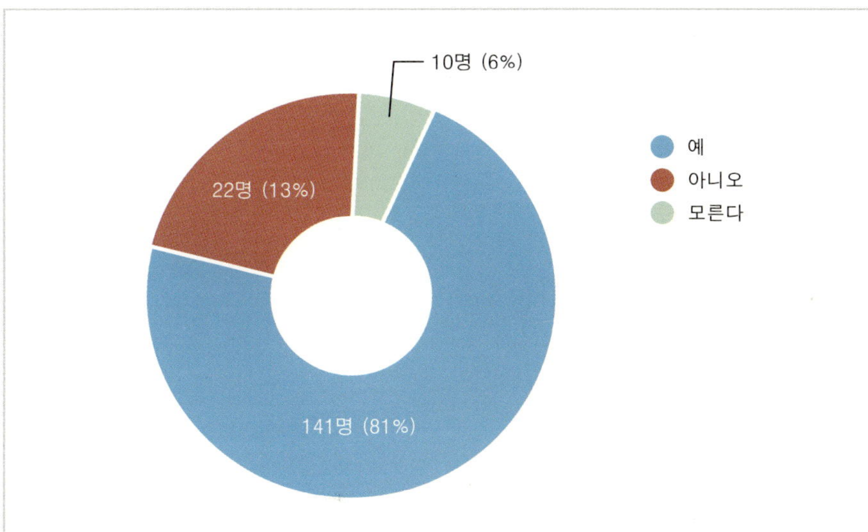

〈그림 3-7〉 시장 상인회 인지 여부

주) 응답자 수 : 173명(무응답 3명)

여섯 번째, 상인교육의 필요성을 묻는 설문에 대해서는 〈그림 3-8〉에서 보듯이 필요하다가 70%, 필요 없다가 16%로 나타났다. 여기서 대부분의 상인들이 상인교육의 필요성을 인식하고 있음을 알 수 있다.

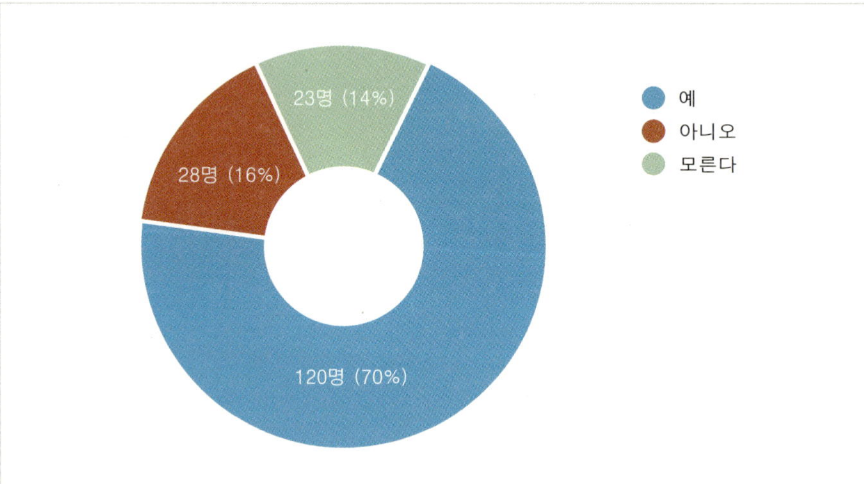

〈그림 3-8〉 상인교육의 필요성

주) 응답자 수 : 171명(무응답 5명)

일곱 번째, 상인교육 시 가장 필요한 내용을 묻는 설문에 대한 상인들의 응답은 〈표 3-3〉에서 보듯이 친절서비스(46.3%), 상품정보(22.0%), 판매지식(20.0%) 순으로 나타났다.

〈표 3-3〉 필요한 상인교육 내용

순위	교육내용	응답자 수(명)	구성비(%)
1	친절서비스	78	46.3
2	상품정보	37	22.0
3	판매지식	34	20.0
4	시설개선	3	1.5
5	상호협조	3	1.5

여덟 번째, '시장발전에 가장 필요한 사업이 무엇인가?'라는 설문에서 시장 상인들은 주차장(34.7%)을 가장 많이 들었고, 시설현대화(23.8%), 홍보활동(19.8%)이 뒤를 이었다.

〈표 3-4〉 시장 발전에 필요한 사업

순위	교육내용	응답자 수(명)	구성비(%)
1	주차장	58	34.7
2	시설현대화	40	23.8
3	홍보활동	33	19.8
4	상인교육	16	9.7
5	지속적인 정부지원	3	2.0

아홉 번째, 점포 경영상의 애로요인을 묻는 설문에서는 고객 감소(27.2%), 대형마트와의 경쟁(14.8%), 주차장 부족(13.6%), 시설문제(12.1%) 순으로 많이 나타났다.

〈표 3-5〉 점포 경영상의 애로요인

순위	교육내용	응답자 수(명)	구성비(%)
1	고객 감소	46	27.2
2	대형마트와의 경쟁	25	14.8
3	주차장 부족	23	13.6
4	시설문제	20	12.1
5	경기 침체	10	5.8

열 번째, 전통시장 고객유인 방법을 묻는 설문에서 주차장 설치(19.3%)를 가장 많이 들었으며, 다음으로 시설 및 환경개선(18.1%), 홍보활동(11.4%) 순으로 많았다.

〈표 3-6〉 고객유인 방법

순위	교육내용	응답자 수(명)	구성비(%)
1	주차장 설치	33	19.3
2	시설 및 환경개선	30	18.1
3	홍보활동	19	11.4
4	대형마트 허가규제	11	6.6
5	친절서비스	11	6.6

열한 번째, 정부 내 시장 관련 기관에의 요구사항으로는 시설(환경) 개선

(19.6%), 주차장 설치(17.2%), 지속적인 정부지원(12.3%) 순으로 많이 응답하였다.

〈표 3-7〉 정부 내 시장관련기관에의 요구사항

순위	교육내용	응답자 수(명)	구성비(%)
1	시설(환경) 개선	33	19.6
2	주차장 설치	29	17.2
3	지속적인 정부지원	21	12.3
4	대형마트 허가규제	19	11.5
5	전통시장 활성화	11	6.6

3) 요약 및 시사점

먼저 소비자들의 응답내용을 보면 시장 상품의 가격·품질·구색 등에 있어서는 비교적 만족하는 편이나 상인친절·서비스·쇼핑 편의성·시장 내 청결성·건물 등의 시설물에 대해서는 만족하지 못하는 것으로 나타났다. 특히 주차시설, 편의시설에 대해 부정적 반응을 보인 소비자는 각각에 대해 긍정적 반응을 보인 소비자의 3.2배, 7.6배에 달하고 있어 주차 및 편의시설이 소비자들의 최대 불만 요인이 되고 있음을 알 수 있다.

그리고 대부분의 시장에서 소비자상담(보호)센터가 운영되지 않고 있으며(84%), 신용카드 사용이 불가능하다(58.3%)고 했다. 또, 전통시장에 대해 가장 먼저 생각나는 것이 무엇인가라는 질문에 대해서는 먹을거리가 많음, 집에서 가까워 편리함, 볼거리가 많음, 친절함 등의 순으로 많이 응답하였다.

한편 상인들의 응답을 보면 대부분의 상인들(87%)은 1년 전에 비해 시장 이용객이 감소했다고 했으며, 앞으로도 시장이 활성화되지 않을 것이라는 부정적 반응(60%)을 보였다. 그리고 상인들에게 시장활성화를 위한 최대 과제와 시장 이용객 증대 방안을 묻는 질문에서는 주차장 확보 및 확장, 시설물 개선, 홍보활동 강화, 대형마트 허가규제, 친절서비스 증대 순으로 많이 답한 것으로 나타났다.

시장의 건물 등 시설물 상태에 대한 질문에서는 긍정적 반응을 보인 상인은 26%에 불과한 반면, 부정적 반응을 보인 상인은 58%나 되는데, 이는 긍정적인 상인의 2배 이상이나 되는 수치다.

또한, 상인교육의 필요성과 내용을 묻는 질문에 전체 응답자의 70%에 해당하는 상인들이 상인교육이 필요하다고 답했으며, 그 주요 내용으로는 친절서비스(46.3%), 상품정보(22%), 판매지식(20%) 순으로 많이 답하였다. 그리고 상인들이 겪는 점포경영상의 애로요인으로는 손님 부재, 대형마트와의 경쟁, 주차공간 부족, 시설 낙후성 등을 많이 지적한 것으로 나타났다.

결론적으로 전통시장 활성화를 위해서는 주차 및 편의시설 위주의 시설확충·개선, 시장별 홍보·마케팅 활동 강화, 친절서비스 정신 함양을 위한 상인교육활동 강화 등이 하루빨리 이루어져야 할 것으로 본다.

2. 2008년 대구 전통시장 및 대형마트 소비자의식

1) 2008년 대구 전통시장의 소비자의식 조사

(1) 조사 개요

본 조사는 전통시장 소비자들의 의식 조사를 통해 오늘날 우리지역 전통시장들이 갖는 문제점을 찾고, 그 해결 방안을 모색하는 데 목적이 있다. 대구 전통시장 소비자의식 조사의 모집단 및 표집방법, 표본의 크기, 조사방법, 조사도구, 조사기간 등은 아래 〈표 3-8〉과 같다.

〈표 3-8〉 2008년 대구 전통시장 소비자의식 조사 개요

구분	내용
모집단	대구지역 전통시장을 이용하는 소비자
자료수집 방법	시장 이용객 중 편의표본추출
표본의 크기	736명
조사방법	면접원의 시장 상인 1:1 개별면접
조사도구	구조화된 설문지(structured questionnaire)
조사기간	2008. 10. 15.~2008. 12. 01.

(2) 전통시장 소비자의식 조사 결과

대구지역 24개 전통시장을 찾은 소비자 736명에 대한 설문조사 실시 결과를 보면 다음과 같다.

첫째, 〈그림 3-9〉에서 보듯이 전통시장 월평균 방문횟수를 묻는 설문에서 3~4회 방문하는 소비자가 전체의 30%이었고, 7회 이상 방문하는 소비자는 39%로 나타났다.

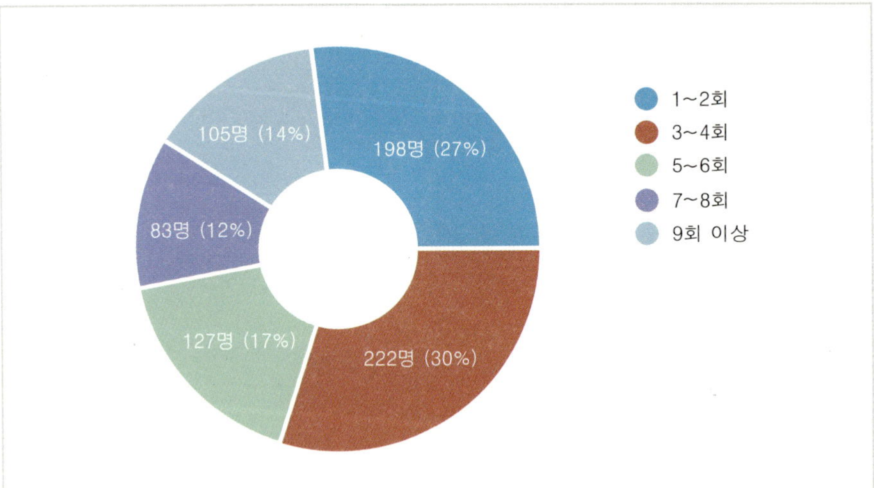

〈그림 3-9〉 전통시장 월평균 방문횟수

주) 응답자 수 : 735명(무응답 1명)

둘째, 전통시장 1회 방문 시 평균 이용금액에 대한 설문에서 1~3만 원이라고 응답한 소비자가 45%, 1만 원 미만이라고 응답한 소비자는 14%로 나타났는데 여기서 많은 소비자들의 1회 평균 이용금액이 3만 원 미만임을 알 수 있다.

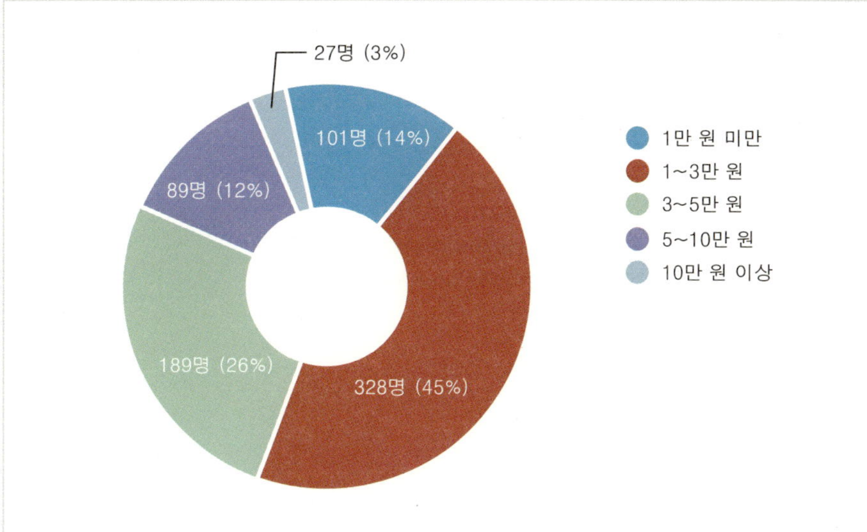

〈그림 3-10〉 전통시장 1회 방문 시 평균 이용금액

주) 응답자 수 : 734명(무응답 2명)

셋째, 〈그림 3-11〉에서 보듯이 전통시장에서 주로 구입하는 품목은 청과물(33.24%), 해산물(19.36%), 생활잡화(14.89%), 육류(11.95%) 순으로 많음을 알 수 있다.

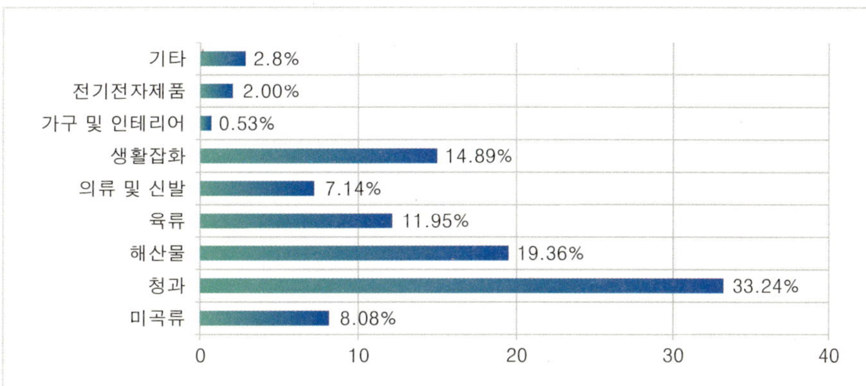

단위 : %

〈그림 3-11〉 전통시장에서의 주요 구매품목

넷째, 소비자들의 전통시장 방문동기를 묻는 설문에 대해서는 〈그림 3-12〉에서 보듯이 저렴한 가격 때문이라고 답한 소비자가 24.55%로 가장 많았으며, 먹을거리(17.98%), 다양한 상품구색(15.73%), 볼거리(14.55%) 순으로 많다.

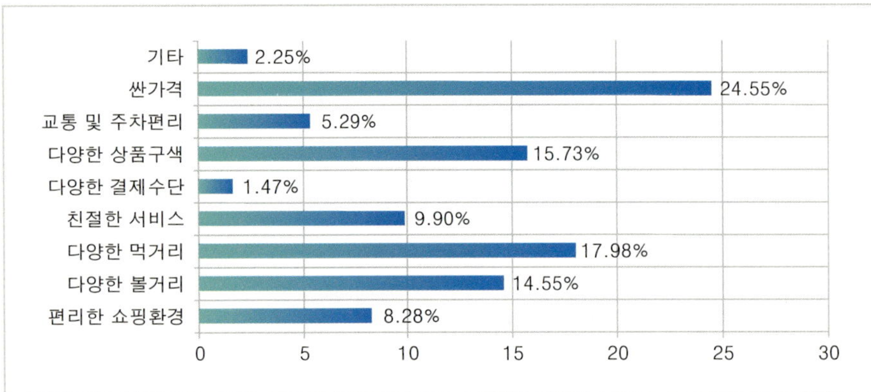

단위 : %

〈그림 3-12〉 전통시장 방문동기

다섯째, 전통시장의 속성별 만족도를 묻는 설문에서는 〈그림 3-13〉과 같은 반응이 나왔다. 즉 소비자들은 대중교통(3.64점), 상품다양성(3.62점), 가격수준(3.58점), 품질수준(3.55점), 서비스(3.37점), 볼거리(3.30점) 순으로 만족도가 높게 나타났다. 그러나 편의시설, 주차시설, 안전시설, 신용카드 사용, 보행자통로, 시설수준에 대해서는 비교적 불만족하고 있음을 알 수 있다.

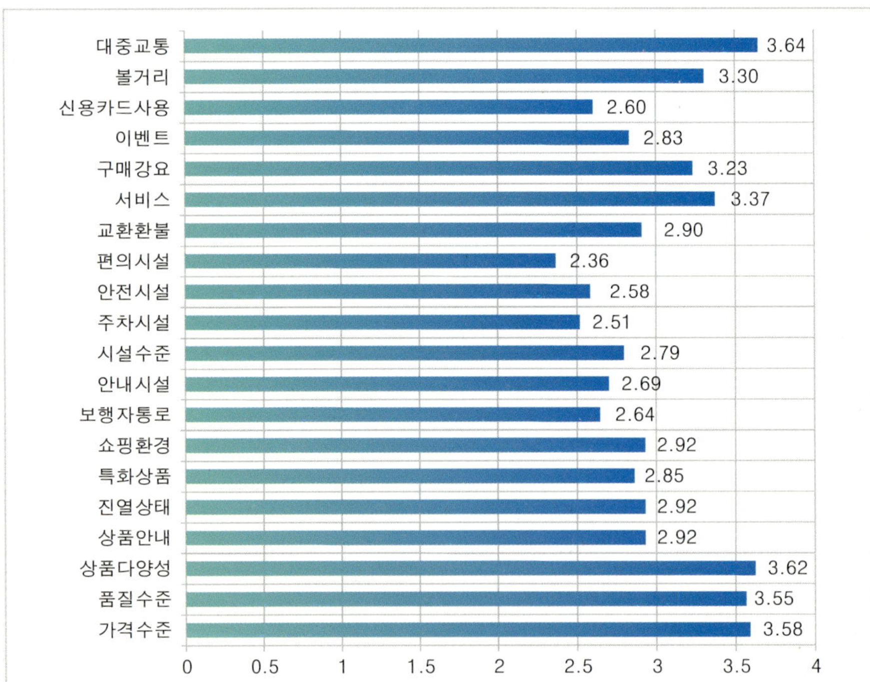

단위 : 점

〈그림 3-13〉 전통시장 속성별 소비자 만족도

2) 2008년 대구 대형마트의 소비자의식 조사

(1) 조사 개요

대형마트 소비자의식 조사를 통해 대구지역 대형마트들이 갖는 문제점과 그 해결 방안을 찾아보는 데 본 조사의 목적이 있다. 대구지역 대형마트 이용객들에 대한 설문조사의 모집단 및 표집방법, 표본의 크기, 조사방법, 조사도구, 조사기간 등은 다음 〈표 3-9〉와 같다.

〈표 3-9〉 2008년 대구 대형마트 소비자의식 조사 개요

구분	내용
모집단	대구지역 대형마트 이용 소비자
자료수집 방법	대형마트 이용고객 중 편의표본추출
표본의 크기	129명
조사방법	면접원의 시장 이용객 1 : 1 개별면접
조사도구	구조화된 설문지(structured questionnaire)
조사기간	2008. 10. 15.~2008. 12. 01.

(2) 대형마트 소비자의식 조사 결과

대구지역 6개 대형마트를 찾은 129명의 소비자의식 조사 실시 결과는 다음과 같다.

첫째, 대형마트 월평균 방문횟수를 묻는 설문에서 1~2회라고 응답한 소비자가 40%, 3~4회라고 응답한 소비자가 33%로 나타났는데 여기서 대부분의 대형마트 이용 소비자(73%)들은 한 달에 4회 이하로 방문하고 있음을 알 수 있다.

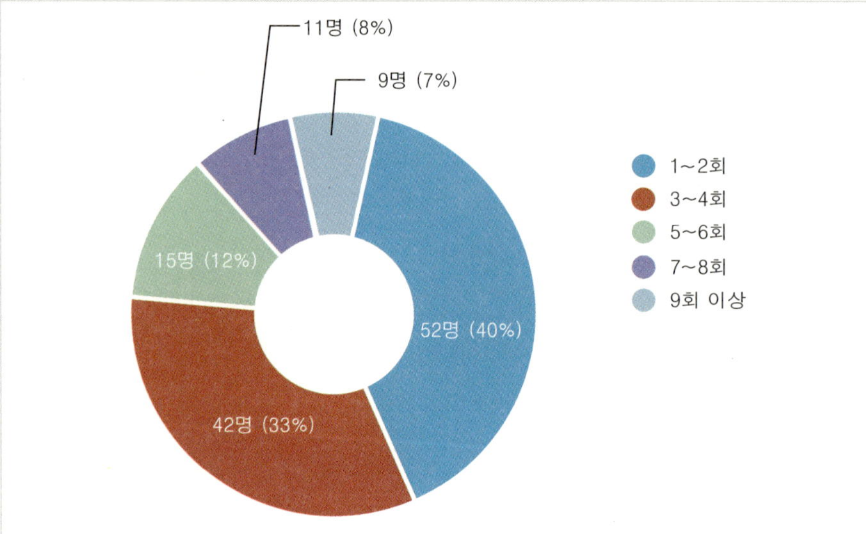

〈그림 3-14〉 대형마트 월평균 방문횟수

주) 응답자 수 : 129명(무응답 0명)

둘째, 대형마트(1회) 방문 시 평균 이용금액을 묻는 질문에서는 3~5만 원이라고 한 소비자가 29%, 5~10만 원이라고 한 소비자가 25%로 나타났는데 여기서 대형마트 이용자들의 평균 이용금액이 3만 원 이상(73%)임을 알 수 있다.

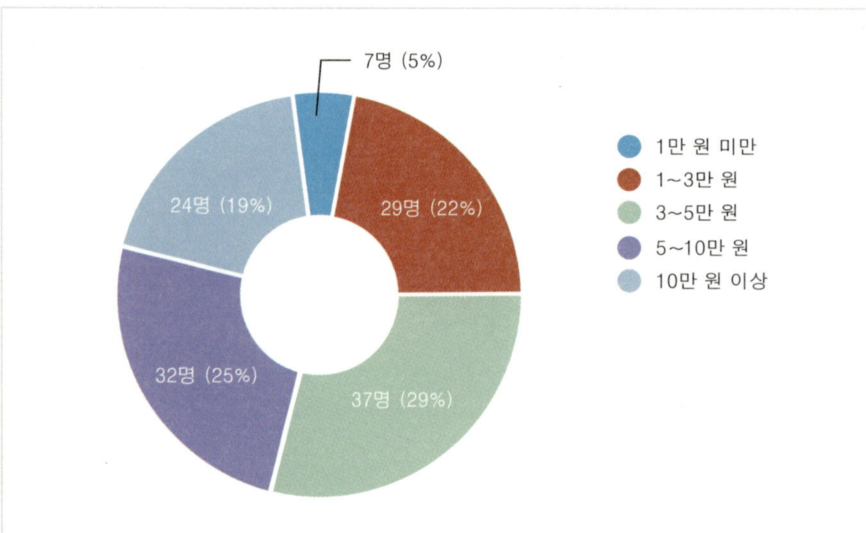

〈그림 3-15〉 대형마트 1회 방문 시 평균 이용금액

주) 응답자 수 : 129명(무응답 1명)

셋째, 〈그림 3-16〉에서 나타난 바와 같이 소비자들이 대형마트에서 주로 구입하는 품목으로는 청과(26.34%)가 가장 많았고, 그 다음으로는 생활잡화(21.37%), 육류(16.79%), 의류 및 신발(9.92%) 순으로 많았다.

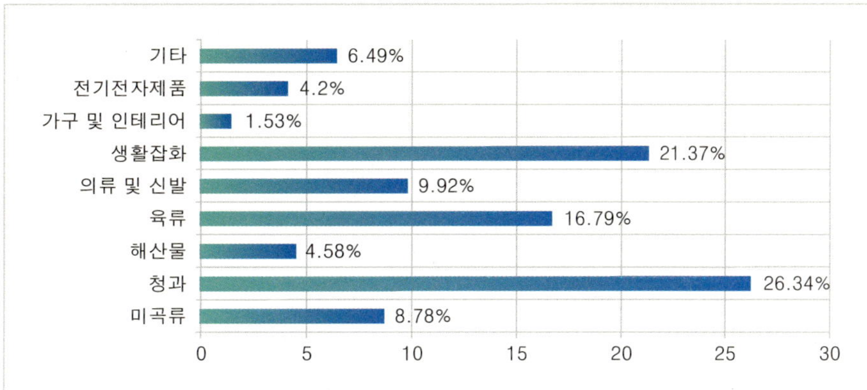

단위 : %

〈그림 3-16〉 대형마트에서의 주요 구매품목

넷째, 소비자들의 대형마트 방문동기는 편리한 쇼핑환경(19.63%), 다양한 상품구색(17.8%), 저렴한 가격(16.23%), 교통 및 주차편리(13.61%) 순으로 높았다.

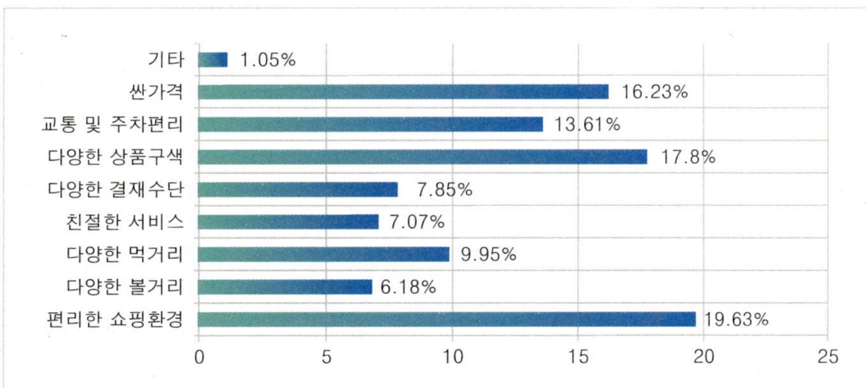

단위 : %

〈그림 3-17〉 대형마트 방문동기

다섯째, 대형마트의 속성별 만족도를 묻는 설문에서는 교환·환불(3.93점)에 대한 만족도가 가장 높았다. 〈그림 3-18〉에서 보듯이 신용카드 사용(3.84점), 상품다양성(3.82점), 상품안내(3.78점), 주차시설(3.75점) 등도 비교적 만족도가 높음을 알 수 있다.

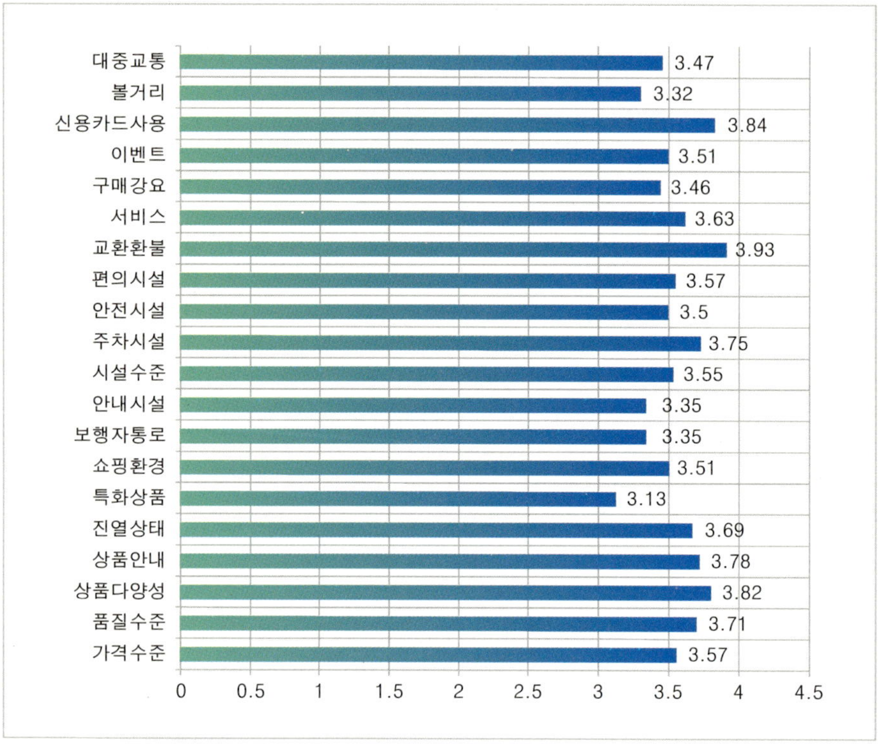

단위 : 점

〈그림 3-18〉 대형마트 속성별 소비자 만족도

3) 요약 및 시사점

2008년 11월 대구지역 24개 전통시장과 6개 대형마트 이용객 865명을 대상으로 실시한 소비자의식 조사 결과에 의하면, 전반적(20개 중 18개 항목)으로 소비자들의 대형마트 만족도(5점 만점 중 3.57점)가 전통시장 만족도(2.99점)보다 높은 것으로 나타났다. 그러나 가격수준, 품질수준, 상품다양성, 볼거리에 대한 만족도는 전통시장과 대형마트 간에 크게 차이가 나지 않았다.

반면, 편의시설, 주차시설, 신용카드 부분에 있어서는 대부분의 소비자들이 대형마트에 대해서는 만족(3.72점)하나 전통시장의 경우는 불만족(2.49점)하는 것으로 분석됐다. 구체적 내용은 〈그림 3-19〉에서와 같다.

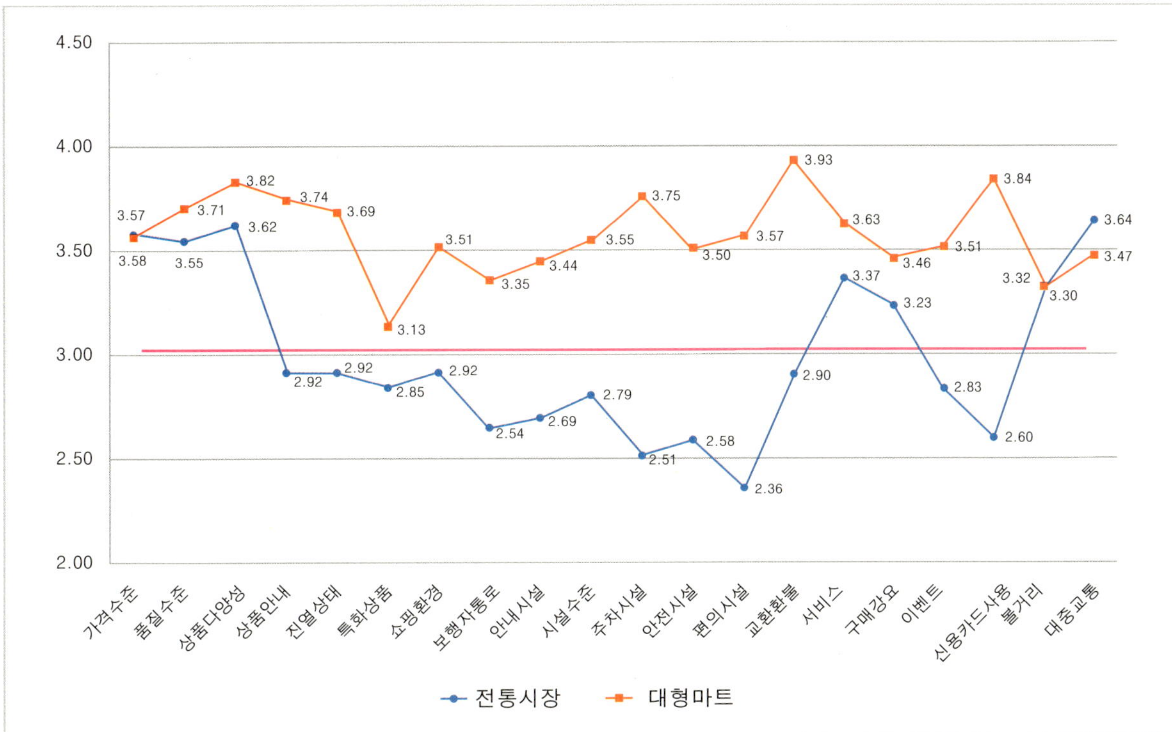

단위 : 점

〈그림 3-19〉 전통시장과 대형마트의 소비자 만족도 비교

*숫자가 클수록 만족도가 높음을 의미하며, 3 이하는 불만족함을 뜻함

한편 〈그림 3-20〉는 방문횟수, 1회 구매 금액에 대해 전통시장 소비자와 대형마트 소비자를 비교한 것이다. 〈그림 3-20〉에서 보듯이 대구지역 소비자들은 대형마트(2.09)보다는 전통시장(2.56)을 자주 찾으며, 대형마트에서의 (1회)구매액(3.29)은 전통시장에서의 구매액(2.47)보다 훨씬 많음을 알 수 있다. 이는 소액구매나 소량 구매 시에는 인근 동네시장을 주로 찾지만 고액 구매 또는 대량 구매 시에는 대형마트를 많이 찾는 것으로 해석할 수 있다.

요컨대 대구지역 전통시장이 활성화되기 위해서는 무엇보다도 시장(점포)에서 신용카드사용이 가능하도록 해야 함은 물론 주차 및 편의시설 또한 하루빨리 개선되어야 할 것이다.

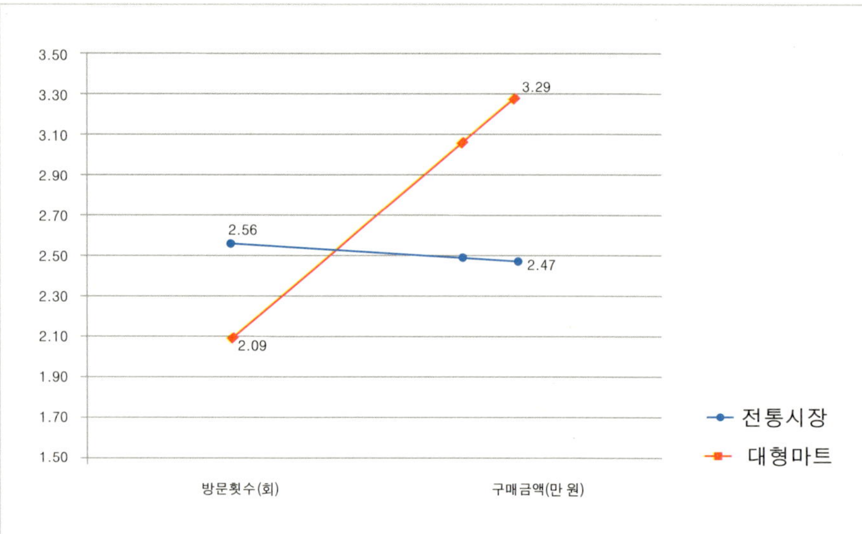

〈그림 3-20〉 전통시장과 대형마트의 방문횟수 및 구매금액 비교

3. 대구 전통시장의 1983년/2007년 실태 비교

1) 시장 일반 사항

대구지역 전통시장의 1983년 현황과 2007년 현황을 살펴보면 시장들이 전체적으로 그 규모가 작아지고 장세도 약해졌음을 알 수 있다. 점포의 경우 몇몇 대형시장을 제외하고는 대부분 입점률이 낮아졌으며 심한 경우에는 1983년 조사 당시에 비해 절반 이하로 떨어진 시장도 있다. 물론 시장 장세가 악화됨에 따라 노점상의 숫자도 많이 줄어들었다.

시설부분에 있어서는 현대화 사업이 실시된 시장의 경우 1983년보다 훨씬 깨끗하고 편리한 환경을 갖추고 있다. 그러나 현대화 사업 미실시 시장의 경우, 시장이 쇠퇴해 감에 따라 재정적 문제 등으로 인해 개·보수를 할 엄두조차 내지 못하고 있음은 물론 25년 전의 시설들을 그대로 사용하고 있어 결과적으로 1983년도보다 훨씬 낡은 시설물들을 사용하고 있는 실정이다.

2) 상인 관련 사항

1983년에 실시한 전통시장 상인들의 의식 조사 결과에 따르면 자신의 직업에 대한 만족도는 과거보다 현저하게 떨어졌다. 만족한다는 대답이 전체의 10%에도 못 미치며 90% 이상의 상인들이 마지못해 하고 있거나 전직을 희망하고 있었다. 점포 경영상의 문제점으로는 자본부족을 가장 많이 들었다. 소비자에게 상인태도를 물어 보는 질문에서는 '상냥하게 대하고 손님 기분을 맞춰 준다'는 응답이 가장 높은 비율을 차지했으나 '그냥 물건만 판다' 또는 '돈을 벌기 위해서 억지로 사게 한다'는 응답도 40% 가까이 나왔다. 앞으로의 시장 전망에 대해서는 50% 가까운 상인들이 현상 유지될 것이라고 하였으며, 지금보다 쇠퇴할 것이라고 응답한 상인들도 30%를 상회하고 있어 향후 전통시장에 대한 전망이 그리 밝지 않게 보고 있음을 알 수 있다.

2007년 경북대 지역시장연구소 조사에서는 시장의 발전 가능성에 대해서 쇠퇴할 것이라는 응답비율이 절대적으로 높았다. 이는 1983년에 비해 더욱 어려워진 전통시장의 현 상황을 반영하는 것이라고 할 수 있겠다.

상인교육이 필요한가에 대한 질문에서는 대부분의 상인들이 필요하다고 응답하였으며 또 가장 필요한 교육내용은 친절서비스라고 했다. 그리고 소비자들의 시장방문을 늘리기 위한 최선의 방안으로는 주차시설 및 고객편의시설과 친절서비스를 가장 많이 꼽았다. 이는 대 고객 서비스의 중요성을 상인들이 잘 인식하고 있음은 물론 대고객 서비스의 실천의지를 나타낸 것이라고 할 수 있다. 이는 고객에 대한 태도와 친절서비스를 중요시하지 않았던 1983년의 시장 상인들에 비해 친절에 대한 상인의식이 크게 변화하였음을 보여주는 것이라 하겠다.

3) 소비자 관련 사항

1983년 조사 당시에 전통시장을 찾는 소비자들의 연령대는 대체로 20대~50대까지 고르게 분포하였으며 구매빈도도 1주일에 최소 3~5회 이상이라는 응답자들이 절대적으로 많았다. 상인들의 서비스 수준에 대한 평가는 보통 또는 나쁘다는 응답자들이 대부분인 것으로 나타나 상인들의 친절한 고객응대 자세가 크게 요구되었다.

2007년 조사결과에 의하면 전통시장을 찾는 소비자 대부분이 40대~60대의 중·장년층이었다. 이들은 젊은 시절부터 전통시장을 이용해 왔던 사람들로 '할인마트보다 전통시장에 익숙해서' 또는 '단골점포 때문에' 전통시장을 찾고 있다고 말했다. 1983년도에 비해 고객의 연령 분포가 고령층으로 집중되는 현상을 보여주고 있는데, 이는 젊은 소비자들 대부분이 대형마트와 같은 새로운 유통업태로 발길을 돌린 결과인 동시에 전통시장 상인들이 새로운 젊은 고객층을 유인하지 못한 것이라고 본다. 또한 소비자의 방문빈도(1주에 1~2회)도 1983년에 비해 절반 이하로 떨어진 것으로 나타났다. 이는 전통시장이 시장 방문 고객의 수가 25년 전에 비해 많이 줄어들었고, 그 결과 시장들이 쇠퇴하고 있음을 단면적으로 보여주는 예라 하겠다.

전통시장 이용 소비자의식 조사 결과를 보면 상품의 가격 수준과 품질에 대해서는 만족한다는 의견이 많았다. 취급상품의 다양성 정도에 대해서는 시장규모에 따라 다소 차이가 있는데, 대체로 대형시장은 만족한다는 응답의 비율이 높은 반면 동네 중소형시장은 보통 또는 불만족한다는 응답이 많았다.

상인서비스 친절도에 있어서는 1983년도에 비해 대체로 만족한다는 응답자의 비율이 높아졌다. 그러나 보통 또는 불만족한다는 소비자들도 여전히 많아서, 과거에 비해서는 많이 향상되었지만 아직 대형마트나 백화점 등에 비하면 만족도가 현저히 낮으며 친절서비스를 위해 더욱 많은 노력을 기울여야 할 것으로 보인다.

전통시장의 위생상태, 주차장과 고객편의시설에 대해서는 대부분의 소비자들이 크게 불편함을 나타내었다. 이 점은 소비자들 가운데서도 특히 20~30대의 젊은 층이 전통시장보다 대형마트를 찾게 되는 가장 큰 이유이다. 그리고 통행 편의성과 시설의 노후상태에 대해서는 현대화 사업 진행여부에 따라 시장별로 크게 차이가 있다. 즉 현대화 사업이 실시된 시장의 경우에는 만족도가 높았으나 그렇지 않은 시장은 만족도가 낮았다. 이러한 시설 관련 부분들은 1983년에서부터 25년이 흐른 현재에 이르기까지 꾸준히 전통시장의 문제점으로 지적 받아 온 사항이다.

Ⅳ. 대구 전통시장의 다차원 분석 (과거/현재)

NEXT Ⅴ. 대구 전통시장의 문제점과 활성화 방안(미래)

Ⅳ 대구 전통시장의 다차원 분석 (과거/현재)

1. 중구 전통시장

1) 교동시장

(1) 시장 일반현황

6·25 전쟁 시에 형성되어 1971년에 정식 개설된 교동시장은 대구광역시 동성로 북편, 즉 용덕동, 교동, 교동사거리 일대에 위치한다. 미국산 상품이 많다고 해서 '양키시장'이라 부르고, 도깨비방망이처럼 원하는 물품이 다 나온다 해서 '도깨비시장'이라고도 한다. 이러한 교동시장은 지하철 1호선과 많은 버스들이 지나가는 시내 중심가에 위치하고 있으며, 인근에 대구역, 동아백화점, 롯데백화점, 대형 쇼핑몰 등이 있어 유동 인구가 매우 많다. 교동시장의 개황과 주변 환경을 보면 아래 〈표 4-1〉, 〈그림 4-1〉과 같다.

〈표 4-1〉 교동시장 개황[20]

시장명	교동시장	소재지	중구 교동 67-12
개설 연도	1971년	경쟁력	D등급(2008년 평가)
점포 수	1,080(1,050+30)개	상인회장	강동우(053-424-9150)
시장구분	등록 · 상설 · 종합 · 공동시장, 대형시장, 상가건물형 시장		
비고	시설 및 경영현대화 사업이 절실히 요구되는 시장임		

20 | 중소기업청의 2008년 전국 전통시장 총람 Ⅰ(시장 현황)에서 재구성한 것임. 점포 수에서 ( ) 안의 경우 앞의 1,050은 점포 수이고, 뒤의 30은 노점 수를 가리킨다. 또 경쟁력 등급은 시장경영지원센터에서 2008. 5. 20.~6. 30. 전국 1,550개 시장에 대해 평가한 것임. 이하 모두 동일함

〈그림 4-1〉 교동시장 주변 환경

(2) 점포, 시설 및 환경

가. 점포 현황

2008년 현재 교동시장에는 1,050개 점포와 30여 개의 노점이 있고 점포 입점률은 90% 정도다. 교동시장은 대구의 번화가인 동성로와 연결되어 있으며, 다른 전통시장과 달리 소수의 업종으로만 구성되어 있어 물품 구입을 위해 이곳저곳 헤매지 않아도 된다.

또한 교동시장은 품목별로 골목을 형성하고 있는데, 먹자골목, 옷골목, 귀금속골목, 전자골목 등이 그 예이다. 신발, 가방 보세품, 귀금속, 먹을거리, 그리고 전기·전자제품, 군용품 등이 많다.

❶	❷	❸

❶_교동전자거리 안내판
❷_귀금속거리
❸_양키골목

나. 시설 및 주변 환경

교동시장 상인회에서는 리모델링과 함께 시장 입구 인도 개선, 아케이드 건립, 동성로 프로젝트와의 연계 등을 계획하고 있으며, 머지않아 공영주차장이 확보될 것으로 보인다. 그러나 대부분의 시설들이 40여 년 이상 된 것들이라 매우 노후화되었고, 하수시설도 제대로 되어 있지 않으며, 고객편의시설은 전무하다.

❶	❷	❸

❶_교동시장 내의 좁은 통로
❷_시장 공중화장실
❸_어두운 시장골목

(3) 교동시장의 상인과 이용객

가. 상인(회)

교동시장에는 1,050개의 점포가 있는데 이는 자가점포 100개, 임차점포 900개, 그리고 빈 점포 50개로 구성된다. 상인회 가입률은 85%이며, 회비는 월 만 원이다. 시장경영지원센터에서 평가한 시장경쟁력(2008년)은 비교적 저조한 수준인 D등급이다.

나. 이용객 특성 및 평가

교동시장은 전자제품, 귀금속, 구제제품에 특화된 시장으로 일반 생활용품은 거의 없다. 그리고 고객층이 제품별로 다르다. 즉 전자제품의 경우는 10~30대의 비교적 젊은 층이 많으며, 구제제품과 귀금속은 30~50대의 연령층이 주를 이룬다. 구매 금액에 있어서도 제품에 따라 차이가 있지만 평균적으로 5~20만 원대인 것으로 조사되었다.

한편 〈그림 4-2〉에서 교동시장 이용객의 시장 속성평가를 알아보면 볼거리에 대한 만족도가 가장 높다. 또 상품다양성, 교통편의성에 대한 만족도는 높은 반면 안전시설과 편의시설 및 주차시설에 대한 만족도는 낮다.

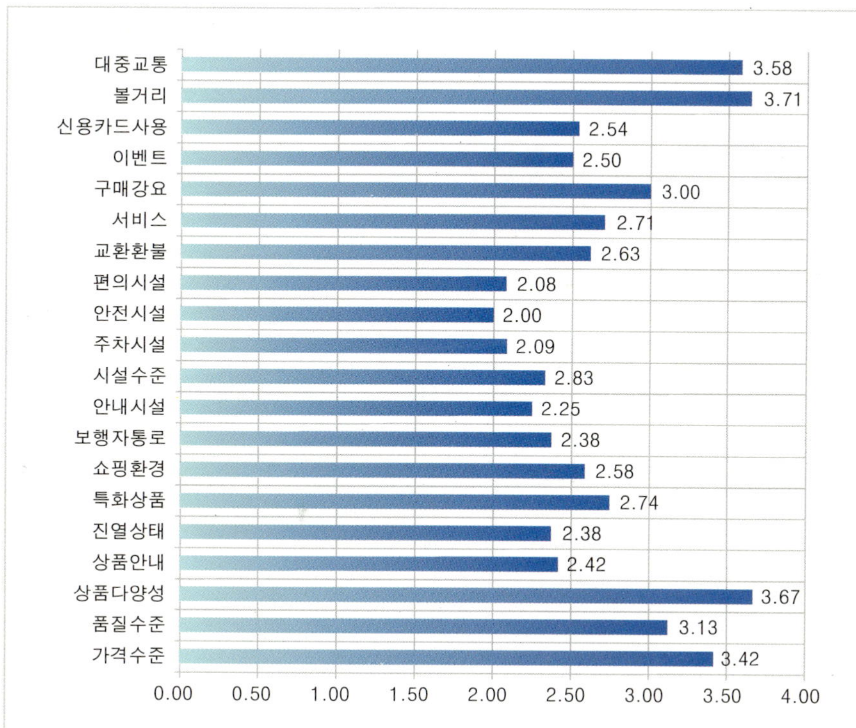

단위 : 점

〈그림 4-2〉 교동시장 속성에 대한 이용객들의 평가

주) 숫자가 클수록 만족도가 높음을 의미함

(4) 살 거리, 먹을거리, 볼거리

교동시장에는 전자제품과 귀금속, 그리고 구제품이 많으며, 시중에서 쉽게 볼 수 없는 제품들이 많다. 사실 교동시장은 대구 시민들에게 가장 많이 알려진 전자제품 구매처이지만 유통단지 전자관의 출현으로 그 명성이 과거에 비해 다소 위축된 감이 없지 않다. 그러나 아직 많은 소비자들이 찾고 있으며, 대구광역시로부터 전자제품 특화 골목으로 지정받아 그 명맥을 유지하고 있다.

한편 교동시장에는 먹을거리 골목이 있는데, 여기서는 분식, 칼국수 등을 싼 가격으로 푸짐하고 맛있게 먹을 수 있다. 먹을거리 골목 옆에 위치한 군용품 취급 점포는 군인들이 많이 찾고 있으며, 특히 패션주얼리특구는 혼수예물, 돌반지, 커플링 반지 등을 사려는 고객들로 크게 붐빈다.

❶_교동시장 대표 살 거리 –전자제품
❷_군용품 전문점
❸_교동시장 주요 먹을거리 –분식
❹_먹자골목

(5) 교동시장의 문제점과 활성화 방안

가. 문제점

① 교동시장은 대부분의 건물들이 노후화되었고, 나무나 슬레이트로 만들어져 전반적으로 어둡고 붕괴, 화재 등 안전상의 위험이 높으며, 청결 및 위생상태가 불량하다.

② 2008년 경북대 지역시장연구소 조사 자료에 의하면 소비자들은 쇼핑장소 선택 시 주차장과 화장실 등의 편의시설을 매우 중요시하는 것으로 나타나 있다. 그러나 2009년 4월 현재 교동시장은 주차시설이 미비하고 화장실마저 부족

한 실정인데 이는 소비자들이 교동시장 방문을 기피하는 이유 중의 하나이다.

③ 아케이드 시설 미비, 무질서한 점포 배치, 청결 및 위생관리 부족 등의 문제가 있으며 소비자상담실, 방송시설, 유아놀이시설이 없다.

④ 가격 표시제를 실시하지 않고 있으며, 일부 가격 표시제를 실시하고 있는 점포마저도 형식적인 것으로 보인다.

나. 활성화 방안

① 고객편의시설을 갖추어야 한다. 즉 주차장 확보와 공중화장실 확충, 고객보행 및 휴식공간의 마련 등이 요구된다. 점포가 협소한 시장 상인들은 공동 창고 및 물류시설을 확보하여 고객들의 보행에 불편을 주는 점포 밖 상품진열 문제를 하루빨리 해결해야 할 것이다.

② 재개발 문제가 제대로 해결되기 위해서는 상인조직이 강화되어야 한다. 한 조사에서 교동시장 상인들의 상인회에 대한 관심도가 매우 낮은 것으로 파악되었는데, 이를 개선하기 위한 많은 노력이 요구되며, 또 상인회를 강화시켜 나가야 할 것이다.

③ 교동시장활성화 방안으로 신용카드 가맹점 확대, 교동시장 카드 발급, 쿠폰제 도입에 의한 할인 혜택 부여 등을 적극적으로 검토해야 할 것이다.

④ 시장 인근 동성로에는 젊은 층의 왕래가 매우 많으므로, 이들을 시장으로 유입시키는 방안을 강구할 필요가 있다. 이는 교동시장활성화에 좋은 방안이 될 것으로 본다.

2) 번개시장

(1) 시장 일반현황

1988년에 개설된 번개시장은 중구 태평로 1가, 즉 대구역 동쪽에 위치한 상설시장이다. 원래 번개시장은 대구 인근 농민들이 새벽 기차를 타고 와서 농산물을 팔던 노점시장으로, 장이 아침 일찍 잠시 섰다가 끝난다고 하여 '번개시장'이라고 불렀다 한다. 하지만 현재의 번개시장은 점포와 노점이 규격화되고 오전 6시부터 오후 8시까지 열리는 일반시장으로 변모하였다. 번개시장의 개황과 주변환경은 〈표 4-2〉, 〈그림 4-3〉과 같다.

〈표 4-2〉 번개시장 개황

시장명	번개시장	소재지	중구 태평로 1가 1-186
개설 연도	1988년	경쟁력	D등급(2008년 평가)
점포 수	300개	상인회장	송정순(053-423-3460)
시장구분	등록 · 상설 · 종합 · 법인시장, 중형시장, 상가건물형 시장		
비고	오래된 참기름집과 방앗간이 있어 멀리서 찾아오는 고객들이 많다.		

〈그림 4-3〉 번개시장 주변 환경

❶ ❷

❶_번개시장 입구
❷_시장 입간판

(2) 점포, 시설 및 환경

가. 점포현황

2008년 현재 번개시장은 점포가 300여 개에 이르며, 상품구색이 잘 갖춰져 있다. 주요 취급 품목으로는 채소, 과일류 등의 농산물과 생선, 건어물 등을 들 수 있으며 시장 양 끝에 신발, 의류(구제) 제품도 있다. 번개시장 내부의 업종별 배치 현황은 〈그림 4-4〉와 같다.

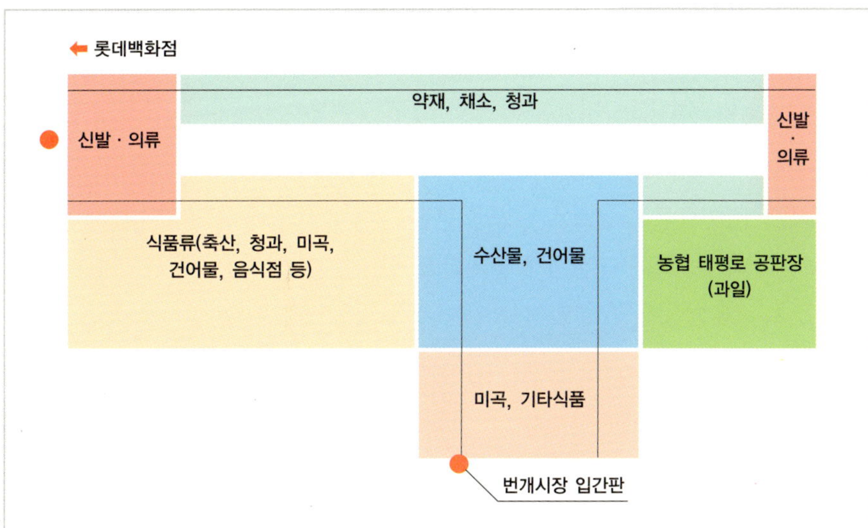

〈그림 4-4〉 번개시장의 업종별 배치도

나. 시설 및 주변 환경

시장 공영주차장이 없어 차량 이용 고객은 주변의 유료주차장을 이용해야 한다. 상가통로에 2개의 화장실이 있으나 가시성이 떨어지고 관리 상태가 불량하다. 시장 진입 통로는 차량이 다닐 수 있을 만큼 넓지만 시장 안쪽으로 연결되는 통로는 보행자 한 명이 겨우 다닐 수 있을 정도로 좁다.

입지조건을 살펴보면 시장 앞쪽의 왕복 6차선 도로에는 많은 노선버스들이 지나고 있고, 또 지하철역과 기차역이 인접해 있어 접근성이 좋은 편이다. 주변에 롯데백화점, 태평상가, 교동시장, 패션주얼리특구가 있는데 이들은 번개시장과 취급상품이 달라 경쟁 관계가 되지 않는다. 그러나 인근에서 청과류를 취급하는 경명시장과 칠성시장은 번개시장과 다소 경쟁 관계에 있다 하겠다.

❶_번개시장 주 통로
❷_상가 건물 내 통로

(3) 번개시장의 상인과 이용객

가. 상인(회)

번개시장 상인들은 상인으로서 교육 받은 경험이 없으며, 친절·서비스 정신이 부족해 보인다. 그러나 고객에게 불쾌감을 주는 호객 행위는 하지 않는다. 상인회가 있으나 제 기능을 하지 못하고 있는 것 같다.

나. 이용객 특성 및 평가

번개시장은 새벽에 들어오는 신선한 청과물을 구입하기 위해 대구 전역의 주민들, 특히 식당 업주들과 소매업자들이 많이 이용하는 시장이다. 30~60대의 중장년 주부들이 많이 방문하며, 주 이용 시간은 점심 시간을 전후로 한 오전 11시에서 오후 3시 사이이다. 이들이 가장 많이 구매하는 품목은 청과물과 곡물류이며, 평균 구매 금액은 3~4만 원대인 것으로 조사되었다.

〈그림 4-5〉는 이용객들의 번개시장 속성평가 결과이다.

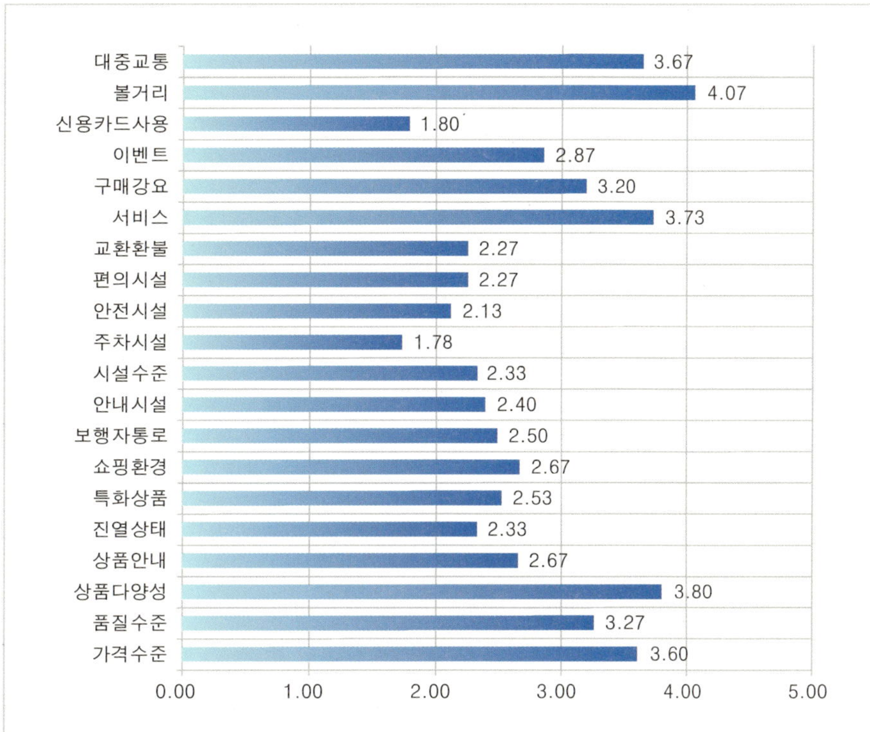

단위 : 점

〈그림 4-5〉 번개시장 속성에 대한 이용객들의 평가

주) 숫자가 클수록 만족도가 높음을 의미함

(4) 살 거리, 먹을거리, 볼거리

번개시장에는 고추, 고춧가루를 살 수 있는 방앗간, 깨를 직접 짜서 파는 참기름집이 많고 싸고 싱싱한 채소와 과일이 많은 시장으로 소문나 있다. 게다가 20년 전부터 한결 같은 맛을 유지하고 있는 보리밥집이 있어, 그 옛날의 향수를 맛보기 위해 번개시장을 찾는 사람들이 많다고 한다. 어물전, 건어물전, 약초상 등도 있다.

❶_번개시장의 스타상인
❷_약재상의 상품진열

번개시장의 남쪽 입구를 들어서면 시장을 생기 넘치는 곳으로 각인시켜 주는 뻥튀기집이 있다. 이곳 상인의 독특한 의상과 뻥튀기할 때의 연기가 주변 사람들의 시선을 사로잡는다. 뻥튀기 시점을 알리는 호루라기 소리와 뻥튀기 기계의 '펑' 하는 소리는 주변 사람들을 놀라게 할 뿐만 아니라 즐겁게도 한다. 이처럼 번개시장은 다른 시장에서 느낄 수 없는 전통시장 고유의 홍을 맛보게 해 준다.

(5) 번개시장의 문제점과 활성화 방안

가. 문제점

① 현재 아케이드 및 화장실 공사를 계획 중이나 주차장이 없어 문제다. 그래서 시장 주변 유료주차장 측과 협의해서 시장 이용객에게 적절한 수준으로 할인해 주는 방안을 강구할 필요가 있다고 본다.

② 상인회가 제 기능을 다하지 못하고 있어 경영현대화 수준이 전반적으로 낮다. 가격 표시제, 원산지표시제 등이 실시되지 않아 이용객들에게 신뢰감을 주지 못하고 있으며, 수산물 취급 점포들의 위생관리 상태도 좋지 않다.

③ 인도를 점하고 있는 노점이 통행인에게 불편을 주며 시장 이미지마저 손상시키고 있다.

나. 활성화 방안

① 번개시장의 특성 및 정체성으로 대형마트나 다른 시장과 차별화해야 한다. 특히, 보다 나은 시장 이미지 메이킹을 위한 조치가 요구되며, 시장 외관 또한 보다 깨끗하게 변모시킬 필요가 있다.

② 스타성이 있는 상인 및 점포를 이용한 시장 홍보 방안을 강구해야 한다. 현재 번개시장에는 준수한 외모와 특색 있는 복장, 호루라기 소리로 이목을 끄는 뻥튀기 장사 김홍연 씨와 20년의 전통을 가지고 순수 국산품만을 취급하면서 오랫동안 신용을 쌓아 온 싸전 '번개양곡'이 있다.

③ 번개시장의 주요 취급 품목인 청과물을 시장 옆에 있는 농협 태평로 공판장과 연계시켜 더욱 전문화된 청과물 시장으로 거듭나도록 하는 방안도 강구할 수 있다. 이곳에는 인근 농촌에서 계절마다 다른 나물을 갖고 나와 파는 노점상들이 다수 있는데, 이는 다른 시장에서 볼 수 없는 현상이다.

3) 서문시장

(1) 시장 일반현황

서문시장은 지금으로부터 330여 년 전 조선 현종 10년에 개설되었다. 원래는 '대구장'으로 불렸으며 평양시장, 강경시장과 함께 전국 3대 시장에 꼽힐 만큼 컸고, 매월 2일, 7일에 장이 열렸다. 시가지가 확대되면서 1923년 현재의 위치로 옮겼는데 대구 성곽의 서쪽문 밖에 있다고 하여 '서문시장'이라 불리게 되었다 한다.

현재 서문시장은 1지구 상가, 2지구 상가, 4지구 상가, 5지구 상가, 동산상가, 건해산물상가와 2009년 2월 서문시장 상인연합회에 정식 등록된 아진상가까지 7개 구역으로 이루어져 있다. 이들 중 2지구 상가는 2005년에 일어난 화재로 인해 현재 (구)롯데마트 건물에서 영업하고 있다.

이러한 서문시장은 포목, 의류 등 섬유 관련 품목을 중심으로 의류, 건해산물, 신발 등 없는 것이 없을 정도로 다양한 품목을 취급하며 그 규모 또한 매우 크다. 서문시장 내의 개별시장별 개황과 주변 환경은 아래 〈표 4-3〉, 〈그림 4-6〉과 같다.

〈표 4-3〉 서문시장 내 개별 시장별 개황

시장명	개설 연도	점포 수(개)	경쟁력(등급)	시장현대화 사업 내용
제1지구 포목시장	1974	290	D	자전거 보관소
제1지구 직물시장	1974	300	C	물품 보관함, 자전거 보관소
건해산물상가	2005	81	C	
제4지구	1974	770	C	자전거 보관소
제5지구	1977	452	C	휴게실, 공영주차장, 운동시설
동산상가	1977	756	C	유아놀이방, 어린이 놀이터, 휴게실, 간이음수대, 고객주차장
아진상가	1950	300	·	

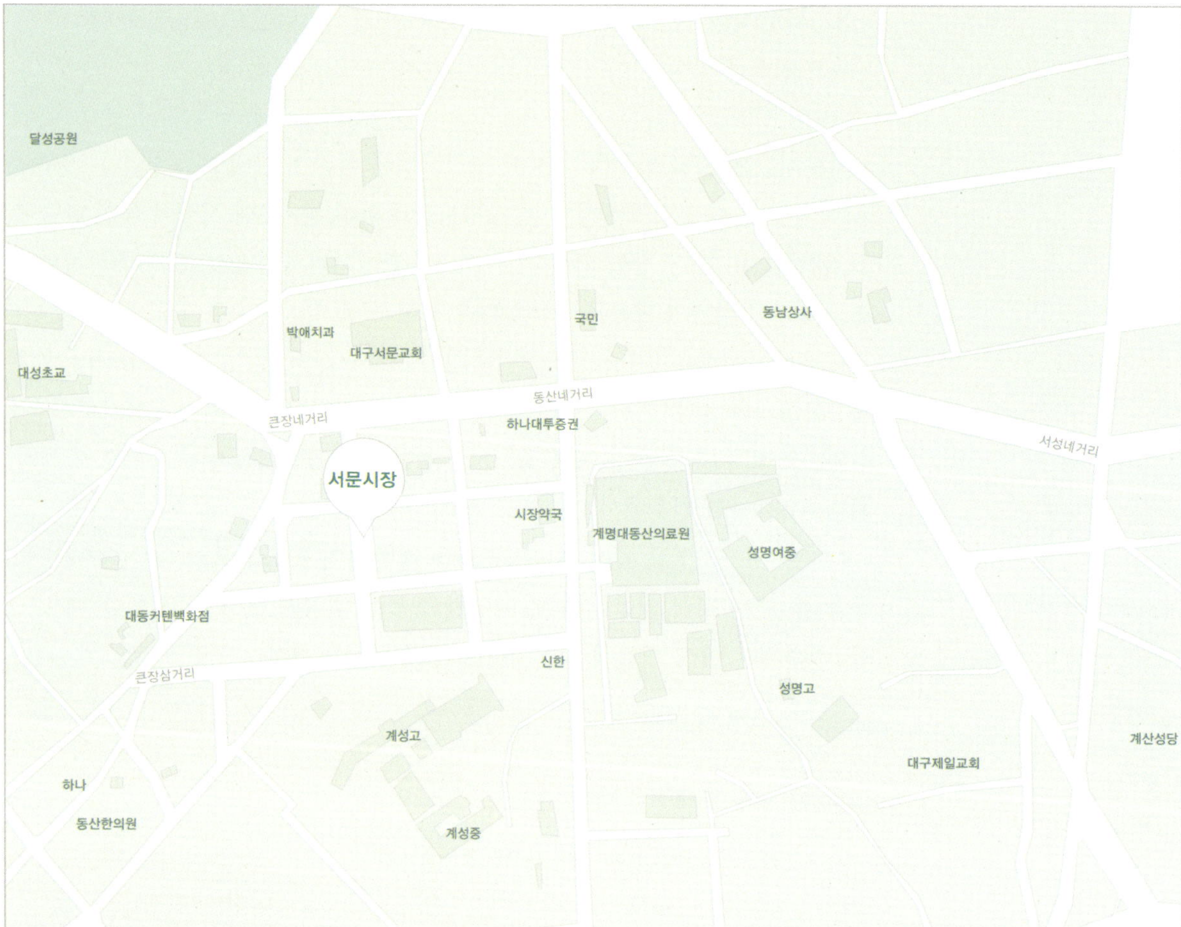

〈그림 4-6〉 서문시장 주변 환경

❶_서문시장 입구 간판
❷_시장 주 통로

서문시장의 지구별 주요 연혁을 살펴보면 다음 〈표 4-4〉와 같다.

〈표 4-4〉 서문시장의 지구별 연혁

구분	연월일	내용
1지구 1층	1922.09.28.	공설시장 개설 허가
	1973.01.23.	공설시장 폐지
	1974.03.04.	서문시장 1지구 직물시장 개설
1지구 2층	1922.09.28.	공설시장 개설 허가
	1973.12.03.	공설시장 폐지
	1974.10.07.	서문시장 1지구 포목시장 개설
	1975.11.20.	4지구 대 화재로 전소
	1976.06.05.	신축 재개장
2지구	1922.09.28.	공설시장 개설 허가
	1969.08.23.	공설시장 폐지
	1970.10.23.	서문시장 2지구 시장 개설
건해산물 상가	1922.09.28.	사설건어물도가 개설
	1982.04.01.	사설건해산물상가 개설
4지구	1922.09.28.	공설시장 개설 허가
	1974.04.13.	공설시장 폐지
	1974.12.04.	서문4지구 시장개설
	1975.11.20.	대화재 발생
	1976.03.11.	재건축 허가
	1976.11.16.	준공 재개장
5지구	1976.05.31.	공설시장 개설 허가
	1977.09.20.	준공
	1977.11.15.	공설시장 폐지
	1977.12.29.	서문시장 5지구 시장 개설
동산상가	1979.11.17.	동산상가 신축
	1977.12.14.	동산상가 개설 허가
	1979.02.06.	동산상가 개설

서문시장의 입지조건을 살펴보면 지하철과 많은 시내버스들이 시장을 거쳐 가고 있으며, 계명대학교 동산의료원, 달성공원, 반월당 등이 인근에 있다.

(2) 점포, 시설 및 환경

가. 점포 현황

2009년 5월 현재 서문시장은 약 3,000여개의 점포와 1,000여 개의 노점으로 이루어져 있다. 영업시간은 각 지구마다 다소 차이가 있으나 대체로 오전 9시에서 오후 7시까지다. 다른 시장에 비해 조금 일찍 문을 닫는데, 이는 외지 소매상과 거래하는 점포들이 많기 때문이다. 참고로 서문시장의 내부 구성과 지구별 취급 품목은 〈그림 4-7〉, 〈표 4-5〉와 같다.

〈그림 4-7〉 서문시장의 내부 구성

❶_서문시장 입간판
❷_원단 판매구역
❸_현대화된 시장 내부

〈표 4-5〉 서문시장의 지구별 취급 품목

구분	층	내용
제1지구	1	포목, 면직, 주단, TC, 날염지, 커튼지, 마포, 이불, 양복지
	2	주단, 포목, 고급한복지, 혼수이불, 한복, 침구류, 커튼지
제2지구	종합상가	수산물 일체, 기물, 메리야스, 각종 의류 및 옷감
제4지구	1	양복지, 양장지, 주단, 포목, 수예, 이불, 마포, 공예, 숙녀복
	2	주단, 포목, 양복지, 숙녀복, 메리야스 ,수예, 수건, 이불, 커튼
	3	숙녀복, 남성복, 수영복, 남녀캐쥬얼, 돌복, 아동복, 단체복
제5지구	1	스테인리스강, 도자기, 잡화, 멜라민, 플라스틱, 상, 요리기구, 청과
	2	남성복, 숙녀복, 아동복, 백일복, 캐주얼, 운동화, 단체복, 버선
동산상가	지하	주방기물, 스테인리스강, 도자기, 알루미늄, 병풍, 플라스틱, 멜라민, 불기
	1	남성복, 숙녀복, 란제리, 아동복, 공예, 신발, 완구, 액세서리
	2	숙녀복, 신사복, 란제리, 메리야스, 아동복, 양말, 단체복
	3	신사복, 숙녀복, 아동복, 단체복, 가방, 운동복, 모피류
건해물상가	1	건어물 일체, 견과류
아진상가	1	의류부자재, 수선, 홈패션, 원단, 의류, 식당
	2	디자인, 창고
	3	디자인, 창고

나. 시설 및 주변 환경

서문시장에는 2002년부터 2007년까지 총 156억 3,200만 원의 사업비가 투입되었다. 이로써 연꽃잎 모양을 형상화한 아케이드를 설치하여 비와 햇빛에 노출되어 있던 4지구 뒤쪽이 말끔히 정리되었고, 1지구와 4지구에 만들어진 만남의 광장은 시장 이용객들의 쉼터로 많은 인기를 얻고 있다.

뿐만 아니라 고객지원센터, 냉난방시설, 대형 주차빌딩 등의 편의시설도 갖추고 있는데, 그중에서 고객지원센터에는 인터넷방, 놀이방, 수유방, 여성휴게실, 스낵코너, 물품보관소, 유모차, 주차요금 정산기 등이 있어 고객들에게 많은 편의를 제공해 준다. 소방시설을 보면 2지구 화재사고 후 구간마다 연기 센서와 열센서가 설치되어 있고, 소방수도 전 구간 연결되어 있다.

(3) 서문시장의 상인과 이용객

가. 상인(회)

서문시장에는 지구별의 상가 번영회와 이들의 연합체인 서문시장 상인연합회가 있는데, 연합회는 전체 시장 상인들의 의견을 통합·조정하는 역할을 한다. 서문시장 상인연합회가 수행한 시장현대화 사업(내용)은 다음과 같다.

첫째, 아케이드 시설을 갖추어 소비자들이 편리하게 쇼핑할 수 있도록 했다.

둘째, 상품권 발행 및 사용과 포인트 카드제도 도입 등 경영현대화 사업을 실시했다.

셋째, 소비자들에게 주차공간을 제공하기 위해 대형 주차빌딩을 마련하였다.

넷째, 인터넷 쇼핑몰의 일반·대중화 현상을 일찍 인식하고 인터넷 쇼핑몰을 개설, 운영하고 있다. 그러나 아직 그 인지도 및 이용도는 높지 않은 상태다.

나. 이용객 특성 및 평가

서문시장은 예로부터 의류, 직물, 건어물 등으로 널리 알려져 왔으며, 대구 및 대구 인근에서 많은 사람들이 찾는 시장이다. 연령층을 보면 20대부터 60대까지 다양하다. 상품에 따라서 구매 금액이 다르겠지만 일반 소비자들은 평균 5~10만원 정도를 구매하고, 또 의류, 건어물, 천 종류의 제품을 많이 구매하는 것으로 나타났다.

한편 이용객들의 서문시장 평가를 보면 〈그림 4-8〉에서 보는 바와 같다. 이 그림을 보면 서문시장 이용객들은 상품다양성, 볼거리, 대중교통 면에서는 만족하는 반면, 시장 내 보행통로와 편의·주차·안전시설에 대해서는 불만족하고 있음을 알 수 있다.

❶ ❷

❶_서문시장 고객편의시설
❷_만남의 광장(쉼터)

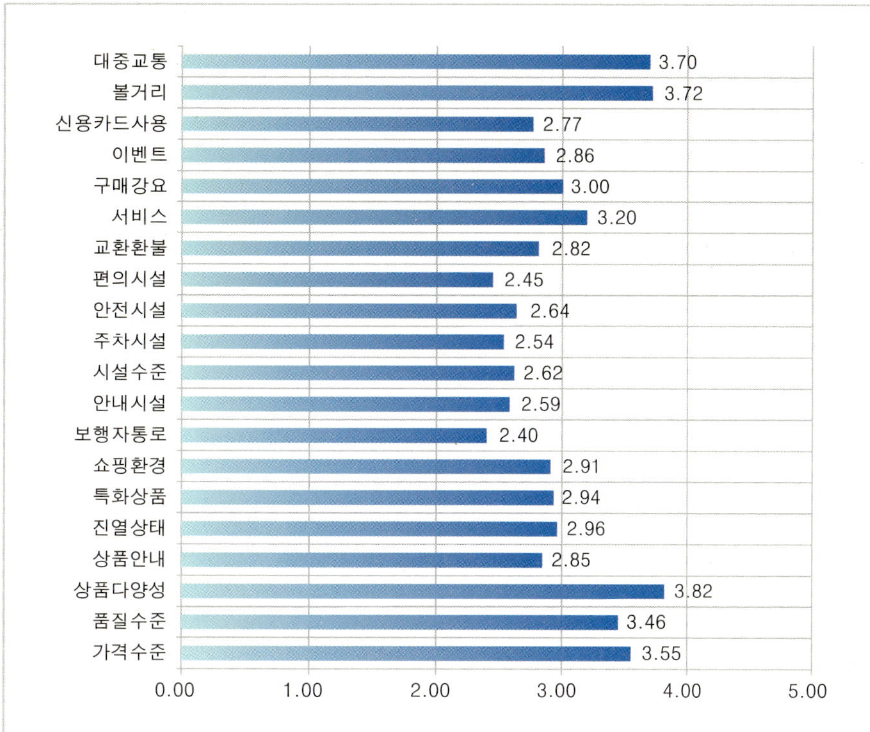

단위 : 점

〈그림 4-8〉 서문시장 속성에 대한 이용객들의 평가

주) 숫자가 클수록 만족도가 높음을 의미함

(4) 살 거리, 먹을거리, 볼거리

서문시장은 상품의 종류와 가짓수, 취급 품목이 매우 많고 상권도 상당히 넓다. 즉, 서문시장은 대구·경북지역 제일의 시장으로 대구 및 경북권역의 사람들은 물론이고 그 이외 지역의 사람들까지도 찾는 시장이다.

서문시장에는 통로마다 음식을 판매하는 노점이 많아 분식, 칼국수, 보리밥 등 다양한 먹을거리들을 고객에게 제공하고 있다. 서문시장을 돌아보면서 이곳에서 사 먹는 국수나 만두의 맛은 시장 이용객들의 입을 즐겁게 한다.

❶_서문시장 대표 살 거리 –의류제품
❷_시장 내의 노점 식당

(5) 서문시장의 문제점과 활성화 방안

가. 문제점

① 서문시장의 문제점으로 먼저 시설 노후화와 점포 밀집성을 들 수 있다. 긴 역사가 자랑거리가 되기도 하지만 오랜 세월이 지난 시설물의 노후화는 서문시장이 가진 큰 문제이기도 하다. 또 불규칙하게 이어져 있는 점포와 좁은 통로를 점하고 있는 노점은 소비자들의 통행과 쇼핑에 불편을 준다. 이는 질서 정연한 대형마트와는 대조적이다.

② 가격 정찰제의 정착이 요구된다. 가격변동이 심하며, 그 폭 또한 커서 상인들마저 '고무줄가격'이라 부를 정도다. 이는 소비자에게 구매 시 불신과 혼란을 주는 요소라 본다.

③ 대형 주차빌딩이 있으나 시장 규모와 이용객 수에 비해 아직 주차공간이 부족한 상태고, 또 주차공간이 한 곳에 몰려 있어 이용객들이 다소 불편을 겪고 있다. 서문시장은 장내가 넓고 여러 지구로 나뉘어 있어 주말과 같이 이용객이 많은 때에는 차량의 주차 및 이동에 많은 시간이 소요된다.

④ 서문시장의 또 다른 문제는 대구 섬유업이 크게 쇠퇴했다는 점이다. 섬유와 원단이 주요 거래 물품인 서문시장에서 이를 공급해 주는 섬유 공장들이 문을 닫았다는 것은 거래처(물품 공급처)가 그만큼 없어졌다는 것이고, 이는 곧 팔 물품이 없어졌다는 것을 의미한다. 현실적으로 보더라도 시장규모가 크게 줄었고 매장 수 또한 많이 감소했다.

⑤ 서문시장은 비교적 업종이 다양하지만 청과, 채소류는 비교적 부족한 편이며, 그마저도 대부분 노점에서 판매되고 있다.

나. 활성화 방안

① 젊은 고객을 유입하기 위해 시장에 영화관, 패스트푸드점 등을 입점하는 방안을 강구할 필요가 있다. 이는 서문시장의 장기적 발전을 위해 필수적이라 하겠다. 또 환불 보장제도, 포인트카드 제도를 활성화하여 20~30대 젊은 층을 시장으로 유인해야 한다.

② 친절서비스, 상품정보 등에 관한 상인교육이 강화되어야 한다. 상인들은 적절한 가격수준으로 거래하고, 값싸고 품질 좋은 상품을 제공하며, 또 한 번 온 손님은 단골로 만들겠다는 상인의식을 가져야 할 것이다.

③ 시설현대화 및 편의시설 확충이 필요하다. 정부의 지원으로 아케이드 시설 등이 설치되었으나, 아직 많은 시설이 요구되는 실정이다. 현재 시장에서 자체적으로 낙후 시설들에 대한 보수, 철거 및 교체작업을 진행하고 있는 것은 무척 다행스러운 일로 평가된다.

④ 다양한 방법과 매체를 통한 보다 적극적인 홍보활동이 필요하다. 현재 서문시장은 1997년부터 매년 1회 서문시장 축제를 열고 있으나 대다수의 소비자들이 이 사실을 모르고 있다. 그러므로 이벤트 개최 이전에 소비자들의 이목과 관심을 크게 끌 수 있는 독특하고 적극적인 홍보활동을 전개해야 할 것이다.

⑤ 시장 내에 있는 대부분의 식당이 위생적으로나 외관상으로 매우 좋지 않은 상태인데, 이에 대한 개선 또한 시급하다고 본다.

2. 동구 전통시장

1) 공항시장

(1) 시장 일반현황

1985년에 개설된 공항시장은 대구공항 바로 맞은편에 위치하고 있다. 시장 개설 이후 오랫동안 인근 주민들의 물품 공급처로 역할을 해 오다가, 소비 성향 변화와 대형마트의 등장으로 지금은 장세가 크게 약화된 상태다. 시장 입구에 2~3개의 버스 노선이 있으며 주변으로는 상가건물들이 늘어서 있고, 2km 떨어진 곳에 대형마트가 한 개 있다.

공항시장의 개황과 주변 환경을 살펴보면 〈표 4-6〉, 〈그림 4-9〉와 같다.

〈표 4-6〉 공항시장 개황

시장명	공항시장	소재지	동구 지저동 694
개설 연도	1985년	경쟁력	D등급(2008년 평가)
점포 수	64(58+6)개	상인회장	김동술(053-982-9836)
시장구분	등록 · 상설 · 종합 · 공동시장, 소형시장, 상가건물형 시장		
비고	주요 사업은 2007년 아케이드 설치, 2008년 홍보전단 제작 · 배포 등이다.		

〈그림 4-9〉 공항시장 주변 환경

❶_공항시장 입구
❷_말끔한 시장 내부

(2) 점포, 시설 및 환경

2009년 5월 현재 공항시장은 58개의 점포와 10여 개의 노점으로 이루어져 있다. 점포 입점률은 약 95%에 이르고 식품류 취급 점포들이 많은 편이다. 시장 내 편의시설은 화장실을 제외하고는 전무한 실정이고, 주차공간이 없어 시장 방문객들은 대중교통을 이용하거나 인근 유료주차장을 이용해야 한다.

❶_질서 정연한 상품진열대
❷_공항시장 내 CCTV

(3) 공항시장의 상인과 이용객

가. 상인(회)

2006년에 조직된 공항시장 상인회는 대상자의 96%가 회원으로 가입되어 있지만 상근직원이 없어 사무실은 거의 비어 있는 상태다. 2008년 11월에 실시된 비가림시설 설치, 바닥 보수, 조명시설 보충 등으로 인해 쇼핑환경은 깨끗하다. 그러나 노후화된 화장실, 고객편의시설 부족 등의 문제가 아직 남아 있는데, 이를 해결하기 위한 상인회의 노력이 요구된다.

나. 이용객 특성 및 평가

공항시장의 경우 주된 고객은 인근 주민들로 대부분 30~50대의 주부들이며 주변 직장인들도 가끔 이용하는 것으로 조사되었다. 주부들은 오후 4시에서 6시 사이에 반찬거리 마련을 위해 시장을 방문하고 있다. 시장 인근에 대구공항이 위치해 있으나 시장에 미치는 영향은 거의 없다.

(4) 살 거리, 먹을거리, 볼거리

공항시장에는 특별히 소문난 살 거리나 먹을거리가 없다. 주변 점포들 중에 유명한 감자탕집들이 있지만 시장에는 아무런 영향을 주지 못한다. 공항시장은 최근에 실시된 현대화 사업으로 비교적 뛰어난 내부시설과 멋진 외관을 갖추고 있다.

(5) 공항시장의 문제점과 활성화 방안

가. 문제점

① 소비자들을 유인할 만한 경쟁력 있는 상품이 없다.

② 공항시장 이용객들은 제반시설의 노후화와 주차공간의 부족으로 불편을 많이 느끼고 있다.

③ 위생관리가 제대로 되지 않고 있을 뿐만 아니라 원산지 표시마저 전혀 이루어지지 않고 있어 소비자들의 관심과 신뢰를 얻지 못하고 있다.

나. 활성화 방안

① 사람들이 많이 드나드는 공항 주변의 입지 조건을 활용하는 방안을 모색해야 할 것이다. 즉, 대구공항 이용자들이 잠시 들러 구매할 수 있는 가칭 '대구·경북 지역특산물점'의 설치를 고려해 볼 필요가 있다고 본다.

② 시장에서 자체적으로 취급 상품에 대해 상세히 설명한 표준화된 도구를 개발하고, 모든 상인들이 그것을 의무적으로 사용케 하는 상인 내규를 만들 필요가 있다. 또 주차시설과 고객편의시설이 부족하므로 이를 해결하기 위한 노력도 요구된다.

③ 인근 주민들의 시장 유입을 위해 깜짝 세일과 같은 이벤트를 정기적으로 실시하고, 이를 적극적으로 홍보하는 활동도 필요하다고 본다.

2) 동구시장

(1) 시장 일반현황

1977년에 개설되었으며 효목동과 만촌동의 경계지점에 위치한 동구시장은, 효목동과 그 인접 주민들의 생활 터전이자 상권의 중심지로서 많은 역할을 해 왔다. 입지조건을 보면 넓은 도로와 접하고 있으며 주변에 대단위 아파트단지가 있고 동일 상권 내에 이마트 만촌점이 있다.

이러한 동구시장은 2007년 3월 대구시 위생관리 시범시장으로 선정되었고, 같은 해 4월에는 대구 최초로 모범시장으로 선정되는 등 꾸준히 발전을 거듭해 왔다. 동구시장의 주변 환경과 개황을 살펴보면 아래 〈그림 4-10〉, 〈표 4-7〉과 같다.

〈그림 4-10〉 동구시장 주변 환경

〈표 4-7〉 동구시장 개황

시장명	동구시장	소재지	동구 효목동 533
개설 연도	1977년	경쟁력	A등급(2008년 평가)
점포 수	(120+70)개	상인회장	강정식(053-744-6569)
시장구분	등록 · 상설 · 종합 · 공동시장, 중형시장, 상가건물형 시장		
비고	2007년 산업자원부장관 표창, 대구에서 유일하게 모범시장으로 선정됨		

❶_동구시장 입구
❷_시장 내 LED 전광판

(2) 점포, 시설 및 환경

가. 점포 현황

2009년 현재 동구시장은 약 120여 개의 점포와 70여 개의 노점으로 이루어진 중형시장으로, 입점률은 100%에 이른다. 취급품목으로는 의류 및 잡화점, 식료품점이 각각 30%정도로 가장 많은 비율을 차지하며 철물점(20%), 식당(18%) 등이 그 뒤를 잇고 있다.

나. 시설 및 주변 환경

시장 입구에 40대 정도 자동차를 주차할 수 있는 공간이 있는데, 주차 시 가끔 노점상과의 충돌이 발생하여 다소 문제가 되고 있다. 동구시장에는 A, B, C, D 4개 동이 있는데 각 동마다 1개씩 있는 화장실은 규모가 4평 정도이고 비교적 깨끗한 편이다.

❶_최신의 상인교육시설
❷_고객지원센터 내의 민원발급기와 현금지급기

동구시장이 모범시장으로 선정됨으로써 고객센터가 설립되었다. 그 안에는 휴게실, 수유시설, 물품 보관함, 유아놀이방 등의 고객편의시설을 갖추고 있어 대구에서는 비교적 앞서가는 시장으로 평가되고 있다. 상인회장은 동구시장의 경쟁력을 높이기 위해 최고의 시설과 서비스를 지향해 나갈 것이라고 강조한다.

❶_깔끔한 시장 내부
❷_시장 앞 상점들

(3) 동구시장의 상인과 이용객

가. 상인(회)

동구시장은 2007년 대구지역 시장 중 처음으로 모범시장에 선정되었으며, 그에 걸맞게 많은 시장현대화 사업을 전개해 왔다. 즉 아케이드 설치공사를 비롯하여 기반시설 조성을 위한 주·보조진입로 개·보수 및 배수시설 정비 등의 사업을 이미 실시한바 있다. 또한 동구시장 상인회에서는 기존의 전통시장이 가진 부정적인 이미지를 탈피하고 대형유통업체와 경쟁할 수 있는 방안을 모색하기 위해 많은 노력을 기울여 왔다. 그 예로 자판기, 고객지원센터, 자유계량형 저울, 자율포장대 등의 설치, 운영을 들 수 있다. 뿐만 아니라 위생취약분야 개선사업의 일환으로 손 소독기, 해충 퇴치기 등을 제공받았으며, 또 식품취급요령, 위생시설 및 건강관리요령 등에 대한 학습을 통해 식품위생관리를 철저히 하고 있다. 더 나아가 동구시장 상인회는 노점상, 주변 상가를 포함, 250여 개소의 가맹점을 확보하여 전통시장 상품권을 광범위하게 사용할 수 있도록 했다. 상인회사무실에는 상근직원이 1명 있고 상인회 가입률은 100%이며 회비는 월 20,000원이다.

나. 이용객 특성 및 평가

동구시장은 만촌동, 효목동 등 인근 주민, 특히 30~40대의 주부들이 많이 이용하고 있다. 이들은 자녀들의 하교시간 전인 3~5시에 시장을 가장 많이 이용하고, 주로 반찬거리 위주의 상품을 구매하며, 일반 점포보다 노점에서 상품을 많이 구매하는 것으로 조사되었다.

〈그림 4-11〉에서 동구시장에 대한 이용객들의 평가를 보면 전반적으로 만족도가 높은 것으로 나타났는데, 특히 대중교통과 상품다양성, 구매강요, 볼거리, 품질수준, 서비스 등의 항목에서 만족도가 높았다. 하지만 주차시설, 카드사용, 상품안내 등의 항목에서는 만족도가 낮은 것으로 나타났다.

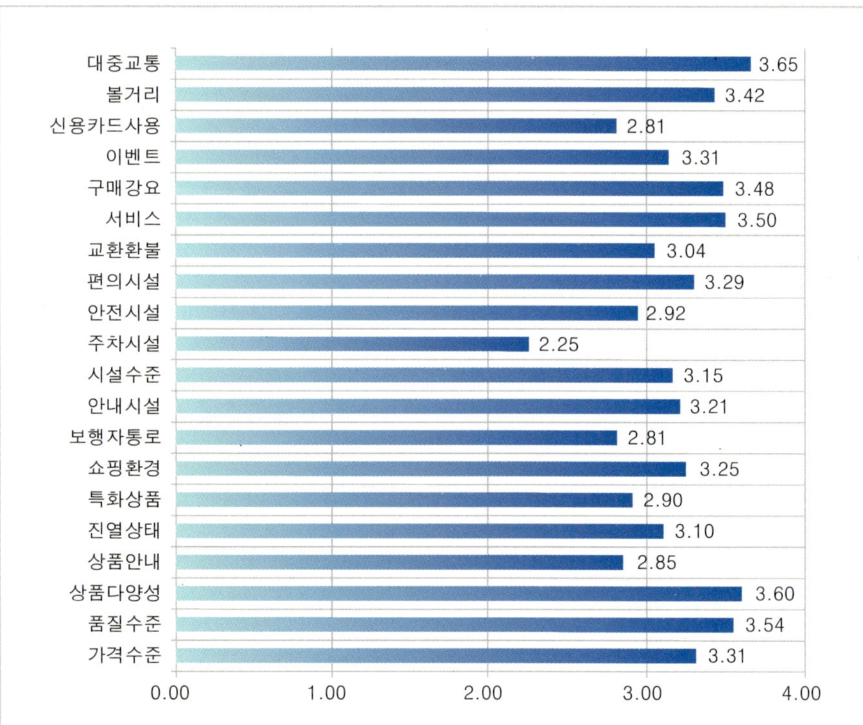

단위 : 점

〈그림 4-11〉 동구시장 속성에 대한 이용객들의 평가

주) 숫자가 클수록 만족도가 높음을 의미함

(4) 살 거리, 먹을거리, 볼거리

동구시장은 만촌동, 효목동 일대의 주민들이 많이 이용하는 시장으로, 반찬거리나 잡화품을 주로 구매하고 있으며, 업종으로는 의류, 음식물, 식자재 취급점포들이 많다. 특히 동구시장의 식자재는 다양하고 신선도가 높아 인기가 많은 상품이다.

❶	❷

동구시장의 대표 먹을거리
❶_돼지국밥, 홍어삼합
❷_분식(어묵, 만두국)

한편 동구시장에는 먹을거리들이 많지만, 그중에서도 홍어가 유명하다. 그래서 많은 사람들이 홍어와 돼지국밥을 맛보기 위해 동구시장을 찾곤 한다. 또, 시장 주변에는 분식집들이 많은데 방문객들이 시장을 돌아보다가 허기가 질 때면 어묵, 국수 등을 즐겨 먹는다.

(5) 동구시장의 문제점과 활성화 방안

가. 문제점

① 시설·환경상의 문제점

최근 소비자가 구매 장소를 선택하는 데 있어 주차장, 화장실 등의 편의시설을 매우 중요시하고 있음에도 불구하고 동구시장의 경우 주차장이 없어 이용객들에게 불편을 주고 있다. 게다가 버스정류장과 시장이 다소 떨어져 있어 시장접근성이 떨어지는 편이다. 그리고 시장 안 보행통로가 좁고 일부 구간은 낮에도 어두워 이용객들의 통행에 불편을 주고 있다. 동구시장에 대한 소비자의식 조사에서는 건물이나 기타 시설의 노후화 및 위생 상태에 대해 불만족하는 소비자들이 많은 것으로 나타났다.

② 운영·관리상의 문제점

첫째, 가격 표시제가 일부 점포에서만 시행되고 있어 이용객들에게 불신을 사고 있다. 또 가격 표시제를 실시하는 점포라 하더라도 형식적인 것에 불과하다. 즉 대부분의 거래가 상인과 소비자의 흥정에 의해 이루어지고 있다는 것이다.

둘째, 백화점이나 대형마트의 경우 할인 및 할부 판매, 경품행사 등을 연중 실시하여 고객을 적극적으로 유치한다. 그에 비해 동구시장은 시설현대화 사업으로 청결성은 많이 개선되었지만 경영혁신을 위한 활동 중에서 비교적 중요한 시장홍보활동이 상당히 미흡하다. 소비자의식 조사 결과에 의하면 품질이나 취급 상품·업종의 다양성, 친절과 같은 서비스 측면에서는 대체로 만족함을 보였다.

셋째, 신용카드에 의한 거래가 다소 확산되고 있으나 아직 초보단계에 불과하다. 즉, 신용카드 이용이 가능한 상점은 주변 일반 상가를 제외하고는 극소수인데, 백화점이나 대형마트와 경쟁하기 위해서는 신용카드 상용화가 하루바삐 이루어져야 한다. 또 젊은 이용객들은 고객지원센터에 구비된 서비스 기기들을 이용할 수 있으나 노년층과 유년층은 그러하지 못하다.

나. 활성화 방안

① 상인교육이 필요하다. 동구시장은 다른 시장들에 비해 현대화 사업이 많이 이루어진 곳이다. 하지만 시설의 현대화 못지않게 중요한 것은 상인의식수준 향상이다. 실제로 시장 상인을 대상으로 한 설문조사 결과에서 응답자의 80%가 상품정보 및 판매지식, 친절서비스에 대한 상인교육이 필요하다고 응답한 것으로 나타났다.

② 보다 많은 점포를 신용카드 가맹점으로 가입시켜 이용객들이 신용카드 이용에 불편함이 없도록 하여야 한다. '동구시장에는 신용카드 하나만 들고 가면 된다'는 인식을 심어 줄 수만 있다면 크게 활성화될 것으로 본다.

③ 동구시장은 현재 주차공간의 부족으로 한국전력 주차장을 빌려 쓰고 있으나 지속적으로 쓸 수 있다는 보장은 할 수 없는 실정이다. 따라서 시장 인근에 주차공간을 확보하도록 노력해야 할 것이다.

④ 경품행사·세일 등과 같은 공동이벤트 및 마케팅 활동을 보다 다양하고 적극적인 방법으로 시행하여야 할 것이다.

3) 불로전통시장

(1) 시장 일반현황

1930년에 개설된 불로전통시장은 대구공항을 지나 팔공산과 파계사로 향하는 길목에 위치해 있다. 상설시장이면서 5일장이 서는 시장이다. 즉, 평소에는 일반 상가처럼 운영되다가, 매월 5일, 10일, 15일, 20일, 25일, 그리고 말일(30일 혹은 31일)에 5일장이 열린다. 원래는 도동과 평광·공산·지저동의 중심지에 조선 후기쯤 생긴, 5일마다 장이 서는 정기시장이 이어져 오던 자리에 지금의 불로전통시장이 상설시장으로 개설되어 오늘에 이르렀다.

시장 인근에는 꽃 점포들이 양쪽으로 이어져 있으며, 초등학교 하나와 소규모 주거단지가 있다. 또한 불로전통시장 주변에는 고분군, 측백수림, 봉무공원, 팔공산 등 문화관광지가 많이 있어 국내외 관광객들을 유치할 수 있는 좋은 입지조건을 가지고 있다. 참고로 불로전통시장의 개황과 주변 환경을 살펴보면 아래 〈표 4-8〉과 〈그림 4-12〉와 같다.

〈표 4-8〉 불로전통시장 개황

시장명	불로전통시장	소재지	동구 불로동 584-1
개설 연도	1930년	경쟁력	D등급(2008년 평가)
점포 수	155개	상인회장	우제일(053-984-9497)
시장구분	인정 · 상설+정기 · 종합 · 공동시장, 중형시장, 노점형 시장		
비고	대구 유일의 문화관광시장이며, 5일마다 장이 서는 정기시장(5일장)임		

〈그림 4-12〉 불로전통시장 주변 환경

❶	❷

❶_불로전통시장 입간판
❷_불로전통시장 공영주차장

(2) 점포, 시설 및 환경

2009년 5월 현재 불로전통시장은 155개의 점포와 250여 개의 노점으로 이루어져 있으며, 노점상의 수는 매우 유동적이다. 주요 취급 품목으로는 잡곡, 채소, 청과류의 농산물과 생선, 의류 및 잡화류 등이 있다.

불로전통시장 주변 대로변에 불법 주차한 차량이 많아 원활한 교통 흐름을 막고 있으며, 시장 통로에는 오토바이와 자전거가 많이 다녀 고객들의 통행을 불편하게 한다. 게다가 고객안내센터, 고객휴게실 등과 같은 고객편의시설도 전혀 없는 실정이다.

그러나 불로전통시장은 인근에 봉무공원, 불로동 고분군, 이시아폴리스(봉무산업단지) 등이 자리하고 있어 이곳을 방문하는 유동인구를 시장 내로 유인할 수 있을 것이다. 그래서 문화전통시장으로 발전할 가능성이 높은, 훌륭한 입지조건을 갖고 있다 하겠다.

❶_불로전통시장 장날
❷_시장 주차장의 벽화

(3) 불로전통시장의 상인과 이용객

가. 상인(회)

불로전통시장 상인회는 지난 2006년 12월 일부 상인들만으로 조직되었다. 이는 상가의 토박이 상인들만 가입되었고 5일장 상인이나 노점상들은 가입되어 있지 않다.

불로전통시장 상인회에서는 근래에 시장 입구에 입간판을 설치했으며, 공중화장실과 공용주차장도 마련했다.

한편 최근 대구광역시에서 불로전통시장을 문화전통시장으로 집중 개발할 계획을 마련해 큰 기대가 된다. 그 주요 내용을 보면 아케이드 설치, 전통복장 착용, 목공예 체험장 및 놀이마당 설치, 고객지원센터 및 쉼터 조성, 저잣거리와 먹을거리 장터 조성 등이다.

나. 이용객 특성 및 평가

불로전통시장의 고객 수는 장날과 평일 사이에 확연한 차이를 보인다. 장날에는 20~60대의 주부층이, 평일에는 30~60대의 인근 주민들이 많이 방문한다. 방문시간을 보면 장날에는 오전 10시에서 오후 4시까지, 평상시에는 오후 3시에서 6시까지가 가장 많은 사람들이 방문하는 것으로 조사되었다. 평균 구매액은 평상시와 장날 모두 2~3만 원대인 것으로 나타났다.

〈그림 4-13〉에서 이용객들의 불로전통시장에 대한 평가를 보면 품질과 가격에 대한 만족도는 높은 반면 카드사용, 보행통로 및 주차시설, 안내시설 등에 대한 만족도는 낮음을 알 수 있다.

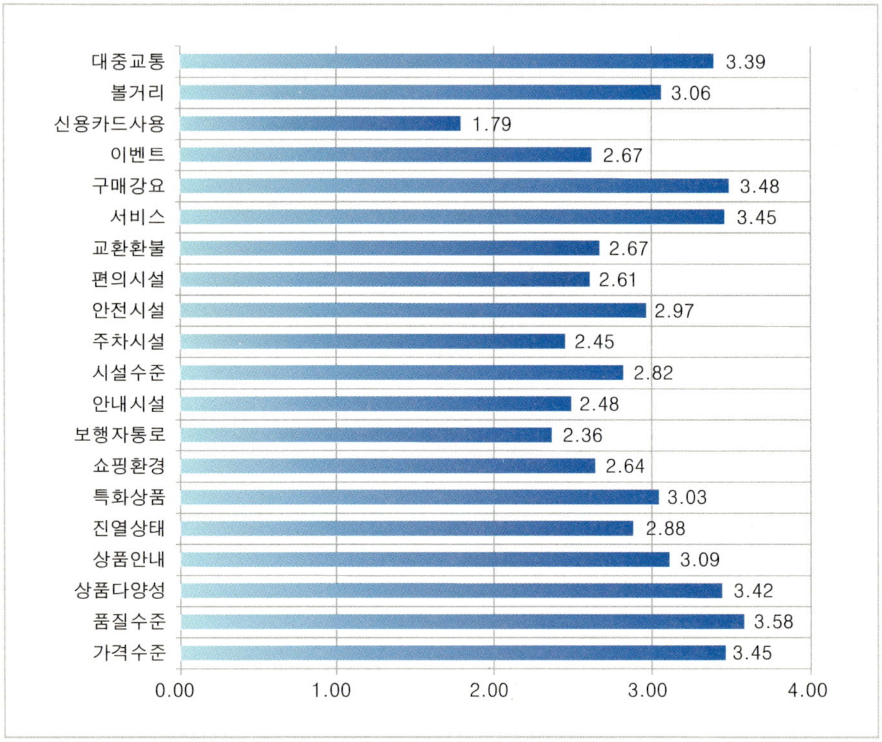

단위 : 점

〈그림 4-13〉 불로전통시장 속성에 대한 이용객들의 평가

주) 숫자가 클수록 만족도가 높음을 의미함

(4) 살 거리, 먹을거리, 볼거리

장날 불로전통시장에 가보면 도시에서 보기 힘든 청정 농산물들이 많으며, 다양한 사람들로 붐빈다. 목공예 전시장이 시장내에 있어 비교적 싼 가격에 전통적인 목각품들을 구매할 수 있다.

불로전통시장 먹을거리로는 예로부터 보신탕, 칼국수, 추어탕, 무침회 등이 유명한데 특히 손칼국수는 저렴한 가격에 푸짐한 양과 뛰어난 맛으로 전통시장의 재미를 더해 준다. 또 불로막걸리와 순두부, 친환경미나리, 팔공산 녹차는 불로전통시장의 자랑거리라 하겠다.

❶_불로전통시장 유명 먹을거리 –칼국수
❷_불로전통시장 볼거리 –목공예전시장
❸_불로전통시장 인근 볼거리 –봉무공원
❹_추후 조성될 인근 생태하천

(5) 불로전통시장의 문제점과 활성화 방안

가. 문제점

① 식료품의 포장상태가 좋지 않다. 일부 점포에서는 과일이 랩으로 씌워져 있고, 반찬거리에는 플라스틱 뚜껑을 덮어 두었다. 하지만 그 외 대부분의 점포에서는 그렇지 않아 위생적으로나 미관상으로 좋지 않다.

② 최근에 주차장이 마련되었지만 위치 안내가 잘 되어 있지 않아 많은 시장이용객들이 도로가에 불법주차를 하곤 한다. 불로전통시장의 입지적 특성상 인근 주택가의 주민들이 걸어서 장을 보러 오기도 하나 팔공산이나 갓바위에 들렀

다 시장을 방문하는 사람들도 많기 때문에 개선이 요구된다. 고객편의시설(휴식 공간 등)은 전무한 상태라 하겠다.

③ 전통시장 상품권이 사용 가능한 시장이지만 이를 알고 있는 사람은 극소수에 불과하다.

④ 가격 정찰제, 원산지표시제가 거의 지켜지지 않아 이용객들로부터 신뢰를 얻지 못하고 있다.

나. 활성화 방안

① 불로전통시장은 무엇보다도 대구 대표 관광지인 팔공산의 길목에 위치해 있다는 유리한 입지적 조건을 이용하여 차별화·특성화할 수 있는 방안을 모색해야 한다. 이를 위해서는 먼저 불로전통시장을 차별화할 수 있는 특화품목과 외국인 관광객들을 대상으로 한 전통상품을 개발해야 할 것이다. 불로전통시장에 우리 고유의 전통과 문화적 요소를 가미할 수 있다면 새로운 관광명소로 자리잡으리라 확신한다.

② 인근 문화·관광지와 연계시켜 시장활성화 방안을 개발해 나가야 할 것이다.

③ 상인의식 및 서비스 교육이 필요하다. 아무리 시설이 현대화된다 하더라도 시장 상인들의 의식이 구태의연하다면 이용객들의 외면을 피할 수 없기 때문이다.

④ 상인회 조직의 정비와 활성화가 요구된다. 불로전통시장은 상설시장과 정기시장이 공존하는 특성 탓에 장날에만 찾아오는 노점상인들과 상주해 있는 점포 상인들 간에 보이지 않는 벽이 있는 것 같다. 앞으로 불로전통시장이 문화전통시장으로 발전해 나가기 위해서는 무엇보다도 양측의 화합이 필요하다. 이는 곧 불로전통시장의 활성화 여부를 가늠하는 요소라 하겠다.

4) 평화시장

(1) 시장 일반현황

1974년에 개설된 평화시장은 대구시 동구 신암1동 597-1번지 일원에 위치하고 있다. 1970년대 초기까지만 해도 변두리였던 신암동, 신천동 일대에 주택이 들어서면서부터 행상이 생겼으며, 주식회사 삼아산업이 건물을 세워 점포를 분양함으로써 시장이 형성되었다. 평화시장은 해동상가, 남양상가 등에 접해 있는

데 보통 평화시장이라고 하면 이들을 포함해서 부르는 것이다. 입지조건을 살펴보면 13개의 버스노선이 지나고 있으며 동대구역과 비교적 가깝다. 평화시장의 개황과 주변 환경을 살펴보면 아래 〈표 4-9〉, 〈그림 4-14〉와 같다.

〈표 4-9〉 평화시장 개황

시장명	평화시장	소재지	동구 신암1동 597-1
개설 연도	1974년	경쟁력	E등급(2008년 평가)
점포 수	69(58+11)개	상인회장	양상근
시장구분	등록 · 상설 · 종합 · 공동시장, 소형시장, 상가건물형 시장+주변 상가		
비고	시장 입구에 유명 닭똥집골목이 있으나 평화시장 내부는 매우 한산하다.		

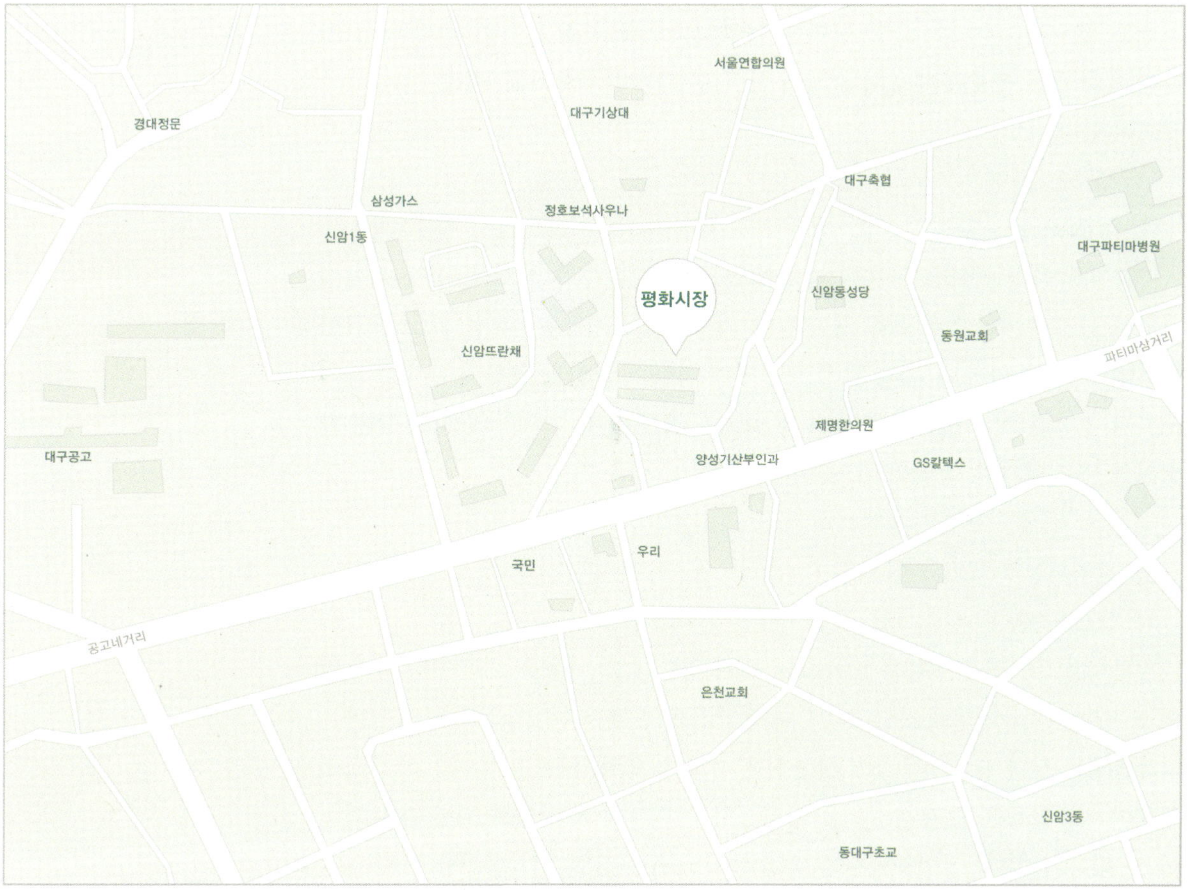

〈그림 4-14〉 평화시장 주변 환경

❶_평화시장 입구 간판
❷_야간의 닭똥집 골목

(2) 점포, 시설 및 환경

가. 점포 현황

평화시장은 58개의 점포와 10여 개의 노점으로 구성된 소형시장이다. 점포 입점률은 85% 정도이고 10여 개의 점포가 문을 닫은 상태이다. 주요 취급 품목은 농산물, 건어물, 식료품, 그릇 등이며, 무엇보다도 닭똥집 골목이 유명하다. 이 골목은 대구의 '명물거리'로 지정되어 깔끔하게 정비되어 있고, 점포 간판도 통일되어 있다.

나. 시설 및 주변 환경

평화시장 공영주차장은 110대 정도의 차를 수용할 수가 있으나, 시장 뒤쪽에 위치해 있고 주차장으로 가는 길이 좁아 외지인들이 이용하기에는 다소 불편이 따른다. 뿐만 아니라, 닭똥집 골목 입구에 위치한 화장실은 관리가 제대로 되지 않고 청결상태 또한 불량하여 유지 및 보수가 요구된다. 고객안내센터, 장내 방송시설 등은 있지만 그 밖의 편의시설은 전무한 상태이다.

(3) 평화시장의 상인과 이용객

가. 상인(회)

평화시장 상인회 가입률은 100%로 나타나 있는데 그 내용을 보면 시장 상가 밖의 노점상들은 상인회에 가입해 있으나 똥집골목의 상인들은 가입해 있지 않다.

상인회는 상가 관리사무소에 사무실을 두고 있으며, 현재까지 상인회 주도의 공동마케팅 활동은 없지만 상인들의 활성화 의지가 높고 상인회 회원 간의 단합이 잘 되는 편이다. 상인회에서는 똥집골목 등 주변상권과의 통합을 위해 적극적으로 노력하고 있다. 다행스러운 것은 상인회에 등록된 점포에서는 신용카드의 사용이 가능하다는 점이다.

나. 이용객 특성 및 평가

평화시장은 인근의 산격동, 신암동 주민들이 주로 이용하고 있으며, 상가보다는 노점이나 닭똥집을 많이 찾는 것으로 조사되었다. 반찬거리를 구입하려는 30~40대 주부층이 시장의 주 고객층이며, 이들의 평균 구매 금액은 2~3만 원대이고, 시장 방문시간은 3~5시 사이가 가장 많은 것으로 나타났다.

〈그림 4-15〉에서 보듯이 이용객들의 평화시장 평가에서는 품질수준에 대한 만족도가 가장 높고, 주차시설과 쇼핑환경에 대한 만족도는 가장 낮은 것으로 나타났다. 그리고 보행통로, 카드사용 등에 대한 만족도도 비교적 낮은 수준임을 알 수 있다.

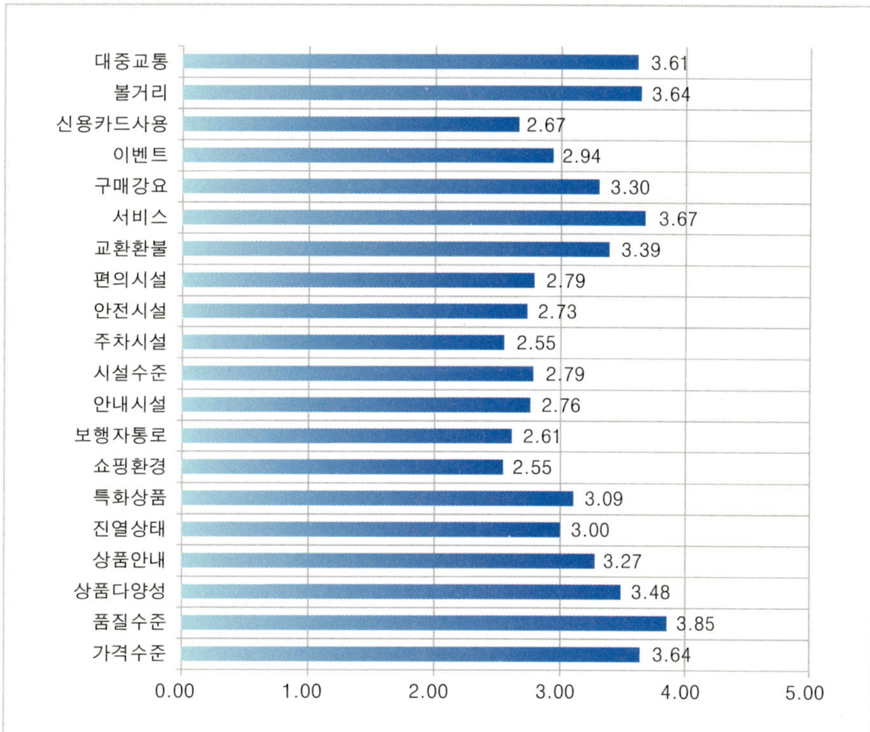

단위 : 점

〈그림 4-15〉 평화시장 속성에 대한 이용객들의 평가

주) 숫자가 클수록 만족도가 높음을 의미함

(4) 살 거리, 먹을거리, 볼거리

안쪽의 상가건물은 의류 업종이 주를 이루고 있으나 상품선택의 폭이 좁아 고객들이 잘 찾지 않는다고 한 상인이 말한다. 반면 시장 외부에서 과일과 채소류를 취급하는 노점은 저렴한 가격과 높은 신선도로 인해 인근 주민뿐만 아니라 동구 전역의 사람들이 많이 이용한다.

시장 내의 닭똥집골목은 '대구 하면 닭똥집 골목'이라 할 정도로 전국적으로 알려져 있다. 이곳의 똥집요리는 이미 대구의 명물이 되어 있으며, 주변에 돼지국밥 등 다양한 먹을거리 집도 있다.

❶_평화시장의 명물-닭똥집
❷_의류점의 상품진열

(5) 1983년과 2007년의 비교

가. 점포, 시설 및 환경

1983년에 실시된 조사에 의하면 평화시장은 70~80여 개의 점포들로 형성되어 있었고, 주요 취급 품목은 피복류, 건어물, 채소류였다. 시장 입구 및 주변에는 많은 노점상들이 장사를 하고 있는데 이들의 주 취급 품목은 공장에서 구입해온 플라스틱 제품, 의류, 그리고 자가 재배한 채소류 등이었다.

노점상들은 공장에서 직접 구입하거나 자가 재배한 물품을 취급하고 있기 때문에 중간상으로부터 제품을 구입하는 점포 상인들보다는 낮은 가격으로 판매한다. 그래서 시장 입구에 위치한 노점을 이용하고 시장 안으로는 잘 들어가지 않는 경향이었다. 평화시장은 동대구역에서 가깝고 교통이 편리하다는 이점 때문에 대구 근교 영세농민들이 자가 생산물(농산물)을 현금화하기 위해 이곳 노점에서 장사를 많이 하고 있다고 하였다.

2007년 현재 평화시장은 60여 개의 점포가 영업을 하고 있으며 노점상 수는 1983년에 비해 많이 감소하였다. 의류 취급점이 크게 감소한 반면 소채류 및 과일 취급 점포와 식당(주로 닭똥집)들은 증가했다. 따라서 취급 품목의 다양성은 과거에 비해 크게 낮아졌다고 할 수 있다.

❶_평화시장 상가 내부
❷_시장 공영주차장

나. 시장 이용객

1983년의 경우 건물상태와 전기시설은 전반적으로 양호한 편이었다. 공중전화 1대, 화장실 3개가 있었지만 수도시설은 매우 미흡(수도꼭지가 하나뿐임)하였다. 통풍시설에 대해 불만을 가진 상인들이 많았는데 이는 겨울철 연탄 난방 시에 환풍이 잘 되지 않아 연탄가스가 빠져나갈 구멍이 없어 생활하는 데 매우 불편했기 때문이다. 그리고 소비자보호상담실이 관리소 내에 마련되어 있었으나 그 이용도는 매우 낮았다. 시장 운영위원의 말로는 이용자가 1년에 2~3명에 불과하다고 했다.

2007년 현재 평화시장을 보면 전반적으로 건물과 기본 시설들이 크게 낙후되어 있고, 시설물에 대한 관리와 유지, 보수도 제대로 이루어지지 않고 있다. 현대화 사업의 일환으로 주차장을 마련하고 시장 입간판을 세웠으나 그 이외의 시설환경 개선은 1983년에 비해 나아진 것이 없다.

(6) 평화시장의 문제점과 활성화 방안

가. 문제점

① 평화시장은 구획 정리가 제대로 되어 있지 않으며, 무질서한 점포 배치와 노점상들로 인해 시장 이용객들이 통행에 불편을 겪고 있다. 또 주차장이 있긴 하지만 위치 안내가 잘 되어 있지 않아 모르는 사람이 대부분이고, 시장과의 거리도 멀어 대부분의 차량 이용객들이 똥집골목 대도로변에 불법주차를 하고 있

는 실정이다.

② 상인회의 역할이 유명무실하다. 즉 상인회가 있긴 하나 그 역할이 매우 미미하다. 일부 상인들은 처음에는 상인회가 없다고 대답했다가 다시 있다고 대답하는 등 상인회의 존재에 대해서조차 정확히 인식하지 못하고 있는 상태다. 이러한 상황에서 시장활성화에 대한 상인회의 역할을 기대하기는 어렵다고 본다.

③ 가격, 원산지 표시가 되어 있지 않아 소비자에게 불신을 받고 있으며, 상인과 소비자의 흥정으로 가격이 결정되는 사례가 많다. 설문조사에 의하면 소비자는 가격에 대해 만족하고 있으나, 가격 정찰제 미시행 상점이 많은 것으로 나타났다.

④ 상인교육을 받아본 경험이 없다. 평화시장을 찾는 소비자들은 상인들의 친절도에 대해 대체로 좋게 평가했는데, 이는 소비자들 대부분이 인근 주민들이어서 오랫동안 알고 지낸 단골이기 때문으로 보인다. 상인의식 조사에서 상인들은 손님에게 친절해야 한다고 입을 모았지만 정작 친절교육을 받아 본 경험은 없다고 답했다.

⑤ 많은 상인들이 점포세가 비싸 점포 운영이 힘이 든다고 한다. 더욱이 점포 소유주가 시장 개발을 꺼리는 경우도 있어 점포 소유주와 상인 간에 마찰이 있기도 한다.

나. 활성화 방안

① 평화시장활성화를 위해서는 먼저 상인의식 수준의 향상, 공동운명체 의식의 정착, 그리고 상인 지도자의 리더십 강화 등이 요구된다 하겠다. 특히 상인조직의 재정비와 역할 강화가 급선무라고 본다. 따라서 상인의식 변화와 공동운명체 의식 함양을 위한 상인교육이 절실히 요구된다 하겠다.

② 가격 정찰제, 원산지 표시제 등을 통해 상품 관련 정보를 충분히 제공해야 함은 물론, 구체적인 상품 설명을 통해 이용객들에게 신뢰감을 심어 주어야 한다.

③ 젊은 층이 선호하는 이벤트를 시장 내부에서 실시하여 현재 똥집골목에 비해 활성화가 덜 된 내부 구역을 활성화하는 방안을 고려할 수 있다. 이때 사람들이 많이 찾는 똥집골목은 시장 내부에서 이루어지는 이벤트의 참여를 유도하는 역할을 하게 된다.

5) 동서시장

(1) 시장 일반현황

동서시장은 1970년 2월에 개설되었으며, 대구광역시 동구 신암5동 95-165번지 일대에 있다. 이 시장은 북서쪽으로 800m 내에 동대구역과 동대구고속버스터미널이 위치해 있어 외지인의 접근이 용이할 뿐만 아니라 인근에 시내버스 정류장과 지하철 큰고개역이 있어 지역민의 접근성도 좋은 편이다. 또 주변에 이마트 만촌점과 동구청이 있으며 신암동 일대 주민들이 가장 많이 이용하는 상설시장·상가건물형 시장이다. 동서시장의 주변 환경과 개황을 살펴보면 아래 〈그림 4-16〉, 〈표 4-10〉과 같다.

〈그림 4-16〉 동서시장 주변 환경

〈표 4-10〉 동서시장 개황

시장명	동서시장	소재지	동구 신암5동 95-161
개설 연도	1970년	경쟁력	B등급(2008년 평가)
점포 수	82개	상인회장	김재문(053-951-3466)
시장구분	등록 · 상설 · 종합 · 개인시장, 중형시장, 상가건물형 시장		
비고	현대식 시설로 잘 단장되어 있고 이용객도 비교적 많다.		

❶_동서시장 입구 간판
❷_깔끔한 시장 내부

(2) 점포, 시설 및 환경

가. 점포 현황

동서시장은 74개의 점포와 8개의 노점으로 이루어져 있고 빈 점포는 없다. 시장 입구에 노점상들이 있었으나 시설현대화 이후 강력한 단속으로 모두 철거된 상태다. 할인마트와 일부 의류점을 제외한 대부분의 점포들은 소규모이다.

나. 시설 및 주변 환경

동서시장은 최근 시장 바닥 및 아케이드 공사를 마친 상태다. 시설현대화 이후 전반적인 시장 이미지가 깨끗해졌으며 다른 시장에 비해 크게 현대화된 모습이다. 다만 주차장이 아직 마련되어 있지 않는데, 이는 고객들에게 불편을 주는 사항인 동시에 많은 상인들이 개선을 요구하는 사항이기도 하다. 다행히 소방시설이나 화재경보기, CCTV와 같은 안전장치들은 설치되어 있다.

❶_동서시장 상인교육장
❷_동서시장 축제 포스터

(3) 동서시장의 상인과 이용객

가. 상인(회)

상인회 가입률이 100%이며 공무원 퇴직인력을 확보하고 있다. 그래서 상인들 간의 업무협조가 잘 이루어지고 고객 불편을 해결하는 데 도움이 되고 있다. 시설현대화 초기에는 상인들 간에 협조가 잘 되지 않았으나 꾸준한 상인교육과 단합행사로 현재는 협조가 잘 이루어지고 있다.

경영현대화를 위한 노력도 많이 해 왔다. 2008년부터 상인회와 신암동 사무소가 함께 열고 있는 축제는 상인과 주민이 화합하는 계기가 되었으며, 고객유치에도 크게 도움이 되었다.

상인들 모두가 상인회에서 직접 제작한 시장로고와 '친절·봉사'란 글씨가 새겨진 유니폼을 입고 있다. 로고에는 고객과 상인이 악수하는 모습을 담고 있는데 자세히 보면 상인이 고객보다 고개를 더 숙이고 있다. 이는 고객을 왕처럼 모시겠다는 동서시장 상인들의 의지가 담겨져 있는 것이라고 한다. 또 영문으로 'M'이 새겨져있는데 이는 마케팅의 약자이다.

나. 이용객 특성 및 평가

동서시장은 최근 동구청을 중심으로 한 신암동 일대에 아파트 단지가 들어섬에 따라 10대에서 50대까지 다양한 연령층의 고객들이 방문하고 있다. 구매품목은 반찬거리 중심의 식자재가 가장 많으며, 구매 금액대는 대부분 1~2만 원대인 것으로 나타났다.

〈그림 4-17〉에서 이용객들의 동서시장에 대한 평가를 살펴보면, 대중교통에 대한 만족도가 가장 높고 편의시설에 대한 만족도는 가장 낮은 것으로 나타나 있다. 그리고 주차시설 및 이벤트, 특화상품에 대한 소비자 만족도도 비교적 낮음을 알 수 있다.

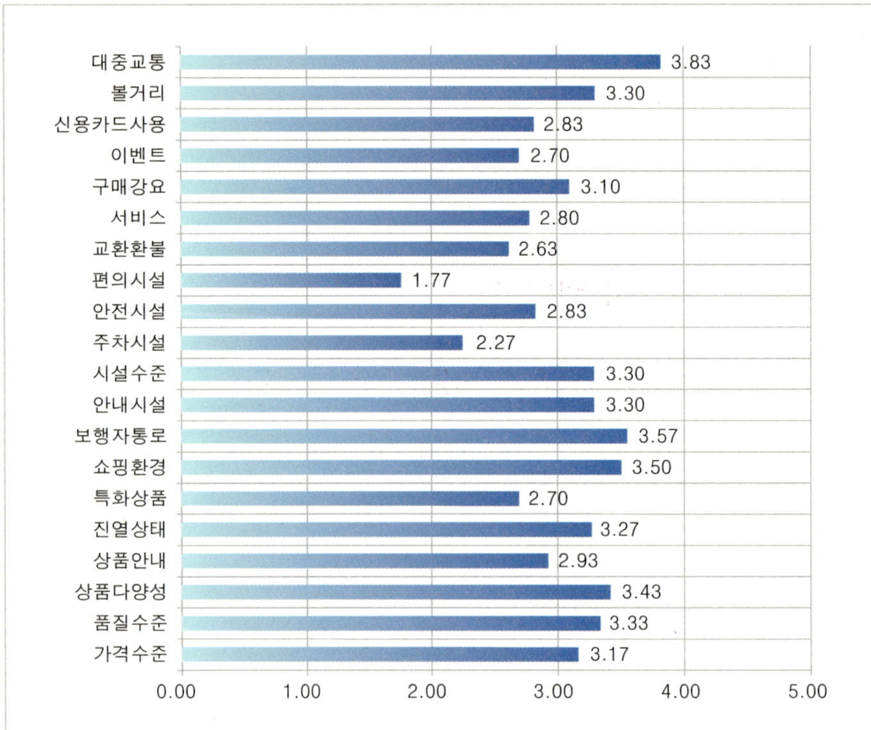

단위 : 점

〈그림 4-17〉 동서시장 속성에 대한 이용객들의 평가

주) 숫자가 클수록 만족도가 높음을 의미함

(4) 살 거리, 먹을거리, 볼거리

동서시장은 다양한 상품구색을 갖추고 있으며, 그중 가장 많은 것은 의류와 음식류이다. 의류의 경우 주 고객층이 주부인 점을 고려하여 여성의류 및 액세서리 취급 점포가 가장 많은데 폭넓은 제품 구색을 갖추고 있다.

그리고 음식류의 경우를 보면 돼지국밥, 통닭 등 다양한 먹을거리가 있는데 그 중에는 분식류가 가장 많다. 이는 시장통로를 통해 등교하는 학생들이 많기 때문인 것으로 보인다.

❶_동서시장 대표 상품-여성의류
❷_액세서리 제품

(5) 동서시장의 문제점과 활성화 방안

가. 문제점

① 동서시장의 시설현황을 보면 기반시설은 갖춰져 있는 편이나 고객편의시설, 홍보 및 고객유인시설은 미흡한 실정이다.

② 휴게공간이 없어 고객들이 불편을 겪고 있다. 특히 동서시장은 그 길이가 길기 때문에 중간 지점에 고객들이 잠시 쉴 수 있는 공간이 필요하다고 본다.

③ 시장 내 상품진열상태는 비교적 좋은 편이나 가격 표시와 원산지 표시는 다소 미흡한 편이다. 카드결제기 도입실적도 매우 저조하다.

④ 쿠폰제도나 할인제도와 같은 판매촉진 활동이 거의 없으며, 이벤트나 홍보활동 또한 저조하다.

나. 활성화 방안

① 동서시장은 무엇보다도 가격 표시제, 원산지 표시제, 카드결제시스템 도입과 같은 경영현대화 사업을 적극적으로 실시해 나가야 한다.

② 시장 인근에는 동구청, 학교, 상점가 등이 있는데 이곳을 오가는 사람들을 시장으로 유인하는 방안을 강구해야 할 것이다.

③ 시장 바로 앞에 버스정류장이 있고 인근에 지하철역도 있기 때문에 시장에서 먼 곳에 사는 사람들의 시장 이용에도 큰 문제가 없어 보인다. 가까운 거리의 시장 이용객들을 위해 자전거 보관대를 설치할 필요가 있다.

④ 가격 표시제 및 원산지 표시제의 실시와 카드결제시스템 도입 등을 통해 시장 이용객들에게 상품에 대한 신뢰와 이용편의성을 제공하여 고객 만족을 도모해 나가야 할 것이다.

6) 송라시장

(1) 시장 일반현황

1982년에 개설된 송라시장은 대구광역시 동구 신천동 537-13번지 일대에 위치해 있다. 주변에는 대형마트인 이마트 칠성점, 홈플러스 대구점과 중형마트인 대경할인점, 삼보마트, 홈마트 등이 있고 시장 가까이에 지하철역(신천역)과 버스 정류장이 있어 접근이 용이하다. 인근에 대단위 아파트 단지가 있는 데다 새로운 주거시설이 들어서고 있어 발전 가능성 또한 높은 편이다. 송라시장의 주변 환경과 개황을 살펴보면 아래 〈그림 4-18〉, 〈표 4-11〉과 같다.

〈그림 4-18〉 송라시장 주변 환경

〈표 4-11〉 송라시장 개황

시장명	송라시장	소재지	동구 신천2동 539-2
개설 연도	1963년	경쟁력	D등급(2008년 평가)
점포 수	70개	상인회장	장찬규(053-426-0082)
시장구분	등록 · 상설 · 종합 · 개인시장, 소형시장, 상가건물형 시장		
비고	현대화되어 있고 입지적 여건이 좋아 이용객이 많은 편임		

❶_송라시장 입간판
❷_시장 입구
❸_깨끗한 시장 내부

(2) 점포, 시설 및 환경

가. 점포현황

신천교와 신천네거리 중간에 위치한 송라시장은 2009년 5월 현재 70개의 점포와 15개의 노점으로 이루어져 있으며, 5개의 빈 점포가 있다. 시장 입구와 후문쪽에 노점상들이 위치해 있으나, 통행에는 큰 지장을 주지 않고 있다. 또 송라시장은 바로 옆에 신천주공아파트 단지가 있고 신천역과 맞닿아 있어 접근성이 좋은 편이다.

송라시장 내 점포들은 대부분 소규모이고 반찬거리 위주의 식자재 업종이 주를 이루고 있으며 떡집, 방앗간 같은 근린생활업종도 있다. 외형적으로 상가건물의 형태를 띤다.

나. 시설 및 주변 환경

송라시장은 2006년에 아케이드 설치, 상점간판 정비, 조명시설 설치, 방범용

CCTV설치 등의 사업이 이루어져 전반적으로 깨끗하고 현대적으로 보인다. 그러나 간판들이 깨끗하지 못할 뿐만 아니라 모양과 크기도 각양각색이라 시장 미관을 해치고 있다. 주차장은 시장 인근 교회와 공동으로 사용하고 있고, 화장실은 관리가 제대로 이루어지지 않아 사용이 불가능한 상태다.

❶_시장 밖 노후지구
❷_현대화 미실시 지역

(3) 송라시장의 상인과 이용객

가. 상인(회)

송라시장에는 아케이드 안에 있는 상인과 주변 상가 상인들로 구성된 상인회가 운영되고 있지만, 주변 상가 상인들의 협조가 잘 이루어지지 않고 있다. 그리고 상인회 주체의 시장 홍보, 축제 및 이벤트, 공동판매 등과 같은 경영현대화 사업 실적도 전무하다. 송라시장 상인 중 일부만이 상인대학 운영에 참가하였으며, 상인 대부분은 상인교육의 중요성을 인식하지 못하고 있는 것으로 조사되었다.

나. 이용객 특성 및 평가

송라시장은 인근 아파트 단지와 신천동 일대의 30~50대 주부들이 가장 많이 찾으며, 주 구매품목은 생활잡화, 반찬거리 등이고, 구매 금액은 평균 1~2만 원대인 것으로 조사되었다. 시장 이용객들이 가장 많이 찾는 시간은 오후 4~7시경이며, 주변에 대형마트가 없어 다른 시장에 비해 인근 주민들이 많이 이용하는 편이다.

한편 송라시장에 대한 이용객 평가를 보면 〈그림 4-19〉에서 보듯이 가격수준에 대한 만족도가 가장 높고, 서비스, 구매강요, 보행통로 등의 만족도도 비교적 높다. 그러나 주차시설에 대한 만족도는 가장 낮으며, 안전시설, 상품안내, 카드사용 등에 대한 만족도도 비교적 낮은 것으로 나타나 있다.

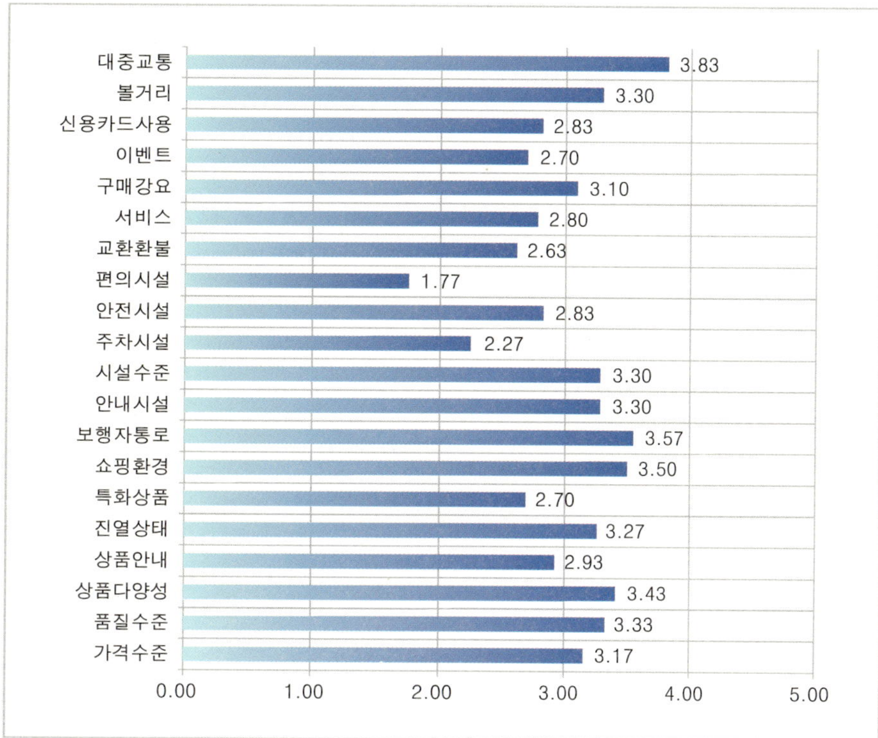

단위 : 점

〈그림 4-19〉 송라시장 속성에 대한 이용객들의 평가

주) 숫자가 클수록 만족도가 높음을 의미함

(4) 살 거리, 먹을거리, 볼거리

송라시장은 신천동 일대 주민들이 주로 이용하는 근린생활형 시장으로 비교적 다양한 상품구색을 갖추고 있다. 시장 내의 반찬과 떡은 인근 지역뿐만 아니라 중구, 수성구의 주민들까지 소문을 듣고 찾아올 정도로 인기가 많다. 시장 후문 쪽에도 많은 음식점들이 들어서 있다.

❶	❷

❶_송라시장 살 거리-반찬

❷_먹을거리-맛있는 떡

(5) 송라시장의 문제점과 활성화 방안

가. 문제점

① 시설 환경상의 문제점

일부 건물의 경우 우천 시 누수현상이 있으며 상인회 사무실 겸 방송실에 설치된 CCTV 모니터는 작동되지 않는다. 더구나 시장 주변에는 화재위험에 노출된 곳을 쉽게 발견할 수 있으며 가로등과 실내조명시설에도 불이 들어오지 않고 있다. 시장 이용객을 위한 편의시설은 전무한 실정이다.

② 운영관리상의 문제점

송라시장에는 가격 표시제 및 원산지표시가 잘 시행되지 않고 있고, 카드결제기 도입실적도 매우 저조한 편이다. 그리고 점포경영 능력과 서비스 정신, 상인들 간의 협조 등이 부족하며 공동 활동이 제대로 이루어지지 않고 있다. 더욱이 시장에 좀도둑이 있어 많은 상인들이 피해를 입고 있음은 물론이고 이용객들에게도 불편과 불쾌감을 주고 있어 이에 대한 대책 마련이 시급한 실정이다.

나. 활성화 방안

① 송라시장에는 비가림시설, 바닥정비는 잘 되어 있으나 앞으로는 상인의식 고취와 경영현대화에 많은 노력을 기울여야 할 것이다.

② 인근 주민들이 많이 이용하는 근린생활시장이므로 그들의 방문빈도를 높이기 위한 반짝세일, 정기세일 등의 판촉행사를 실시하고 자전거 보관대를 설치해야 한다. 그리고 아케이드 미설치 구역의 경우 간판 및 바닥정비, 조명시설이 전혀 되어 있지 않는데, 이에 대한 개선이 시급하다.

③ 현재 송라시장 상인들은 시장활성화 의지가 약하며, 상인 간의 단합이 잘 되지 않는 것 같다. 이를 개선하기 위해서는 상인대학과 같은 체계적인 상인교육이나 단기적인 맞춤형 상인교육을 실시할 필요가 있다.

④ 송라시장에는 단골고객이 많은 편이다. 따라서 쿠폰제, 마일리지 카드제 등을 통해 단골고객 관리 프로그램을 개발, 운영해야 할 것이다.

1) 서대구시장

(1) 시장 일반현황

서대구시장은 상설·종합·공동시장으로 대구시 달서구 두류1동에 위치해 있으며 지하철 2호선과 다수의 노선버스가 지나간다. 반경 1km 내에 주택단지와 빌라, 그리고 고층 아파트가 있고 인근에 중·대형 병원이 다수 있으며 학교도 4개나 있다. 동일 상권 내에는 A마트, 한진마트, 제이유마트, 탑마트가 있으며 5분 거리에 농협공판장이 있다. 서대구시장의 주변 환경을 살펴보면 아래 〈그림 4-20〉과 같다.

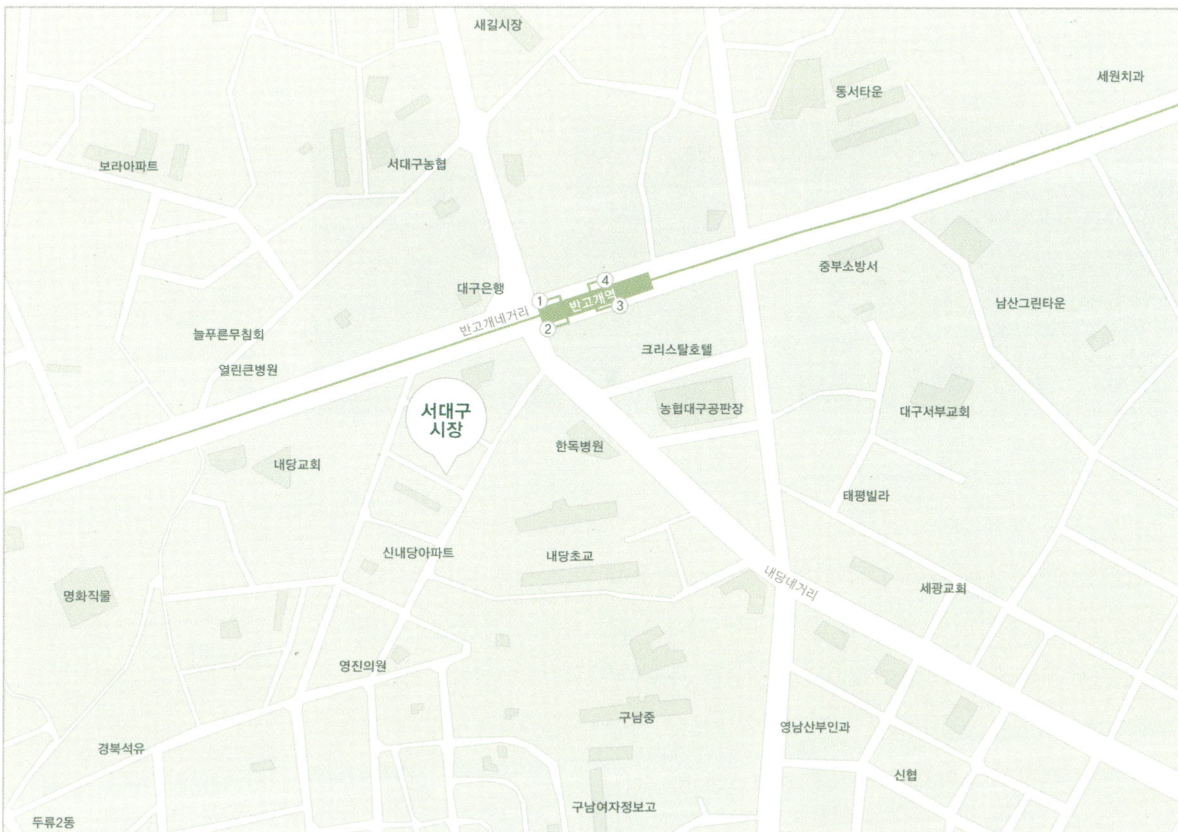

〈그림 4-20〉 서대구시장 주변 환경

❶_서대구시장 입구 간판
❷_시장 진입로

(2) 점포, 시설 및 환경

가. 점포 현황

서대구시장은 100여 개의 점포와 10여 개의 노점으로 구성되어 있으며, 점포 입점률은 60% 정도로 상당수의 점포들이 비어 있거나 영업을 중단한 상태이다. 주요 취급품목은 식료품과 의류인데, 시장 입구에는 주로 식당이, 중간 지점에는 식품·의류점이, 뒤쪽에는 과일점이 위치해 있다.

❶_서대구시장 내 점포들
❷_어두운 시장 통로

나. 시설 및 주변 환경

서대구시장은 반월당에서 성서 방향으로 진행하다 반고개네거리에서 명덕역 방향으로 좌회전하면 바로 우측 길 안쪽에 있다. 시장 자체 주차시설은 없고 시장 입구와 뒤쪽에 각 15대와 40대 정도 수용 가능한 유료주차장이 있으며, 두류공원 방향에 두류공설주차장이 있다. 대부분의 시설은 관리 및 정비가 제대로 되지 않아 크게 노후화된 상태이고 공중화장실, 비가림시설과 같은 기본적인 시설조차 없는 실정이다.

(3) 서대구시장의 상인과 이용객

가. 상인(회)

서대구시장에는 상인회가 있기는 하나 주도적으로 상인들의 의견을 수렴하고 구성원 화합 및 시장 발전을 위해 활동하지는 않고 있다. 즉 현대화 사업을 논의해 나갈 주체가 없다고 말해도 과언이 아니라는 것이다. 때문에 낙후된 시설을 정비하고 편의시설을 확충하는 등의 현대화 사업이 필요함에도 불구하고 현재 진행되고 있는 것은 아무것도 없다. 2005년 서구청이 시장에 대한 하수도 증설 및 일부 현대화 사업을 추진하려 하였지만 일부 상인들의 반대로 무산된바 있다.

나. 이용객 특성 및 평가

서대구시장은 성당동과 반고개 주변의 주민들이 이용하는 근린생활형 시장이다. 그러나 인근에 있는 홈플러스와 대명시장 등에 비해 경쟁력이 떨어져 서대구시장을 이용하는 주민들의 수는 점점 줄어들고 있는 실정이다. 보통 40대 이상의 장년층 주부들이 시장을 많이 이용하며, 단골 거래가 많다. 이들은 주로 반찬거리나 축산물을 많이 구매하며, 평균 구매액은 1만 원 미만으로 조사되었다. 오후 4~6시 사이에 이용객들이 가장 많은 것으로 나타났다.

(4) 서대구시장의 문제점과 활성화 방안

가. 문제점

① 서대구시장에는 고객편의시설이 전혀 없으며 주·보조진입로가 제대로 정비되어 있지 않아 고객들이 이동하는 데 불편을 준다.

② 2007년 경북대 지역시장연구소 조사에 의하면 서대구시장의 경우 상품의 다양성 및 품질에 대한 소비자 만족도가 비교적 낮은 것으로 나타났다. 상인들의 친절도도 떨어진다는 것이 소비자들의 일반적인 평가이다.

③ 시장 자체에는 주차장이 없고, 인근에 유료주차장이 있지만 대부분의 소비자들이 모르고 있다.

나. 활성화 방안

① 서대구시장이 상품 거래의 장소로뿐만 아니라 지역 커뮤니티의 중심지로서 그 역할을 할 수 있도록 제반 여건을 조성해야 할 것이다. 이를 위해서는 우선 시장 상인들의 의견을 취합하고 시장 개발 계획에 대해 관련 기관들과 협의할 수

있는 강력한 상인회로의 육성이 시급하다고 본다.

② 서구청과의 협의를 통하여 낙후된 기반 시설의 개·보수 및 편의시설 설치 등의 시설현대화 사업이 추진되어야 할 것이다.

③ 상인들을 대상으로 한 의식 및 친절서비스 교육이 하루빨리 이루어져야 하며, 시장 상인들의 적극적인 참여를 유도할 수 있는 교육 프로그램 개발도 필요하다.

2) 원대시장

(1) 시장 일반현황

서구 원대3가에 있는 원대시장은 1956년 공설시장으로 설립되었으며, 1976년 3월 24일 시장으로 등록되었다. 현재의 원대시장은 1968년 9월 합자회사 형태의 새로운 원대신시장이 바로 옆에 들어섬에 따라 원대구시장이라고도 불린다. 주변에는 원대신시장, 팔달시장, 이마트 비산점 등이 있으며, 반경 1km 이내에 많은 아파트(반도, 수정, 노원드림뷰, 태왕리더스 등)와 주택단지가 있다. 원대시장의 개황과 주변 환경을 살펴보면 〈표 4-12〉, 〈그림 4-21〉과 같다.

〈표 4-12〉 원대시장 개황

시장명	원대시장	소재지	서구 원대3가 1223-13
개설 연도	1976년	경쟁력	E등급(2008년 평가)
점포 수	43(41+2)개	상인회장	
시장구분	등록 · 상설 · 종합 · 공동시장, 소형시장, 상가주택복합형 시장		
비고	매우 한산한 편이며 현대화 사업 실적이 전무한 시장임		

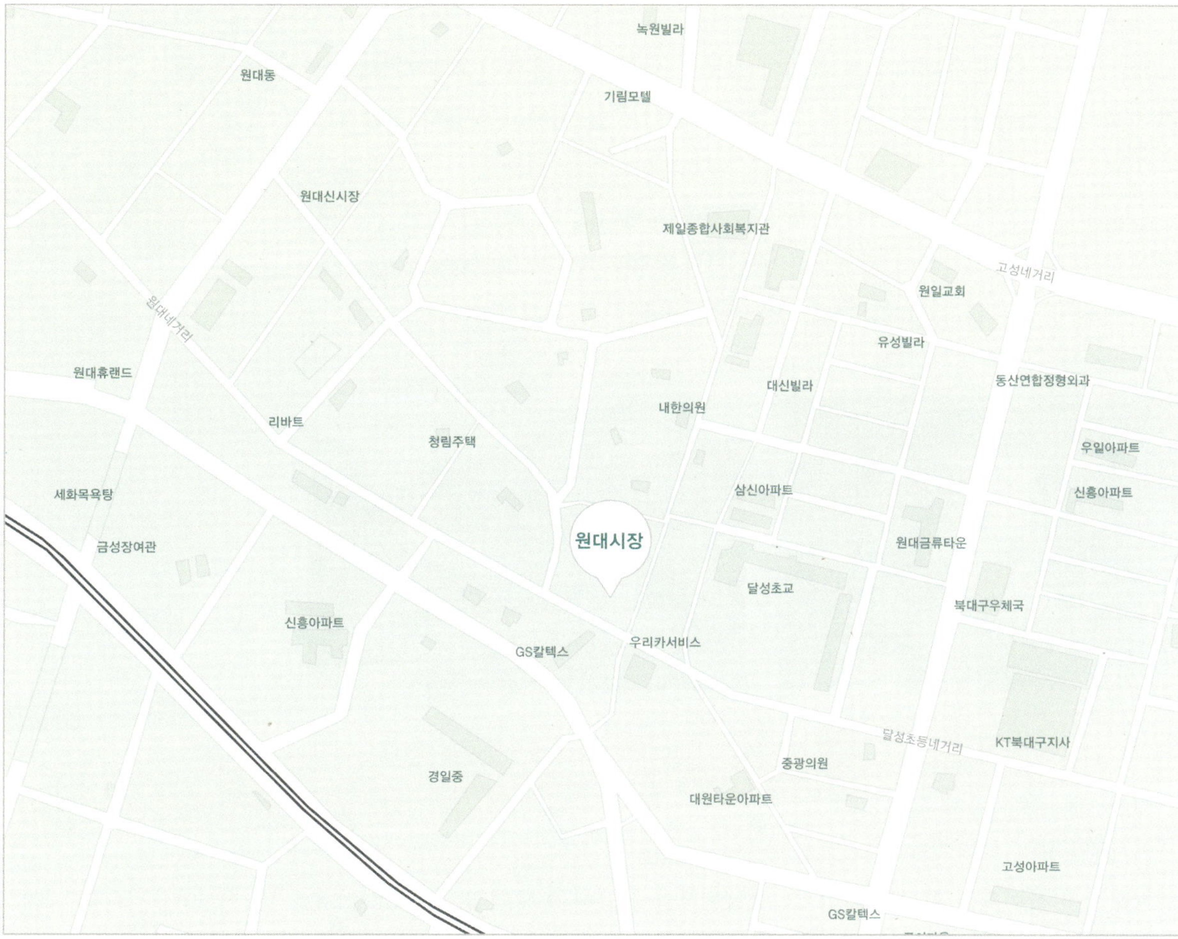

〈그림 4-21〉 원대시장 주변 환경

❶	❷

❶_많이 노후화된 원대시장
❷_방치된 건축물

(2) 점포, 시설 및 환경

2009년 5월 현재 원대시장은 41개의 점포로 이루어진 상가건물형 시장이다. 취급 품목은 청과물, 정육, 건어물, 떡 등 식료품이 주를 이루고 의류와 신발점도 있다.

시설현황을 보면 공중화장실과 상인회 사무실은 있으나 공영주차장, 고객휴게실 등의 고객편의시설이 전무하다. 주·보조진입로, 배수시설 등의 기반 시설이 정비되어 있지 않고 실외등 또한 없는 실정이다.

❶_원대시장의 좁은 통로
❷_혼잡스러운 시장 환경

(3) 원대시장의 상인과 이용객

가. 상인(회)

원대시장 상인회는 사무실이 있으나 상근 직원이 없어 대체로 문이 잠겨 있다. 상인들의 의견을 조정하고 시장 공동사업을 이끌어 나갈 주체가 불분명하여 노후 시설 개·보수와 같은 현안을 해결하지 못하고 있다.

나. 이용객 특성 및 평가

시장 이용객들은 거의 찾아볼 수 없을 정도로 극소수다. 시장 내 방앗간이나 떡집 이용객들이 전부라 할 수 있다. 주 고객층은 인근에 사는 40~50대의 주부들이며, 이들의 평균 구매 금액은 1만 원대 미만인 것으로 나타났다.

(4) 1983년과 2007년의 비교

가. 점포, 시설 및 환경

대지 2,013㎡, 건평 1,419㎡의 원대시장은 처음 등록되던 시점(1976년)에는 점포 수가 133개나 되었으나 1983년에는 42개로 감소했고, 노점상이 없는 소형시장이 되었다. 주요 취급 품목 면에서는 다른 시장과 크게 다를 바 없으며, 주변에 원대신시장, 팔달시장과 청과물시장, 제 2번개시장 등의 대두로 그 장세가 점점 약화되고 있다.

고객편의시설은 1983년이나 2007년이 거의 같은데, 다만 기본시설인 전기, 배수시설의 경우 1983년에는 비교적 관리가 잘 된 편이었으나 그 이후 재정비되거나 신설되지 않아 오늘날에 와서는 크게 노후화된 상태다.

나. 시장 이용객

1983년 당시의 원대시장 이용객은 20~40대의 주부들이 대부분이었다. 2007년 현재 시장 이용객은 상품을 구매하려는 사람들보다는 다른 곳으로 이동하는 사람들이 대부분이다. 또한 구매자들은 40~50대 주부가 주를 이루고 있으며 간간이 60~70대 노인들도 보인다.

2007년 현재 원대시장에서는 20~30대 소비자들을 거의 찾아볼 수 없는데, 이는 비교적 젊은 층 고객들이 방문하던 1983년과 대조를 이룬다. 현재의 고객은 오래전부터 거래해 왔으며 시간의 흐름에 따라 연령대가 높아진 단골들이라 하겠다.

(5) 원대시장의 문제점과 활성화 방안

가. 문제점

① 시장 시설 및 건물들이 크게 노후화되었고 외관상으로도 좋지 않다. 또한 구획정리가 되어 있지 않고 노점이 난립해 통행에 불편을 주고 있다.

② 상품의 위생관리가 제대로 이루어지지 않고 있으며, 시장에 대한 소비자의 인식 또한 좋지 않다.

③ 가격 표시제나 원산지표시제가 제대로 이루어지지 않고 있어 소비자들의 제품 신뢰도를 떨어뜨리고 있다.

나. 활성화 방안

① 낙후된 시설을 재정비하고 고객편의시설(특히 주차시설)을 확충해야 할 것이다. 2007 년 원대시장 소비자 조사 결과에 의하면, 응답자들이 제품 가격이나 품질에 대해서는 만족하고 있으나 시설상태, 위생상태, 주차시설 등 기반 시설들에 대해서는 불만족하고 있기 때문이다.

② 상인의식교육이 요구된다. 특히 제품 및 제품관리, 위생, 친절서비스 등에 관한 교육이 필요하다고 본다. 그리고 가격 정찰제, 원산지표시제 등을 실시해 소비자들의 신뢰도를 향상시켜야 하고, 또 이를 위한 표준화된 가격·원산지 표시도구를 개발, 사용해야 한다.

③ 젊은 소비자들을 유인하기 위한 마케팅 홍보 전략이 요구된다. 원대시장 이용객의 지속적인 감소현상은 기존 이용객의 노령화 및 거주지 이전도 그 원인일 수 있으나 그보다는 신규 고객 유입을 위한 상인들의 노력 부족이 더 큰 원인이다. 따라서 젊은 층 소비자들을 시장으로 유인하기 위한 상인들의 적극적인 노력이 요구된다 하겠다.

3) 원대신시장

(1) 시장 일반현황

1968년에 개설된 원대신시장은 원대오거리에서 북비산네거리 방향 약 180m 지점에 위치해 있다. 주변에는 원대가구골목 등 상점가와 주택들이 있다. 그리고 중소형마트인 홈마트와 대형마트인 홈플러스가 2km 정도 떨어져 있는데 이들이 시장에 미치는 영향은 미미하다. 원대신시장의 개황과 주변 환경은 아래 〈표 4-13〉, 〈그림 4-22〉와 같다.

〈표 4-13〉 원대신시장 개황

시장명	원대신시장	소재지	서구 원대3가 1434-4
개설 연도	1968년	경쟁력	C등급(2008년 평가)
점포 수	73(56+17)개	상인회장	우명현(053-358-5037)
시장구분	등록 · 상설 · 종합 · 공동시장, 소형시장, 상가주택복합형시장		
비고	시장활성화 사업과 상인교육이 이루어졌고 비교적 활기가 넘치는 시장임		

〈그림 4-22〉 원대신시장 주변 환경

❶	❷

❶_원대신시장 입구
❷_현대화된 시장 내부

(2) 점포, 시설 및 환경

가. 점포현황

원대신시장은 56개의 점포를 가진 소형시장으로, 입점률은 96%이며 점포 대부분이 소규모이다. 원대신시장은 식당, 정육, 식료품, 의류, 잡화, 철물, 침구류 등이 주요 품목인데 특히 과일·채소류, 곡물이 많다.

나. 시설 및 주변 환경

시장 안내 표지판 설치, 공중화장실 개·보수, 아케이드 설치, 바닥정비, 점포 간판 설치 등의 사업을 마무리했다. 이러한 사업들이 이루어짐으로써 시장 이용객들이 편하게 쇼핑할 수 있게 되었고 시장 이미지도 좋아졌다. 그러나 상가건물의 외벽이 노후되어 시장 이미지에 흠이 되고 있으며, 화장실 안내 표지판이 없고, 계단 및 통로가 좁아 이용객들이 다소 불편함을 느끼고 있다. 버스정류장이 인접해 있어 대중교통을 이용하는 데는 편리하나, 자전거 보관대가 없어 자전거 이용객에게는 불편을 준다. 시장 인근에 팔달신시장과 원대시장이 있다.

❶_원대신시장 화장실
❷_통일된 상점 간판

(3) 원대신시장의 상인과 이용객

가. 상인(회)

원대신시장에서는 2006년에 아케이드를 설치하고, 시장 통로를 정비하였다. 그 이후 '바닥에 표시된 상품진열선을 넘지 않는다'는 규칙을 잘 지키고 있으며 노점상과도 상생관계를 잘 유지하고 있는 편이다. 다만 시장 내부 노점들의 판매대를 통일시켰으면 하는 아쉬움이 있다. 원대신시장 상인회 사무실에는 상근 직원이 1명 있으며 총 54명의 상인 중 52명(가입률 : 96.3%)이 상인회에 가입해 있다. 회비는 월 5,000원이다.

나. 이용객 특성 및 평가

원대신시장은 원대오거리 일원의 주민들이 많이 이용하고 있으며, 주 고객은 30~40대 주부들이다. 이들은 반찬거리 위주의 식자재, 청과물 등을 주로 구매하고, 오후 3시에서 5시 사이에 가장 많이 방문하며, 1회 평균 1~2만 원대의 상품을 구매하는 것으로 조사되었다.

〈그림 4-23〉 이용객의 원대신시장 속성평가에 의하면 구매강요와 가격수준에서 가장 높은 만족도를 보이며 상품다양성과 품질수준이 그 뒤를 따르고 있다. 반면 편의시설 만족도가 가장 낮고, 주차시설, 안전시설 만족도도 비교적 낮은 것으로 나타나 있다.

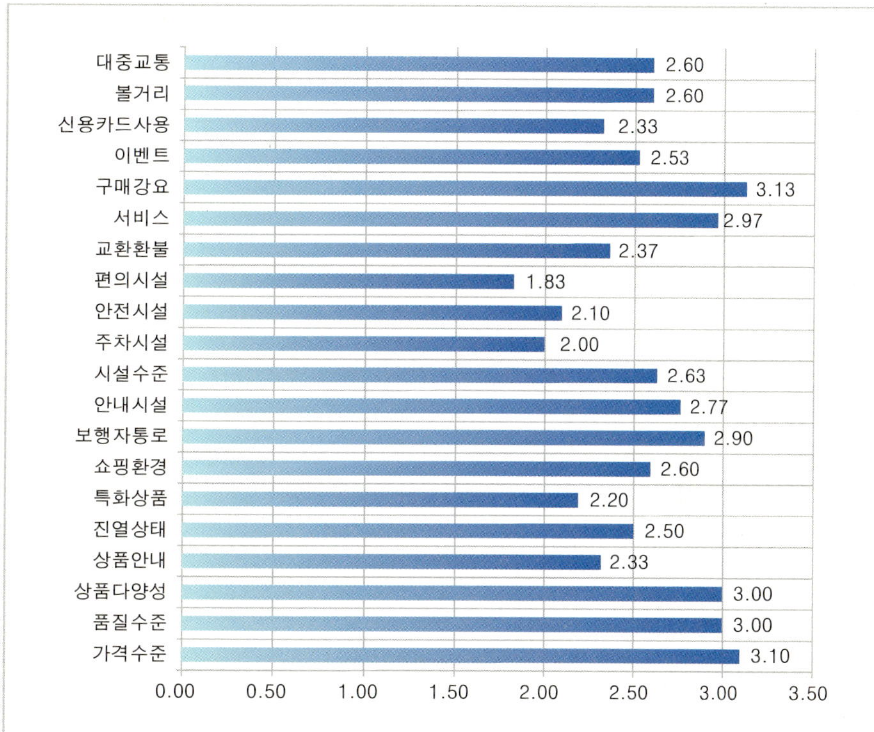

단위 : 점

〈그림 4-23〉 원대시장 속성에 대한 이용객들의 평가

주) 숫자가 클수록 만족도가 높음을 의미함

(4) 원대신시장의 문제점과 활성화 방안

가. 문제점

① 시설·환경상의 문제점

소비자는 쇼핑 장소를 선정하는 데 있어 주차장, 화장실 등의 편의시설을 매우 중요시한다. 원대신시장의 경우 주차장이 없어 도로 주차 시 불법주차로 단속되므로 소비자가 원대신시장을 다시 찾지 않는 원인이 되고 있다. 뿐만 아니라 불편한 화장실 진입통로, 노후화된 건물 및 시설, 위생상태 불량 등의 문제가 하루빨리 개선되어야 할 것이다.

② 운영·관리상의 문제점

가격 표시제가 아직 정착되지 않고 있다. 많은 점포에서 가격을 표시하지 않고 있으며, 일부에서 가격 표시를 하고 있어도 형식적인 것으로 보인다. 즉 주로 상인과 소비자의 흥정에 의해 거래되고 있다.

시장홍보 및 판촉활동이 부족하다. 시장 안내 간판 설치, 점포간판의 통일, 바닥정비 등의 사업으로 시장 환경은 많이 개선되었다. 그러나 시장홍보활동과 할인 판매 및 경품행사 등의 판촉활동이 부족한 상태다.

신용카드 거래가 확산되고 있으나 아직 미흡한 수준이다. 원대신시장에서 전통시장 상품권을 이용할 수 있음에도 불구하고 홍보 부족으로 실제로는 크게 사용되지 않고 있다.

나. 활성화 방안

① 원대신시장은 무엇보다도 주차공간을 확보해야 할 것이다. 현재 많은 시장 이용객들이 주변 골목길에 주차하거나 멀리 떨어진 유료주차장을 이용하고 있다.

② 상인회에서는 고객유치를 위해 공동 경품행사·세일, 직거래장터 등과 같은 공동마케팅 활동을 보다 적극적으로 전개해 나가야 할 것이다.

③ 카드사 제휴를 통한 전통시장카드 개발·통용과 신용카드 사용의 확대가 필요하다.

④ 상인교육활동을 강화시켜야 한다. 시설현대화 못지않게 중요한 것이 바로 경영현대화, 특히 상인의식 및 지식수준의 고양을 위한 상인교육이기 때문이다.

4) 신평리시장

(1) 시장 일반현황

1980년에 개설된 신평리시장은 서구 평리4동, 서구청 맞은편에 있으며, 그 길이가 약 300m 정도 된다. 주변에 관공서와 주택단지가 있어 유동인구가 많으며 상권이 매우 좋다. 더구나 시장과 인접한 대단위 아파트단지가 완공을 앞두고 있어 앞으로도 상권은 더욱 좋아질 것으로 예상된다. 대백마트가 약 300m, 홈플러스가 1.2km 정도 떨어진 곳에 있다. 신평리시장의 주변 환경과 개황을 살펴보면 아래 〈그림 4-24〉, 〈표 4-14〉와 같다.

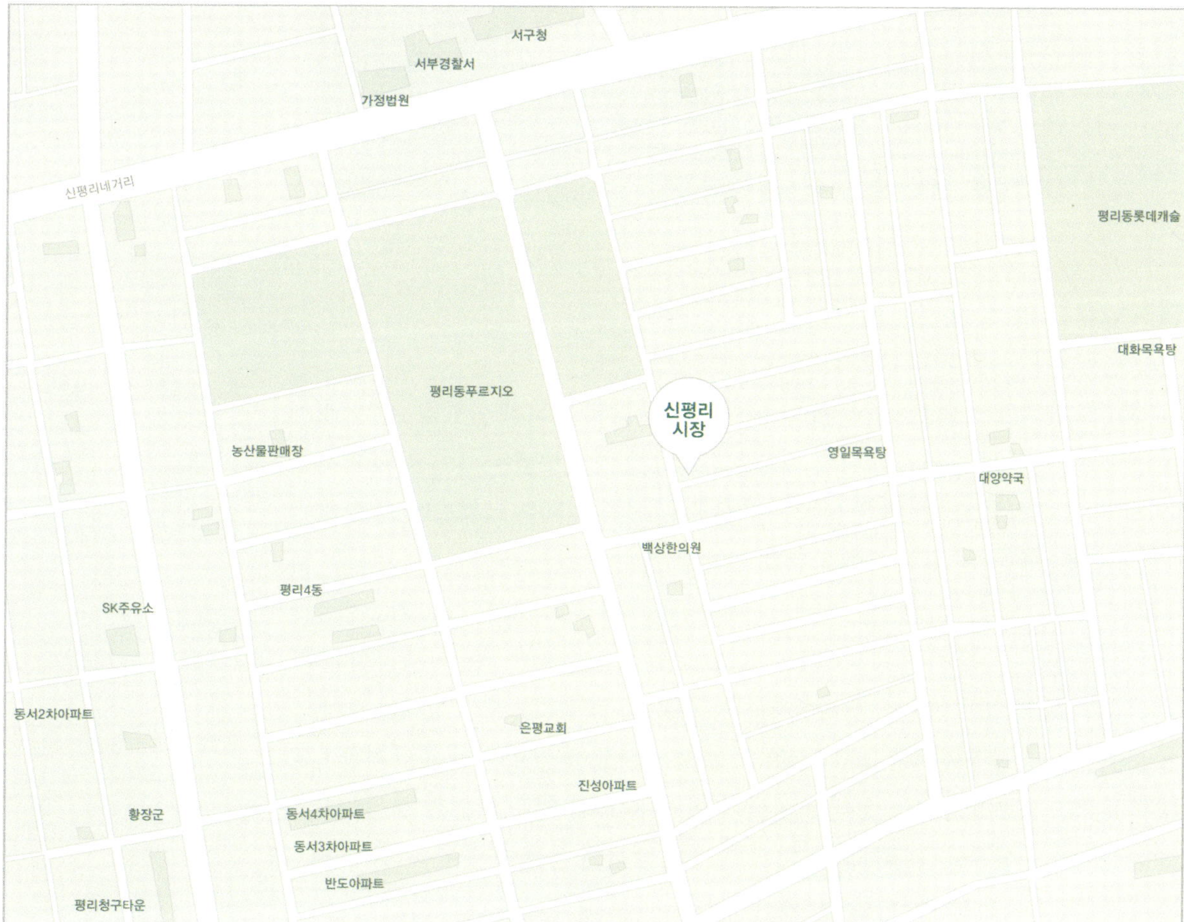

〈그림 4-24〉 신평리시장 주변 환경

〈표 4-14〉 신평리시장 개황

시장명	신평리시장	소재지	서구 평리4동 1205
개설 연도	1980년	경쟁력	D등급(2008년 평가)
점포 수	197(147+50)개	상인회장	손준배(053-566-6278)
시장구분	등록 · 상설 · 종합 · 공동시장, 중형시장, 상가주택복합형 시장		
비고	시장현대화 사업이 전무하나 2010년에 비가림시설이 들어설 예정임		

❶_신평리시장 입간판
❷_시장 입구 진입로

(2) 점포, 시설 및 환경

가. 점포현황

신평리시장은 147개의 점포와 50여 개의 노점으로 이루어져 있으며, 인근 대단지 아파트 공사로 노점상이 크게 증가한 상태다. 147개 점포는 자기 소유 점포 100개, 임차점포 37개, 빈 점포 10개로 구성된다. 시장 내에는 의류점이 가장 많으며 잡곡류, 채소·청과류, 잡화류 등도 있다.

나. 시설 및 주변 환경

시설현대화 사업이 전무한 상태여서 시장 이용객이 느끼는 시설 상태는 80년대 수준이다. 화장실의 경우 2007년에 개·보수 공사를 하였으나 안내 표지판이 없어 시장을 처음 방문하는 고객들은 찾기 어렵다. 또한 일부 상인과 노점상이 보행 통로까지 상품을 진열하고 있어 시장 이용객들이 통행에 불편을 겪는다. 2008년에 전기시설 보수공사를 실시한 바 있다.

❶_신평리시장 노점
❷_시장 내 상가
❸_현대식 화장실
❹_시장 내 점포

3) 신평리시장의 상인과 이용객

가. 상인(회)

신평리시장 상인회는 지난 1980년에 '신평리시장번영회'라는 이름으로 조직되었다. 가입대상 상인 137명 중 60명이 가입해 있으며 월 회비는 15,000원이다. 상인회 가입률이 타 시장에 비해 크게 저조한 수준인데, 이는 상인들 간의 협조에 어려움이 있는 것으로 해석되며, 앞으로 시장활성화 사업을 추진해 나가는데 많은 난제가 있을 것으로 예상된다.

한편 시장 간판이 시장 입구에서 약간 떨어진 대로변에 설치되어 있어 정작 시장에 들어서면 어디부터 어디까지 시장인지 그 경계가 모호하다. 조만간 시장 인근에 대단지 아파트가 들어서면 상주인구가 크게 증가할 것으로 예상되는데, 상인회는 앞으로 늘어날 이용객들의 요구에 부응할 수 있도록 하루빨리 변화해 나가야 할 것이다.

나. 이용객 특성 및 평가

신평리시장은 서구청과 마주 보고 있으며 대형마트가 멀리 떨어져 있어 다른 지역보다 인근주민들의 시장 이용이 많은 편이다. 2009년 2월 현재 이루어지고 있는 평리 푸르지오 아파트(구 평리주공아파트)의 재개발 건축공사로 인해 소비자들에게 다소 불편이 있음에도 불구하고 이용객이 크게 줄지 않은 상태다.

시장을 이용하는 주 연령대는 30~50대의 주부들이며, 오후 3시에서 6시 사이에 가장 많은 사람들이 찾는다. 이들은 의류, 반찬거리 위주의 식자재를 주로 구매하며, 1회 방문 시 평균 1~2만 원 정도의 상품을 구매하는 것으로 조사되었다.

(4) 살 거리, 먹을거리, 볼거리

신평리시장에서는 없는 게 없을 정도로 다양한 종류의 상품을 구매할 수 있는데, 그중에서도 의류, 악세사리 등이 눈에 가장 많이 띈다. 시장 내부에는 '정박사 전통 영주김밥'을 중심으로 한 맛집들이 밀집되어 있으며, 맛과 서비스가 좋아 즐겨 찾는 사람들이 많다. 또한 주변 대학교나 사무실, 교회 등에서도 단체행사용 먹을거리를 장만하기 위해 이곳을 자주 찾는다고 한다.

청바지 리폼을 전문으로 하는 '백구의류'도 유명하다. 이 상점은 특이한 디자인 및 박음질 기술로 이름나 있으며 연예인이나 자신만의 바지를 입고 싶어 하는 소비자들에게 큰 인기를 끌고 있다고 한다. 이러한 유명세를 바탕으로 전국방송이나 신문에 자주 소개되었고 지금은 어엿한 신평리시장의 명물로 자리 잡았다.

❶_신평리시장 명물–김밥(집)
❷_유명 청바지 리폼 전문점 –백구의류

(5) 신평리시장의 문제점과 활성화 방안

가. 문제점

① 신평리시장은 비가림시설이 없어 천막과 파라솔을 이용하고 있다. 이는 미관상으로도 좋지 않지만 눈, 비가 올 때 제 기능을 하지 못해 시장 이용객의 쇼핑에 불편을 주고 있다.

② 신평리시장에는 주차장 안내간판이 없으며 주차공간이 매우 협소하다. 또 노점상은 물론 일부 상인들마저 시장 이용객들의 통행에 불편을 주고 있다.

③ 식품의 진열상태가 좋지 않다. 반찬류, 미곡류가 먼지에 노출된 채 손님을 기다리고 있어 위생적으로나 미관상으로 좋지 않아 보인다.

④ 가격 정찰제, 원산지 표시제가 거의 지켜지지 않고 있는 실정이다.

나. 활성화 방안

① 상인회 정비 및 활성화가 요구된다. 현재 시장 상인회의 가입률이 43.8%에 불과해 시장 변화에 대한 상인 전체의 의견을 이끌어 내기 매우 어려운 상태다. 따라서 강력한 리더십을 가진 상인지도자가 나와 상인회 미가입 상인들과 노점상들을 적극적으로 설득시켜 상인회에 가입토록 해야 할 것이다.

② 신평리시장은 시설현대화 사업이 크게 요구되는 시장이다. 무엇보다 시장 입구 간판 및 아케이드 시설과 주차장 및 자전거 보관대 시설이 시급하며, 또 노후화된 상가건물도 개·보수해야 할 것이다.

③ 노점 및 상점 정비가 요구된다. 2009년 현재 노점과 상점이 정비되지 않아 시장 이용객의 통행에 불편을 주고 있다. 보행통로 확보를 위해 상품진열 제한선을 긋고 그 이상 침범하지 못하도록 하는 방안을 강구해야 할 것이다.

④ 기본적인 고객편의시설 확보 및 정비가 필요하다. 화장실의 경우 안내판이 없어 시장 이용객들에게 불편을 주고 있다. 따라서 이용객들이 화장실을 쉽게 찾아갈 수 있도록 안내판 설치를 서둘러야 하겠다.

4. 남구 전통시장

1) 관문시장

(1) 시장 일반현황

관문시장은 현풍, 구지 등에서 대구로 들어오는 관문에 있는 시장으로 시장 이름에 걸맞게 많은 교통편이 집중되어 있다. 특히 지하철과 많은 노선버스들이 통과하며, 서부버스터미널이 인접해 있다. 비교적 규모가 큰 중형시장이면서 상가건물형 소매시장이다. 바로 옆에 관문상가시장이 있고, 1.5km 떨어진 곳에 홈플러스 대명점이 있으며 시장주변에 많은 상가건물들이 밀집해 있다. 관문시장의 개황과 주변 환경을 살펴보면 아래 〈표 4-15〉, 〈그림 4-25〉와 같다.

〈표 4-15〉 관문시장 개황

시장명	관문시장	소재지	남구 대명동 1160
개설 연도	1972년	경쟁력	E등급(2008년 평가)
점포 수	172(172+0)개	상인회장	홍점출
시장구분	등록 · 상설 · 종합 · 공동시장, 중형시장, 상가건물형 시장		
비고	관문상가와 함께 60억 원 이상의 자금이 투입되어 시장 환경이 크게 개선되었음		

〈그림 4-25〉 관문시장 주변 환경

❶_관문상가 입구
❷_말끔한 시장 내부

(2) 점포, 시설 및 환경

가. 점포현황

관문시장은 170여 개의 점포를 가진, 대구 서남부 지역에서 가장 큰 시장이다. 즉 칠성시장 같은 도매시장을 제외한 소매시장으로는 대구에서 1, 2위를 다툴 정도로 그 규모가 크다. 상가번영회에 의하면 점포 입점률은 거의 100%에 이른다고 말하나, 조사결과 5~6개 점포는 문이 닫혀 있었다.

노점(상) 관리상황을 보면, 일정 지역의 경우 바닥에 선을 그어 놓고 그 곳에 허가번호를 부여하여 관리하고 있다. 그러나 나머지 노점에 대해서는 관리가 제대로 이루어지지 않고 있는 상태다.

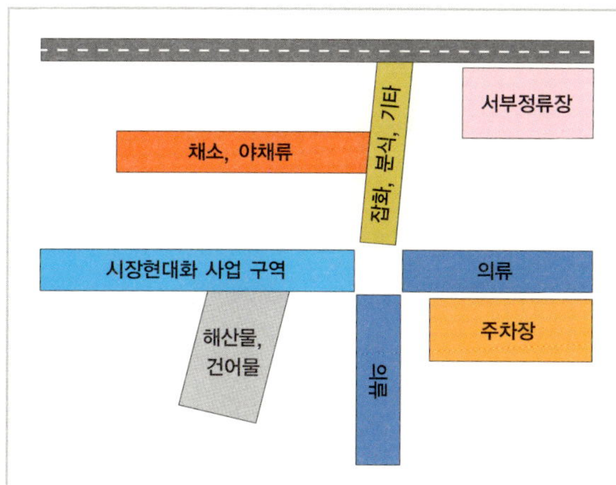

❶_관문시장 입간판
❷_관문시장 업종 배치도

나. 시설 및 주변 환경

시설현대화 자금 21억 원이 투입된 시장공영주차장은 63대의 주차가 가능하며 시장번영회에 의해 운영되고 있다. 주차장 이용요금은 최초 1시간에 300원이며, 하루 요금이 3,000원을 넘지 않는다. 시장 점포들의 물품이동을 위해 3~4개의 주차공간은 항상 비워 두고 있으며, 대부분 상인과 주민들이 이용하여 실제 시장 이용객들이 이용하는 것은 전체 주차공간의 30% 정도에 불과하다고 한다.

한편 관문시장은 2008년 말까지 58여억 원의 자금을 지원받아 많은 변화를 이루어 냈는데 그 구체적 내용을 보면 다음과 같다. 주차장, 진입로, 소방도로, 고객지원센터, 캐노피 등의 설치와 장옥 개·보수, 건물 리모델링, 내·외부 도색, 바닥 보수, 거리정비, 홍보·상징 조형물 설치, 시장 입구 표식 아치 설치 등이다.

관문시장은 아케이드를 설치함으로써 여름에 시원하고 겨울에 따뜻하며 우천 시 비도 피할 수 있게 되었다. 게다가 상가번영회가 일부의 노점을 직접 관리함으로써 시장 전체가 깨끗해졌다.

❶_시설현대화사업 미실시 지역
❷_관문시장 주차장

(3) 관문시장의 상인과 이용객

가. 상인(회)

관문시장 상인회에는 점포 상인들 100%가 가입해 있다. 그러나 현대화 사업 미실시 지역의 일부 점포 상인과 노점상들은 상인회에 가입되지 않는 상태다. 상인회가 주차장 설치 등 많은 성과를 이루어 냈지만, 상인들의 단결이나 화합은 시장 내부와 외부 간에 차이가 크다.

상인회 주도의 공동마케팅이나 이벤트는 전무한 상태이며, 카드 사용 및 원산지 표시 등이 많이 이루어지지 않고 있고 상인들의 서비스 개선 의지도 약해 보인다.

나. 이용객 특성 및 평가

관문시장은 서부정류장을 중심으로 남구와 달서구 주민들이 많이 이용하며,

80년대부터 수산물로 유명하다. 주 고객층은 30~50대의 주부와 주변 식당업자들이며, 오후 4~6시에 가장 많이 몰린다. 일반 이용객들의 경우 반찬거리, 수산물, 잡화 등을 주로 구매하며, 이들의 평균 구매 금액은 2~3만 원대인 것으로 조사되었다.

〈그림 4-26〉에서 이용객들의 관문시장에 대한 평가를 보면 전반적으로 만족하고 있으며 그중 대중교통에 대한 만족도가 가장 높고, 편의시설에 대한 만족도는 가장 낮은 것으로 나타나 있다.

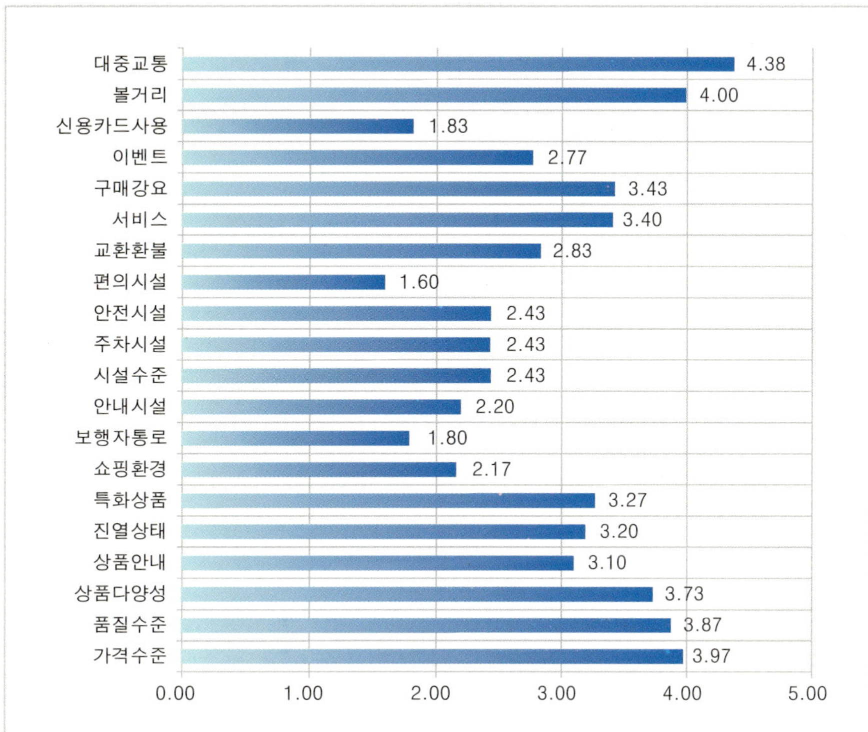

단위 : 점

〈그림 4-26〉 관문시장 속성에 대한 이용객들의 평가

주) 숫자가 클수록 만족도가 높음을 의미함

(4) 살 거리, 먹을거리, 볼거리

관문시장은 남·서구의 교통 요충지다. 즉 다수의 시내버스가 관문시장을 통과하며 또 지하철 1호선 서부정류장역도 있어 남·서구민들이 쉽게 찾는 시장이다. 게다가 새벽 일찍 들어오는 싱싱한 야채와 과일, 소·닭·돼지고기, 그리고 매일 직접 짜는 참기름의 진한 맛과 가격은 인근의 대형마트보다 경쟁우위에 있다고 본다.

관문시장에는 골라먹는 재미도 있다. 관문시장의 자랑거리인 돼지국밥에서부터 분식, 한식, 회, 족발, 죽에 이르기까지 식성대로 골라 먹을 수 있기 때문이다. 시장과 붙어 있는 서부정류장 이용객들도 허기진 배를 채우기 위해 관문시장 분식코너를 많이 이용한다. 여기에다가 즉석에서 만든 두부도 김을 모락모락 내며 손님을 유혹한다. 관문시장에는 개성 있는 분위기를 연출할 수 있는 각종 액세서리와 잡화 화장품 코너가 20여 개나 된다. 이곳의 생활용품 및 귀금속 또한 시내 중심상가의 것에 못지않은 품질 수준이라고 한다.

1_관문시장 살 거리–수산물
2_주요 먹을거리–즉석 손두부

(5) 관문시장의 문제점과 활성화 방안

가. 문제점

① 대금 결제 시에 신용카드는 물론 남구사랑 상품권과 대구사랑 상품권을 사용할 수 있고, 현금영수증도 발급하고 있지만 이 사실을 아는 고객들은 그리 많지 않는 것 같다.

② 주차장, 화장실, 휴식 공간 등의 편의시설이 취약하거나 부족하다.

③ 상가번영회의 통제 밖에 있는 노점상들로 인해 시장 전체 상인들의 의견을 모으는 데 다소 어려움이 따른다. 그리고 점포 앞 노점상의 경우 상인회와 점포 주인에게 자리 사용료를 이중으로 내고 있어 큰 부담이 되고 있다.

④ 가격 정찰제, 원산지표시제가 대체로 지켜지고 있지만 그 표시물이 조잡해 이용객의 신뢰를 얻기에는 다소 부족하다고 본다.

⑤ 온라인 홍보는 물론 각종 매체를 통한 홍보활동이 거의 이루어지지 않고 있다.

나. 활성화 방안

① 가격 및 원산지 표시에 있어서 대형마트처럼 규격화된 표시도구를 제작, 이용해야 하며, 상품정보도 보다 구체적으로 표기해야 한다.

② 젊은 층 이용객이 감소하는 현상을 해결하기 위해 미래의 고객이 될 수 있는 학생들의 현장견학·체험 장소로 관문시장을 활용하는 방법을 강구할 필요가 있다. 물론 유치원생들의 시장 체험프로그램도 개발해야 할 것이다.

③ 관문시장을 고객들에게 확실히 인식(차별화)시킬 수 있는 특징이나 다른 시장에는 없는 차별화 요인이 요구된다. 소매·종합시장의 특성상 제품의 특화는 어려우나, 관문시장의 이름에 어울리는 조형물 설치도 생각해 볼만 하다.

④ CI를 개발해 상품구매 시 CI가 찍힌 봉투나 봉지로 포장해 줌으로써 관문시장의 브랜드 가치를 올리고 시장을 널리 홍보하는 효과를 거둘 수 있다. 그리고 상인들에 대한 친절서비스 교육이 요구되는데 특히 상인들의 눈높이에 맞는 교육 프로그램 개발이 시급하다.

⑤ 시장 외부 및 입구 노점상에 대해 통제가 이루어지지 않아 일반 상인들의 불만을 쌓고 있는데, 이를 해결하기 위한 상인회, 남구청, 노점상인들의 공동노력이 필요하다고 본다.

2) 남문시장

(1) 시장 일반현황

중구 남산1동에 위치한 남문시장은 1933년 공설 대구 남문시장으로 발족하여 지금까지 약 70여 년간 명맥을 유지해 왔다. 입지조건을 살펴보면, 대구시 중심지에서 크게 떨어지지 않는 넓은 도로가에 위치하며, 지하철 1호선과 노선버스들이 많이 지나고 있어 접근성이 매우 좋다.

그러나 상인들 간에 의견이 일치되지 않아 오래전부터 논의 되어온 시장현대화 사업이 전혀 추진되지 못하고 있다. 때문에 시장 전체가 매우 낙후된 상태며 발전가능성도 낮다. 남문시장의 개황과 주변 환경을 살펴보면 〈표 4-16〉, 〈그림 4-27〉과 같다.

〈표 4-16〉 남문시장 개황

시장명	남문시장	소재지	중구 남산동 698-22
개설 연도	1976년	경쟁력	E등급(2008년 평가)
점포 수	356개	상인회장	
시장구분	등록 · 상설 · 종합 · 공동시장, 중형시장, 상가건물형 시장		
비고	시장현대화 사업 실적이 없으며 빈 점포율이 67%나 되는 시장임		

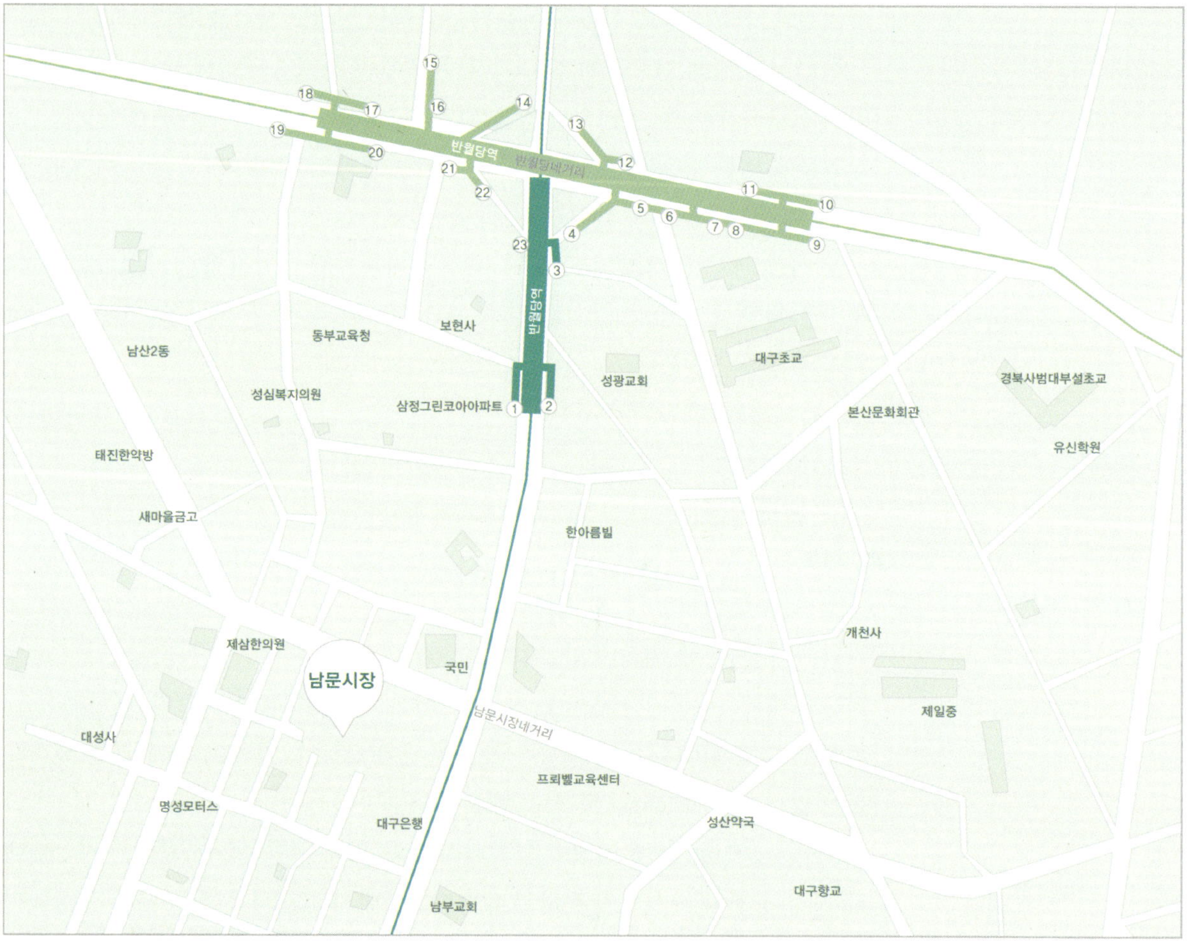

〈그림 4-27〉 남문시장 주변 환경

❶_남문시장 입간판
❷_시장 내의 점포
❸_시장과 인접한 보쌈골목

(2) 점포, 시설 및 환경

가. 점포현황

약 400평 규모의 남문시장은 지상과 지하에 두 개의 주차장이 있고 356개의 점포가 있으며 식료품, 특히 돼지고기, 반찬류를 취급하는 점포들이 많다. 시장 입구에는 보석상, 가방 점 등이 있고 안으로 들어가면 야채 및 과일가게도 있다.

현재 남문시장에는 356개의 점포가 있지만 그중 239개(67%)가 빈 점포일 정도로 시장상권이 크게 침체되어 있으며, 문을 닫으려는 점포주들도 점차 증가하고 있는 추세다.

나. 시설 및 주변 환경

인근에 유료 지하주차장이 하나 있으나 매우 어둡다. 주·보조진입로와 실외 가로등 외에는 아무 시설이 없는 상태다. 오래된 남문아파트와 노후화된 시설물들로 인해 시장 전체가 매우 어두워 보인다. 현대적인 요소는 시장 어디에서도 찾아 볼 수 없다.

❶_남문시장 내 통로
❷_노후화된 건축물
❸_이용하기 힘든 지하주차장

(3) 남문시장의 상인과 이용객

가. 상인(회)

상가번영회가 있기는 하나 유명무실하다. 번영회 사무실은 시장 뒤쪽 건물 통로에 있어 몇 번이고 물어야 찾아갈 수 있을 정도이며, 그나마도 상주직원이 없어 대체로 문이 잠겨 있다. 상인들 간의 의견 조율이 어려워 현대화 사업을 수행하지 못하고 있다. 도로변의 '남문시장'이라는 입간판 하나가 남문시장현대화 사업의 전부라 하겠다.

나. 이용객 특성 및 평가

남문시장은 과거에는 많은 고객들로 시장이 북적거렸지만, 현재는 일부 단골손님들과 인근 주민들만이 시장을 찾고 있을 뿐이다. 보통 40~50대 이상의 중장년층 주부들이 많이 이용하고 있는데, 이들은 반찬거리, 청과물, 음식들을 주로 구매하고 오후 5시에서 7시 사이에 많이 찾는다. 반찬거리를 사러 오는 고객이 전체의 70% 이상을 차지한다.

(4) 1983년과 2007년의 비교

가. 점포, 시설 및 환경

남문시장은 5개 지구로 나누어져 있는데, 그중 1, 2지구는 점포 대부분이 영업을 하고 있으나 3, 4, 5지구는 입점률이 60% 이하이다. 주요 취급 품목은 생필품과 잡화류 등이며, 식당, 빵집 등이 시장 가장자리에 있다. 노점상은 다른 시장에 비해 그 수가 적고 점포 상인과의 마찰도 그리 많지 않다. 그리고 점포 상인 대부분이 점포 소유 상인이며 임대점포는 소수에 불과하다.

한편 1983년 남문시장은 이미 쇠퇴의 길에 접어들어 점포 입점률이 크게 감소한 상태였으며, 2009년 말 현재는 사정이 더욱 나빠져서 전체 356개 중 239개가 빈 점포이다. 시설환경 면을 보면 1983년에는 배수, 수도 등의 기본시설들과 전기 사정은 양호하였고 지구별로 설치된 화장실은 비교적 좋은 상태였다. 그러나 2007년 현재의 경우 많은 시간이 흐르는 동안 정비 및 관리가 제대로 이루어지지 않아 모든 시설들이 크게 노후화된 상태라 하겠다.

나. 시장 이용객

1983년 조사에 의하면 남문시장의 주된 이용객은 대부분 시장 근처 주택에 거주하는 사람들이었고, 30~40대의 여성이 제일 많았다. 그러다 '전국 아이들의 이유식을 책임졌다'는 말이 있을 만큼 이유식으로 잘 알려진 연매시장이 20년 전 남문시장으로 합병되면서 이유식으로 명성이 높아졌다. 그래서 불과 10여 년 전만 해도 전국 곳곳에서 주문이 많이 들어와 상인들은 포장하느라 정신없었다고 한다. 하지만 봉덕시장, 영선시장 등의 형성과 함께 부유층 주민들이 외곽지로 떠나면서 장세가 크게 악화되었다.

2007년 경북대 지역시장연구소 조사에 의하면 시장 방문객은 50~60대 이상이 대부분을 차지하고 있다. 주차시설의 부족과 시장의 쇠퇴, 그리고 시내 중심가 상권 집중현상 등으로 인해 젊은 고객들은 현대식 유통업태인 대형마트나 백화점 등으로 빠져나갔고 현재는 오랫동안 거래관계를 유지해 온 인근 노년 소비자들만이 그나마 남문시장의 명맥을 이어 주고 있는 실정이다.

(5) 남문시장의 문제점과 활성화 방안

가. 문제점

① 시설물들이 많이 낙후되어 있어 외관상으로나 안전상으로 좋지 않음은 물론이고, 제반 편의시설들이 없어 고객들이 시장을 이용하는 데 많은 불편을 겪고 있다.

② 남문시장에는 구획정리가 제대로 되어 있지 않고 지구별 안내도마저 없어 시장 이용객으로서는 어떤 물건을 어디서 사야 할지 알 수 없는 상태다.

③ 쓰레기가 여기저기 널려 있는 등 위생관리가 제대로 이루어지지 않고 있다.

④ 원산지표시와 가격 표시를 하고 있는 점포가 거의 없어 고객 신뢰를 얻지 못하고 있다.

나. 활성화 방안

① 무엇보다도 상인교육이 필요하다. 특히 친절서비스와 판매지식, 상품정보 그리고 위생관리 등에 대한 교육이 이루어져야 할 것이다.

② 주차시설 및 편의시설 확보, 낡은 시설들의 개·보수 등이 시급히 이루어져야 할 것이다.

③ 가격 정찰제, 원산지표시제가 하루빨리 실시되어야 하며, 모든 점포들이 통일된 가격·원산지 표시도구를 사용해야 한다.

④ 남문시장의 가장 큰 장점은 편리한 대중교통이다. 지하철 1호선 명덕역과

1, 2호선 환승역인 반월당역의 중간 지점에 위치하고 있으며 대구시내 거의 전 지역과 연결되는 버스들이 남문시장을 지나가기기 때문이다. 이러한 장점을 활용하여 고객들을 끌어들일 수 있는 방안을 적극적으로 강구해야 할 것이다.

3) 대명시장

(1) 시장 일반현황

1960년까지만 해도 큰 연못이었던 대명시장은 주변에 사람들이 하나둘씩 모여 장사하던 것이 커져 형성된 시장으로, 초기에는 목조 건물이었다. 또한 1972년에 낡은 목조 건물이 철거되고, 슬라브 형태의 석조 건물을 세워 주식회사로 출범하게 되었다. 하지만 시간이 흐름에 따라 당시의 상권이 약화되고 주식회사 형태이던 것이 일반인에게 분양되어 현재의 사설시장으로 바뀌었다. 대명시장에서 2km 거리에 홈플러스 대명점이 있다. 대명시장의 개황과 주변 환경을 살펴보면 아래 〈표 4-17〉, 〈그림 4-28〉과 같다.

〈표 4-17〉 대명시장 개황

시장명	대명시장	소재지	남구 대명동 2276-5
개설 연도	1975년	경쟁력	C등급(2008년 평가)
점포 수	234(194+40)개	상인회장	안기원(053-626-2276)
시장구분	등록 · 상설 · 종합 · 공동시장, 중형시장, 상가건물형 시장		
비고	20억 원이 투입되어 공영주차장(32대), 공중화장실이 마련되었음		

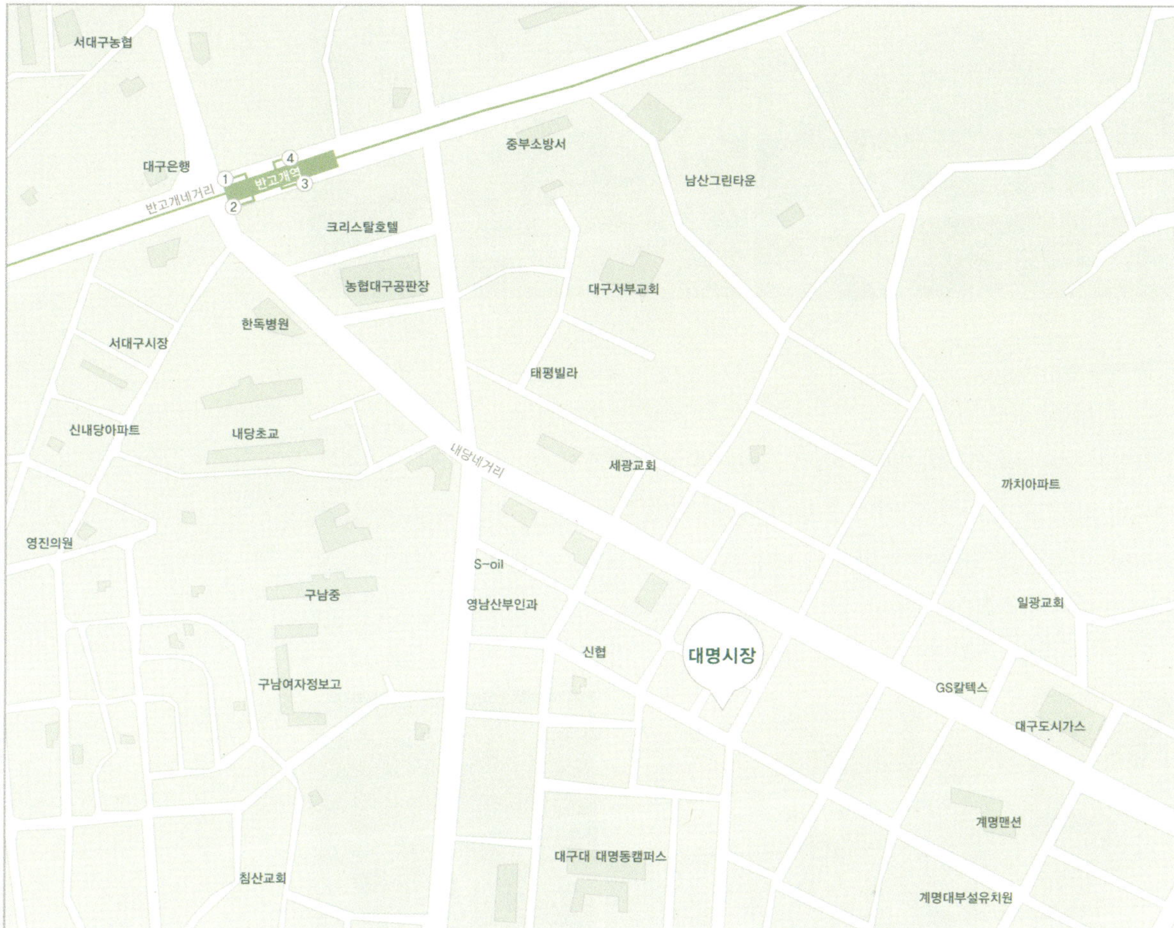

〈그림 4-28〉 대명시장 주변 환경

(2) 점포, 시설 및 환경

가. 점포 현황

대명시장은 190여 개의 점포와 40여 개의 노점으로 구성되어 있다. 2008년 말 현재 점포 입점률이 80% 이하이며 실제 영업 중인 점포는 153개에 불과하다. 상인들은 10년 이상 종사자가 많은 편인데, 매년 10% 정도의 상인이 대명시장을 떠나고 또 그 수만큼 새로운 상인들이 들어오고 있는 실정이다.

❶	❷

❶_대명시장 입구 간판
❷_현대화된 시장 내부

나. 시설 및 주변 환경

대명시장은 2005년 아케이드 설치, 2006년 공영주차장 및 옥상 배수구 설치, 2007년 화장실 및 하수도 정비 등을 통해 현대적인 시장으로 변모해 있으며, 소방시설, 가로등은 최근에 정비되어 매우 양호한 상태다. 시장의 주·보조진입로는 포장되어 있으나 전기배선시설이 노출되어 있다.

❶	❷	❸

❶_대명시장 입간판
❷_깨끗한 공영주차장
❸_좁고 어두운 통로

대명시장은 2005년에 실시된 아케이드 설치사업으로 인해 아케이드가 설치된 부분과 설치되지 않은 부분으로 구분된다.[21] 생업을 일시 중지해야 한다는 이유로 많은 상인들이 아케이드 설치 공사를 반대하였고, 그 결과 일부 찬성 상인들만이 10%의 상인 분담금을 내고, 시장 입구에서 100m 정도까지만 아케이드를 설치하게 되었다.

20 | 전통시장육성법에 의한 현대화 사업은 국비 지원이 50%, 지방자치단체 지원이 40%이며 시장 상인들이 10%를 부담하게 되어 있다.

(3) 대명시장의 상인과 이용객

가. 상인(회)

대명시장에는 상인회가 있지만, 상인들 간의 단합이 잘 되지 않고 있다. 이는 시설현대화 사업에 찬성하는 상인들과 반대하는 상인들 간의 의견조율이 되지 않아 반쪽뿐인 시설현대화를 했다는 사실에서도 익히 알 수 있다. 상인들의 의견조정 및 수렴을 통해 아케이드 미설치 구역에 아케이드를 설치하는 사업이야말로 대명시장 상인회의 최대 과제라 하겠다.

한편 비록 부분적이지만 상인회가 주도하여 시설현대화를 이루어 냈으며 또 상인회에서 주가 되어 지역 주민과 상인들을 대상으로 한 '고객 노래자랑'을 개최하고 있다.

나. 이용객 특성 및 평가

대명시장 이용객은 여타 시장과 마찬가지로 음식을 먹기 위해 찾아오는 젊은층과 40~50대가 많았으나 점차 감소하고 있다. 반면 전통시장에 대한 향수를 느끼려 찾아오는 뜨내기 손님과 인근에서 반찬거리를 사러 오는 손님이 많아지고 있다고 말한다. 손님들이 가장 붐비는 시간은 저녁 시간대인 오후 5시에서 7시 사이이며 이들이 주로 구매하는 품목은 청과류 및 각종 반찬거리 등이다. 1인당 평균 구매액은 1~3만 원 사이로 조사되었다.

(4) 1983년과 2007년의 비교

가. 점포 및 시설 환경

1983년 조사에 의하면 대명시장은 490여 개의 점포와 노점상으로 이루어졌으며 의류, 포목, 식품, 금은방, 식당, 문방구 등이 무질서하게 자리 잡고 있었고, 의류, 채소 및 음식이 주요 취급품목이었다. 그러나 2007년 현재 영업 중인 점포는 50여 개에 불과한데, 이는 1983년에 비하면 거의 10분의 1 수준이다.

한편 시설 측면을 보면 1983년에는 조명, 소방도로 및 기구, 시장 안내도, 자전거 보관소, 주차장설비, 공중전화 및 화장실 등의 시설이 없었다. 2007년 현재는 시장통로를 정비하고 아케이드를 설치함으로써 고객들의 이동과 쇼핑이 편리하게 되었다. 그러나 편의시설은 거의 전무한 상태다.

나. 시장 이용객

1983년의 대명시장은 인근 주민들과 다양한 연령대의 사람들로 북적이는 전통시장다운 모습을 갖추고 있었다. 그러나 학교 및 주민들의 이전 등으로 인해 상권이 점점 위축되어 왔다. 현재는 주변 학교 학생과 주민들이 시장을 주로 이용하고 있으나, 이용객 수가 크게 줄고 있는 실정이다.

(5) 대명시장의 문제점과 활성화 방안

가. 문제점

시장 상인 및 이용객 의식 조사를 통해 나타난 대명시장의 문제점은 다음과 같다.

① 2007년 말 현재 휴게실 등의 고객 편의시설이 없으며 화장실도 부족하다.

② 상품 취급 시스템에 문제가 있다. 대형마트의 경우 가격 정찰제가 정착되어 있어 처음 방문하는 손님이더라도 상품 가격에 대해 믿음을 갖고 구매하는 것이 일반적이다. 그러나 대명시장의 경우 가격 정찰제가 제대로 시행되지 않아 소비자들이 느끼는 신뢰 수준은 그리 높지 않은 것으로 본다.

③ 일부 구역에만 설치된 아케이드가 나머지 구간에도 이루어져야 한다. 즉, 시장 입구는 아케이드로 덮여 있고, 나머지 구역은 검은 천막으로 덮여 있어 상인, 소비자 모두가 불편을 느끼는 것은 물론 외관상으로 좋지 않다.

나. 활성화 방안

① 다행히 2008년 말 현재 16억 원 규모의 예산을 들여 300평 정도의 대지에 주차장을 설립할 예정이다. 또 주차장 내에 상인회 사무실도 마련될 것으로 보인다.

② 시장 내에 소비자들의 쉼터로 활용될 만남의 광장을 만들 계획도 세우고 있다.

③ 에브리마켓 인터넷 쇼핑몰을 운영해 볼 필요가 있다. 에브리마켓 인터넷 쇼핑몰은 전통시장 활성화 방안의 하나로 전국 전통시장에서 판매되는 상품을 인터넷 쇼핑몰을 통해 판매하는 것이다. 이는 인건비 및 유통비를 절감하는 장점이 있을 뿐 아니라, 전통시장에서의 가격 정찰제 미시행이라는 단점을 해결해 주기도 한다.

4) 봉덕시장

(1) 시장 일반현황

남구 봉덕동에 있는 봉덕시장은 1953년경, 공지에 사람들이 모여 장이 열리게 된 데서 출발하였다. 그 후 1969년 현대화를 전제로 민영화됨에 따라 공설시장이 폐지되고 1972년 사설시장으로 인가되어 지금에 이른 것이다. 입지조건을 살펴보면 시장 입구가 대로변에 있으며 버스 정류장과도 인접해 있다. 시장 주변에는 상가건물들과 오래된 주택들이 밀집해 있으며 시장 뒤쪽 가까이에 미군부대가 있다. 봉덕시장의 주변 환경과 개황을 알아보면 아래 〈그림 4-29〉, 〈표 4-18〉와 같다.

〈그림 4-29〉 봉덕시장 주변 환경

〈표 4-18〉 봉덕시장 개황

시장명	봉덕시장	소재지	남구 봉덕동 961
개설 연도	1972년	경쟁력	E등급(2008년 평가)
점포 수	148개	상인회장	박경하
시장구분	등록 · 상설 · 종합 · 공동시장, 중형시장, 상가건물형 시장		
비고	공중화장실, 주차장 등이 마련되어 있으나 많은 시장현대화 사업이 요구된다.		

❶_봉덕시장 입구 간판
❷_현대화된 시장 통로

(2) 점포, 시설 및 환경

가. 점포현황

봉덕시장은 148개의 점포와 20여 개의 노점이 있으며 빈 점포가 40여 개나 된다. 주요 취급 품목은 의류와 신발인데 특히 디자인이 좋고 원단 좋은 보세 및 구제의류를 싸게 살 수 있다고 한다. 그 외에 과일, 야채, 생선, 건어물, 반찬 종류를 취급하는 상점들이 있고, 돼지국밥과 삶은 돼지고기 전문식당으로 이루어진 돼지고기 골목이 눈에 띈다. 그러나 인도를 20여 개의 노점이 차지하고 있어 통행에 많은 불편을 주고 있다.

❶_봉덕시장 노점
❷_시장 뒤쪽 통로

나. 시설 및 주변 환경

시장현대화 사업으로 일부나마 지붕과 시장 바닥을 보수하였으며 부분적으로 아케이드도 설치하였다. 또한 주·보조진입로를 정비하여 고객동선 통로와 소방도로를 확보하였다. 하지만 고객휴게실 등의 편의시설이 없고, 공영주차장이 있으나 소비자들의 이용도가 낮은 편이다.

2004년 주 시장통로에 아케이드를 설치한 데 이어 시장의 동서 구간에도 아케이드를 설치할 계획이었으나 지주들의 반대와 갈등으로 무산되었다가, 최근에 와서 다시 협의가 이루어지고 있다.

(3) 봉덕시장의 상인과 이용객

가. 상인(회)

봉덕시장은 상인들의 의지가 여느 시장 못지않게 확고하고, 빈 점포 비율도 높지 않으며, 상인교육에 대한 열의가 높은 점 등이 특징이라 하겠다.

상인회의 활동 또한 적극적이다. 이미 오래전인 1980년대에 상인들 스스로 돈을 모아 천막 형태의 아케이드를 씌우는 등 시장활성화 노력을 적극적으로 기울여 왔다. 그리고 지주들과의 갈등으로 중단되어 왔던 아케이드 신축 계획도 모든 상인들이 단합하여 추진하고자 노력하고 있다.

나. 이용객 특성 및 평가

봉덕시장은 봉덕동은 물론 앞산의 아파트 단지 주민들까지 이용하는 남구의 대표적인 시장이다. 봉덕시장 이용객들은 다양한 연령대에 걸쳐 있으나 대체로 30~50대 연령층의 주부들이 가장 많다. 이들은 반찬거리 위주의 식자재는 물론 의류, 잡화, 음식 등 시장 내 다양한 상품을 구매하고 있다. 점심 시간에서부터 저녁 늦은 시간까지 비교적 많은 사람들이 찾고 있으며, 1회 평균 구매 금액은 2~3만 원대로 나타났다.

한편 〈그림 4-30〉 봉덕시장에 대한 이용객 평가를 보면 가격수준, 대중교통, 서비스, 상품다양성 등의 항목에서 비교적 높은 만족도를 보이고 있으나 주차시설, 카드사용, 안전시설, 보행통로 등의 항목에서는 비교적 낮은 만족도를 보이고 있음을 알 수 있다.

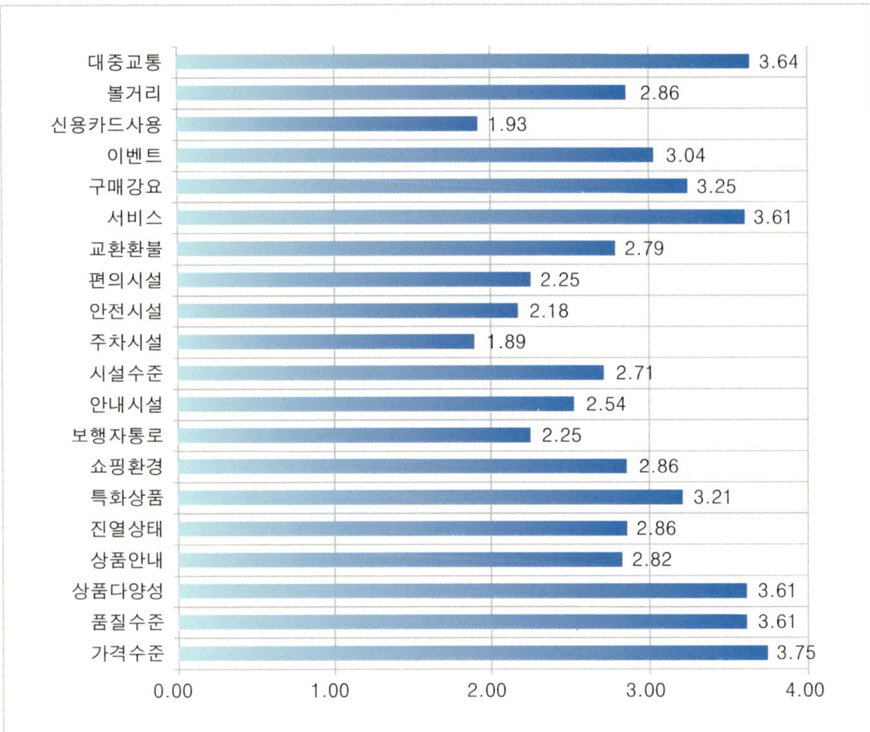

단위 : 점

〈그림 4-30〉 봉덕시장 속성에 대한 이용객들의 평가

주) 숫자가 클수록 만족도가 높음을 의미함

❶_상품권 가맹점 안내
❷_봉덕시장 공영주차장 입구

(4) 살 거리, 먹을거리, 볼거리

과거 봉덕시장은 주변 미군부대에서 흘러 들어온 상품들로 넘쳐났다. 이때는 미군 전투식량 씨레이션부터 워커, 담요, 재봉틀, 프라이팬에 이르기까지 온갖 군사 보급품들을 구할 수 있어 이들을 찾는 사람들로 붐볐다. 현재도 이러한 현상이 이어져 오고 있다.

한편 봉덕시장은 먹을거리로 유명한데 10년이 넘은 떡볶이집과 죽집, 보리밥집, 돼지국밥집들이 많이 있다. 특히 시장 한 모퉁이에 자리한 돼지국밥 골목은 입구에 들어서면서부터 진한 고기 냄새가 코를 찌르며, 저렴한 가격에 뛰어난 맛과 풍성한 양 때문에 많은 사람들이 찾는다. 봉덕시장의 좁다란 골목길을 따라 가노라면 채소, 생선, 튀김 가게와 노점들이 양쪽으로 늘어서 있고 모퉁이를 돌아 나오면 고춧가루를 빻고 참기름을 짜는 방앗간의 모습도 보인다.

❶_봉덕시장 주요 살 거리-생선
❷_유명 먹을거리-돼지국밥 골목

(5) 1983년과 2007년의 비교

가. 점포, 시설 및 환경

1983년 조사에 의하면 봉덕시장은 178개의 점포와 300여 개의 노점으로 이루어져 있었다. 노점상 중에는 상가 앞에 두 평 남짓한 공간을 월 3만 원의 임대료를 내고 빌려 쓰는 유료노점상과 임대료 없이 인도에서 장사하는 무료노점상이 있다. 무료노점상은 오는 순서대로 자리를 차지하게 되며 대부분 계절성 상품을 취급하기 때문에 계절에 따라 취급 품목이 바뀌는 경향이 있다.

주요 취급 품목을 보면 점포상인은 어물, 의류, 채소 등을, 노점상은 채소류와 과일류를 주로 취급한다. 1983년 조사를 보면 노점상들은 대구 근교인 지산, 범물, 고산, 가창 등지에서 직접 재배한 농민이 60% 정도나 되었다.

한편 2007년 경북대 지역시장연구소 조사에 의하면 노점상들은 현대화 사업과 더불어 시장이 재정비되면서 크게 감소했으며, 과일, 채소의 비율이 노점상의 감소와 더불어 줄었고, 농민들이 직접 재배, 판매하는 경우도 도시화와 더불어 거의 사라지게 되었다.

시장 환경 측면을 보면 1983년 구획정리가 제대로 되지 않고 통로가 정비되지 않아 통행에 불편을 주던 것이 현재는 고객동선 통로와 소방도로를 충분히 확보해 무척 다행스럽다. 하지만 고객편의시설은 여전히 갖추고 있지 않아 문제가 되고 있다.

나. 시장 이용객

1983년 조사에서는 시장방문객의 연령이 20~50대로 고르게 분포되었으며 남녀 비율도 비슷한 수치를 보이고 있어 이 당시에는 남녀노소 다양한 계층의 사람들이 시장을 찾았다고 말할 수 있다. 시장 이용객들의 만족도가 대체로 높은 것으로 나타났다.

2007년 경북대 지역시장연구소 조사에 의하면 20대 소비자는 좀처럼 찾아보기 힘들며 30~50대 소비자들이 주를 이룬다. 또한 시장 편의시설과 상인 친절서비스에 대한 만족도가 비교적 낮게 나타났다. 이는 곧 편리한 시설과 종업원들의 친절에 익숙한 현대 소비자들, 특히 20~30대 소비자들이 전통시장에 가지 않고 대형마트를 찾게 되는 주요 요인 중의 하나라 하겠다.

(6) 봉덕시장의 문제점과 활성화 방안

가. 문제점

① 주차장 규모가 작아 시장 이용객들에게 불편을 주고 있다. 주차장이 부족해 소비자들이 대형마트로 빠져나간다고 일부 상인들이 전했다. 또 시장 전체가 매우 어둡고, 화장실과 같은 기본적인 편의시설이 부족하다.

② 신용카드 사용이 안 되거나 가격 정찰제를 실시하지 않는 상점들이 많아 소비자에게 불편을 주고 있음은 물론 신뢰감마저 주지 못하고 있다.

③ 상인들의 친절서비스 정신이 부족하다. "봉덕시장 상인들은 무표정하고, 질문을 해도 무뚝뚝하게 대답하는 경우가 많다"고 많은 시장 이용객이 이야기한다. 상인의식 조사에 의하면 친절교육이 필요하다고 응답한 상인들이 많은 것으로 나타났다.

나. 활성화 방안

① 편의시설 확보와 철저한 위생관리가 요구된다. 일부 소비자들이 "길거리에 놓인 상품들을 보면 사람들의 보행으로 생기는 먼지나 세균이 들어가지 않을까 염려하게 된다"고 말한다.

② 친절서비스 교육을 실시해야 한다. 2007년 조사에 의하면 상인들 스스로도 친절서비스 부족을 인정하는 동시에 친절교육을 받기를 바라고 있는 것으로 나타났다.

③ 봉덕시장의 경우 국밥골목이나 옷골목 등이 모여 있으므로 이 골목길을 특성화하는 방안을 강구해 볼 필요가 있다. 골목마다 재미있는 이름을 붙여 놓거나 국밥 골목 앞에 돼지 조형물을 설치하는 방안도 고려할 수 있을 것이다. 더욱이 봉덕시장은 시내 중심가와 크게 멀지 않은 위치에 있기 때문에 재미있거나 뚜렷한 특징이 있다면 많은 사람들이 찾을 것으로 본다.

5) 성당시장

(1) 시장 일반현황

1971년에 개설된 성당시장은 대구시 남구 대명동에 위치하고 있다. 처음에는 점포 30여 개에 불과하였으나 2008년 말 현재는 130여 개의 점포를 가진 시장이 되었다. 입지조건을 살펴보면 8개의 버스노선이 지나고 있으며 시장 입구 바로 앞에 버스정류장이 있고 인근에 대형 주택단지와 빌라들이 밀집해 있어 유동인구가 많은 편이다. 성당시장의 개황과 주변 환경을 살펴보면 아래 〈표 4-19〉, 〈그림 4-31〉과 같다.

〈표 4-19〉 성당시장 개황

시장명	성당시장	소재지	남구 대명동 3023-23
개설 연도	1971년	경쟁력	B등급(2008년 평가)
점포 수	249(129+120)개	상인회장	박성길(010-3530-2132)
시장구분	등록 · 상설 · 종합 · 공동시장, 중형시장, 상가건물형 시장		
비고	20억 원이 투입되어 공영주차장, 공중화장실, 아케이드 등이 마련되어 있음		

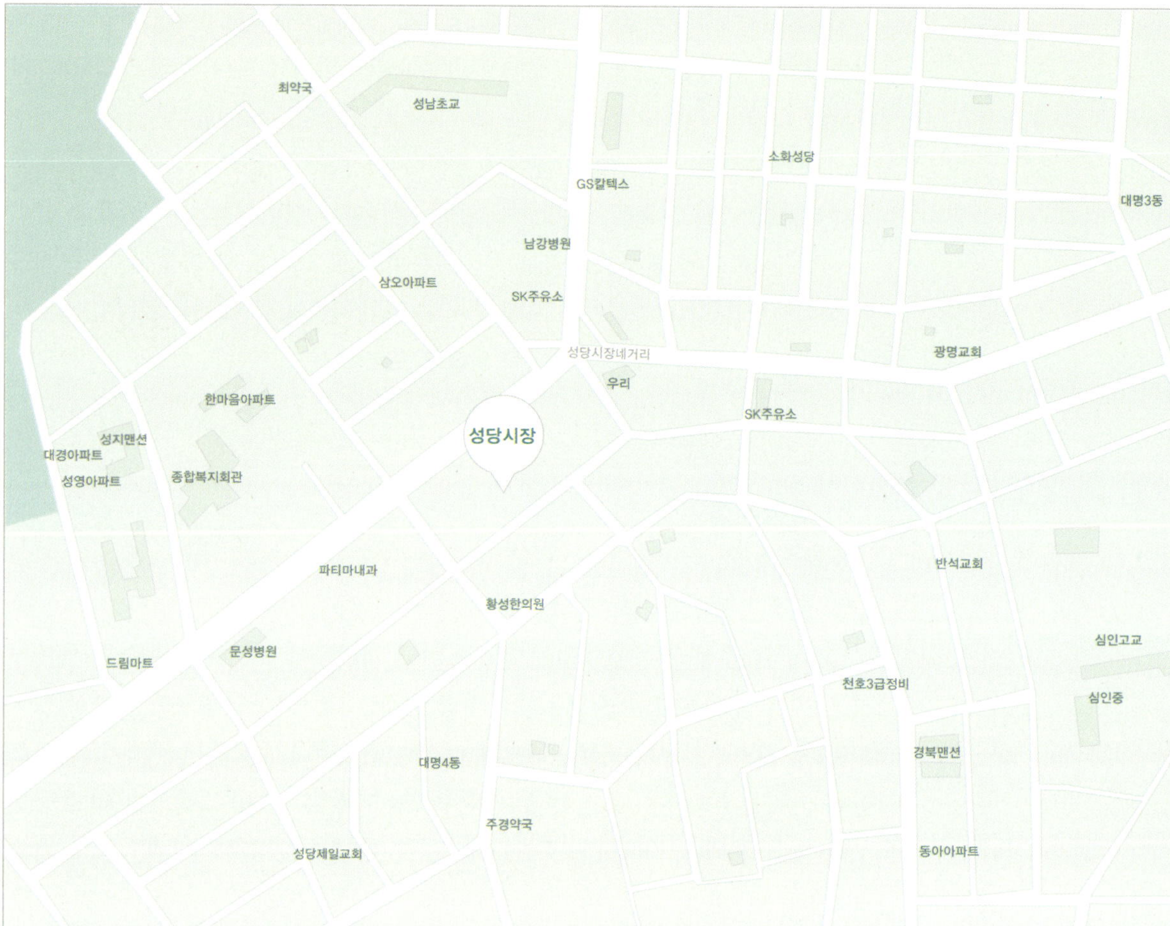

〈그림 4-31〉 성당시장 주변 환경

❶	❷	❸

❶_성당시장 입간판
❷_시장 내부의 주 통로
❸_시장 입구

(2) 점포, 시설 및 환경

가. 점포현황

대지면적이 4,447㎡인 성당시장은 약 130개의 점포와 120개의 노점으로 구성된 중형시장이다. 2008년 현재 점포 입점률은 80% 정도로 약 10여 개의 점포가 비어 있거나 영업을 하지 않고 있다. 취급 품목은 야채, 과일, 식육점 등의 식료품과 의류가 대부분이며, 야채나 과일을 파는 노점상들이 시장 입구에 자리 잡고 있다. 구획정리가 되어있지 않아 시장 분위기가 어수선한 느낌이 든다.

나. 시설 및 주변 환경

먼저 주차시설을 보면 2006년에 31대의 차량이 주차할 수 있는 공용주차장을 마련했는데 최초 30분 동안의 주차요금이 500원이며, 하루 주차요금이 3,000원을 넘지 않는다. 하지만 시장 이용객보다는 상인들이 더 많이 이용하고 있어 문제라 하겠다. 아케이드 시설, 수세식 화장실, 실외 가로등, 장내 방송 시설 등을 갖추고 있으며, 바닥정비도 되어 있다. 남구청 관계 공무원과 상인회 측에서 쾌적한 쇼핑환경을 조성하고자 많은 노력을 기울인 것을 알 수 있다.

❶_시장 내 현대화사업 미실시 구간
❷_성당시장 주차장

(3) 성당시장의 상인과 이용객

가. 상인(회)

성당시장 상인회는 시민들과 함께 즐기면서 상인들이 장사할 수 있는 터를 만드는 데 목표를 두고 시민들이 장보기 편하고 깨끗한 성당시장 만들기에 최선을 다하고 있다.

상인회 가입률은 100%에 이르나, 시장 외부 노점상의 경우 일부만 상인회에 가입되어 있는 상태다. 상인들이 시장활성화 의지가 높고 경영현대화 사업에도 적극적이라 원산지표시 등을 통한 고객 신뢰구축에도 많은 노력을 기울인다. 또한 상인회는 성당시장이 남구의 인기 있는 전통시장으로 자리매김하고 지역 주민들과 함께 즐길 수 있도록 매년 '한가위 성당시장 대축제'를 개최하고 있다.

나. 이용객 특성 및 평가

성당시장은 두류동과 대명동 일대의 주민들이 많이 방문하는 시장으로, 예로부터 이 지역 주민들의 생활용품 구매처로서 많은 역할을 해 왔다. 특히 방앗간과 떡집의 경우에는 오래전부터 대구 전역에서 찾아오는 손님들로 붐비고 있다.

2007년 경북대 지역시장연구소 조사(〈그림 4-32〉 참조)에 의하면 성당시장 소비자만족도는 대중교통과 가격수준, 볼거리, 서비스, 상품다양성, 품질수준 등의 항목에서 비교적 높다. 반면에 편의시설, 안전시설, 주차시설 등에서는 비교적 만족도가 낮은 것으로 나타나 있다.

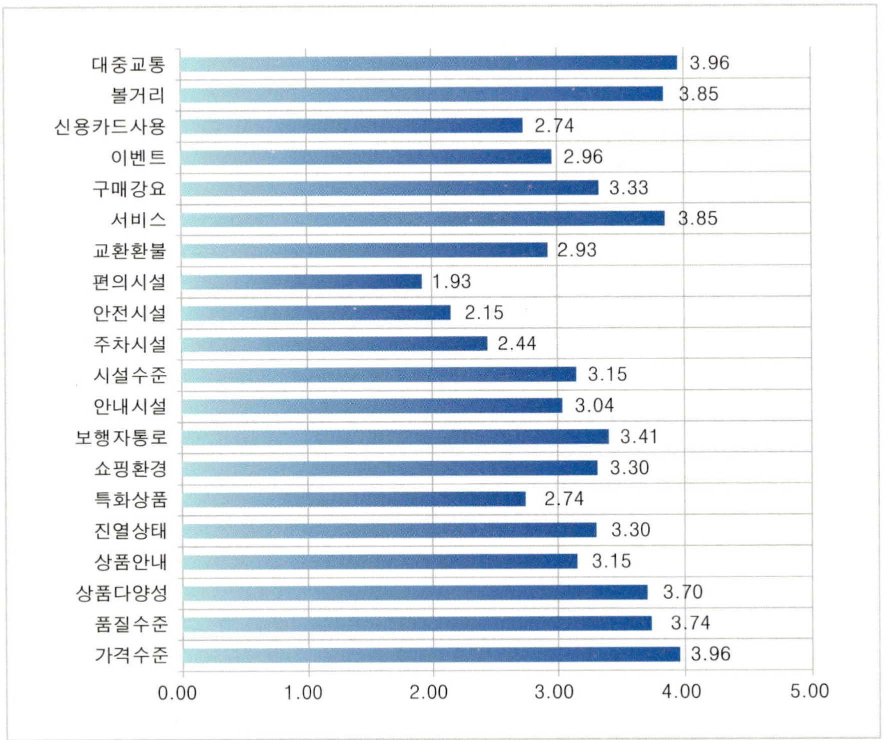

단위 : 점

〈그림 4-32〉 성당시장 속성에 대한 이용객들의 평가

주) 숫자가 클수록 만족도가 높음을 의미함

성당시장은 30~50대의 주부들이 많이 이용하는데, 이들은 주로 반찬거리 위주의 식자재와 의류, 잡화, 음식 등을 많이 구입한다. 또 성당시장은 보통 점심 시간대에서 저녁 시간대에 많은 사람들이 찾고 있으며, 이들의 평균 구매 금액은 1~2만 원대인 것으로 조사되었다.

(4) 살 거리, 먹을거리, 볼거리

성당시장은 예로부터 대명동과 성당동 일대의 주민들이 반찬거리나 떡 등을 구매하기 위해 많이 이용했던 시장이다. 과거 성당시장의 방앗간과 떡은 대구 일대에서 유명했으며, 지금도 그러한 흔적이 남아 있고 많은 사람들이 찾는다. 그리고 시장 통로에 있는 분식집은 시장 이용객들이 허기진 배를 달랠 수 있는 곳이고 또 떡집은 명절에는 몇 시간씩 줄을 서서 기다릴 정도로 많은 인기를 누려 온 집이다.

❶ ❷

❶_성당시장 유명점포
❷_삶은 돼지고기 전문 골목

(5) 성당시장의 문제점과 활성화 방안

가. 문제점

① 마트, 식육점 및 의류점 몇 곳을 제외하고는 신용카드 사용이 불가능한 상태다. 이는 대부분의 상인들이 영세하거나 미등록 사업자들이기 때문이다. 그 결과 소비자들에게 소득공제(현금영수증) 혜택을 주지 못하게 되는데, 이는 시장 이용 기피 현상을 초래하는 주요 요인이 된다.

② 공영 주차장이 있음에도 불구하고 많은 고객들이 그 존재나 위치를 모르고 있다. 이는 주차장 알림판의 설치 위치가 좋지 않기 때문인 것으로 보인다. 현재 주차장 안내 표지판이 시장 입구가 아닌 뒤쪽 주택가 입구에 설치되어 있어 시장 이용객이 쉽게 볼 수 없다.

③ 시장 입구를 보면 한눈에 들어오는 커다란 간판, 깨끗하게 잘 정리된 상점 간판 및 통로, 현대적 느낌을 주는 아케이드 등이 고객들에게 좋은 인상을 준다. 하지만 시장 안으로 들어서면 깨끗한 중앙통로와는 달리 냄새나고 어두컴컴한 수산물 코너, 떼 지어 날아다니는 파리, 지저분한 화장실 등이 시장의 청결성과 상품의 위생상태를 의심케 한다. 뿐만 아니라 화장실 알림 시설 등의 시장 시설이 낙후되어 있음은 물론이고 그에 대한 관리마저 제대로 이루어지지 않고 있어 시장 이미지를 크게 손상시키고 있는 실정이다.

나. 활성화 방안

① 상인 조직의 강화가 요구된다. 성당시장에는 상인 스스로 만든 자치기구가 있지만 시장 발전에 도움이 될 만큼 적극적으로 운영되지 못하고 있다.

② 보다 내실 있는 시장현대화 사업이 필요하다. 아케이드 설치, 공영주차장 설립, 바닥 포장 등의 사업이 실시되었지만 그 대부분이 외형적인 것들이다. 단적인 예로 사람들이 많이 지나다니는 통로만 바닥포장이 되어 있을 뿐, 시장 안쪽의 수산물 판매지역은 울퉁불퉁한 시멘트 바닥에 생선 냄새가 물씬 나며, 물이 여기저기 고여 있다.

어떤 상인은 아케이드가 고정식이라 봄에도 온실효과가 나타나 장사에 지장을 준다고 불평했다. 화장실은 주변 상인들에게 물어야 찾아갈 수 있을 정도로 외진 곳에 위치해 있으며 통로에는 전등 하나 없어 많이 어둡다. 내부 또한 몇 달 청소를 하지 않은 것처럼 불결한 상태다.

③ 상인교육 프로그램의 개발, 운영이 필요하다. 전통시장의 침체가 오랫동안 계속되면서 많은 상인들이 의욕을 상실해 있으며, 설문조사 결과에서 "점포를 처분하고 시장을 떠날 생각이다"고 하는 상인들이 많은 것으로 나타났다. 상인들은 시장 환경개선 등을 크게 원하였고, 스스로의 변신보다는 주위환경(대형마트 등의 급증) 탓을 많이 하고 있었다. 또한 시장 재개발에 대해 확신을 갖지 못하거나 그 자체를 꺼리는 상인들도 있다.

④ 신용카드 사용 및 현금영수증 발급이 가능하도록 해야 한다. 성당시장 내에는 정육점 등 일부 상점을 제외하고는 신용카드 사용이 불가능하고 현금영수증을 발급해 주는 곳도 거의 없다. 일반 동네 슈퍼마켓처럼 소득공제가 가능한 현금영수증만이라도 발급해 줄 수 있다면 소비자 유입 효과를 크게 거둘 수 있을 것으로 본다.

⑤ 대형마트처럼 모든 상품에 대해 원산지와 판매자명 등을 표시할 필요가 있다. 전통시장에서 과일이나 생선을 샀을 경우 대형마트처럼 반품이나 환불이 그리 자유롭지 못하다. 이러한 현상은 소비자 보호 차원에서는 물론 전통시장 활성화 차원에서도 문제가 된다. 그리고 원산지 표시, 판매점 표시 등은 전통시장 이용객들로부터 신뢰도를 높일 수 있는 좋은 방법임을 명심해야 할 것이다.

⑥ 편의시설을 설치하거나 쾌적한 환경을 조성하는 데 있어 상인들의 자발적인 노력이 요구된다. 깨끗한 화장실, 쾌적한 쇼핑환경은 기본사항임에도 불구하고 성당시장의 경우 1980~1990년대 공중화장실을 연상케 하는 화장실이 한 곳 있을 뿐이다. 이 문제는 성당시장활성화를 위해 하루빨리 해결해야 할 과제라고 생각한다.

6) 영선시장

(1) 시장 일반현황

1976년에 개설된 영선시장은 대구시 대명동 2014-59번지에 있으며, 주변에 대구교육대학 등 학교가 많고 지하철 교대역 및 버스 정류장과 인접해 있어 교통이 편리하다. 그리고 대구시내 중심가와 미8군 외인 아파트(장교 숙소)도 가깝게 위치해 있다. 인근에 하이마트가 있지만 영선시장에 미치는 영향은 미미하며, 시장 주변에 학교가 많아 다른 시장에 비해 젊은 층의 방문이 많다.

영선시장의 개황과 주변 환경을 살펴보면 아래 〈표 4-20〉, 〈그림 4-33〉과 같다.

〈표 4-20〉 영선시장 개황

시장명	영선시장	소재지	남구 대명동 2014-59
개설 연도	1976년	경쟁력	E등급(2008년 평가)
점포 수	120(68+52)개	상인회장	이정
시장구분	등록 · 상설 · 일반 · 공동시장, 소형시장, 상가건물형 시장		
비고	2009년에 상인회 사무실, 화장실, 체력단련 시설이 갖추어졌으나 아직도 많은 사업이 요구됨		

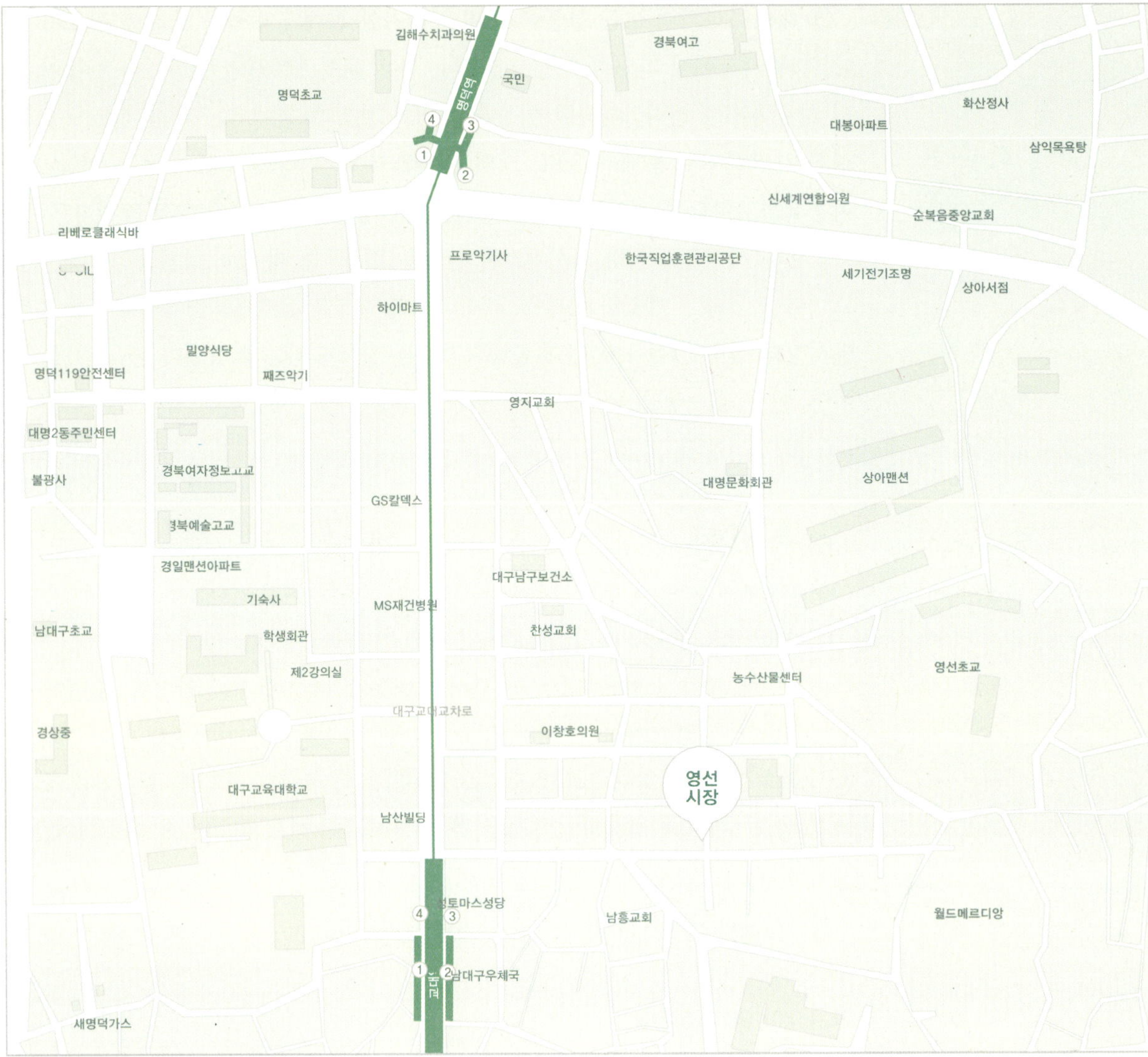

〈그림 4-33〉 영선시장 주변 환경

❶	❷

❶_영선시장 입구 및 주 통로
❷_시장 내의 점포

(2) 점포, 시설 및 환경

가. 점포현황

영선시장은 전형적인 골목시장으로 2008년 말 현재 68개의 점포와 50여 개의 노점으로 구성되어 있다. 시장 안으로 들어가 보면 식당, 정육점, 식료품, 의류, 포목, 잡화, 침구류 등과 같은 생활용품 취급점이 대부분이다.

시장 내부에 있는 3개의 중형마트는 시장이 갖는 상품다양성 부족 문제를 해결하는 데 도움을 준다. 즉 시장 점포와 중형마트가 상호 보완적인 역할을 하고 있다는 것이다. 그리고 반찬집, 잡화점 등이 많은데 이는 주변에 많은 학생들과 직장인들이 있기 때문으로 판단된다.

나. 시설 및 주변 환경

영선시장 주변에는 대구교대, 대구고, 경북예고, 영선초교 등 학교가 집중해 있고, 예술학원과 악기점들도 많다. 뿐만 아니라 지하철 교대역과 버스 정류장이 있어서 교통도 매우 좋다. 아직 전반적인 시설현대화 사업은 실시되지 않았으나, 2009년도에 상인회 사무실과 시장 이용자들을 위한 화장실 및 체력단련시설이 구비되었으며, 차후 점차적으로 시설현대화 사업이 추진될 것으로 보인다.

이처럼 고객편의시설은 없으나 상권 자체는 좋은 편이다. 따라서 영선시장에 시설현대화 사업이 경영현대화와 함께 잘 이루어진다면 활성화 가능성이 매우 높을 것으로 본다.

❶_신축 화장실 및 상인회 사무실
❷_상인들을 위한 체력단련시설

(3) 영선시장의 상인과 이용객

가. 상인(회)

영선시장 상인회는 2006년 5월 결성되었으나, 아직 상인회 사무실과 상근직원이 없다. 상인회에서는 주변에 교육대학과 경북예고, 외국인 아파트 등이 있음을 감안하여 젊은이들이나 외국인들을 시장으로 유인하는 방안을 강구할 필요가 있는데 이는 다른 시장과 차별화할 수 있는 좋은 방안이기도 하다.

대체로 장사가 잘 되는 점포는 공산품 취급 점포들이며, 그렇지 못한 점포는 1차 상품을 판매하는 점포들이다.

나. 이용객 특성 및 평가

영선시장은 명덕네거리와 영대네거리 사이의 대명동 주민들이 이용하는 근린생활형시장으로, 작고 노후화된 시장이지만 개발하기에 따라 성장 가능성이 높다.

한편 〈그림 4-34〉에서 영선시장에 대한 이용객 평가를 살펴보면, 대중교통, 가격수준, 구매강요 등의 항목에서는 비교적 높은 만족도를 보이나, 주차시설, 편의시설, 안내시설, 그리고 보행통로 등에서는 낮은 만족도를 보이고 있음을 알 수 있다.

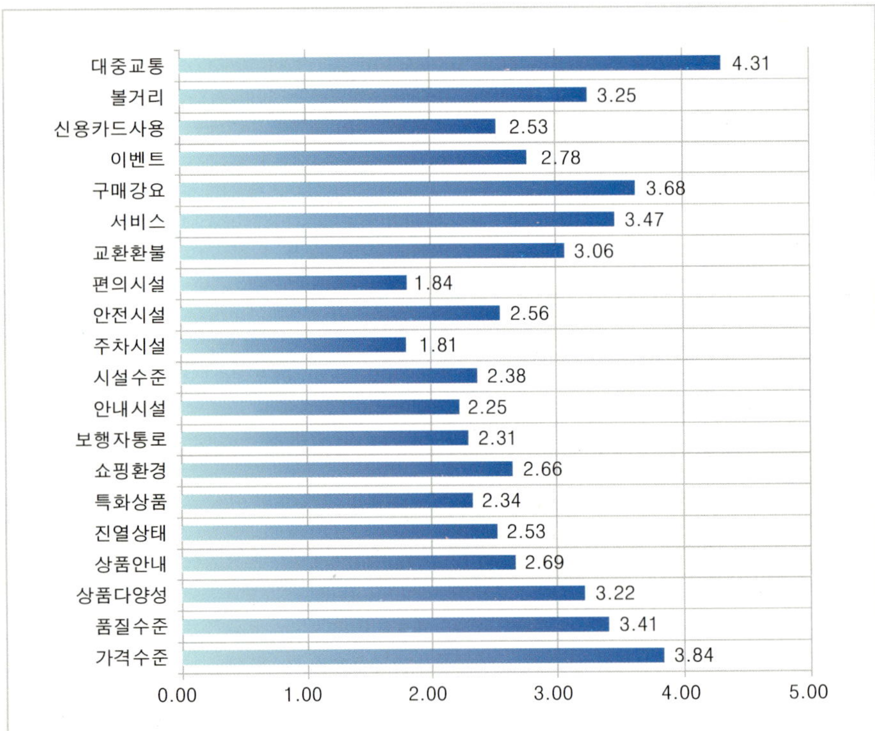

단위 : 점

〈그림 4-34〉 영선시장 속성에 대한 이용객들의 평가

주) 숫자가 클수록 만족도가 높음을 의미함

시장 고객들은 20대에서 노년층까지 매우 다양하며, 반찬거리 위주의 식자재와 잡화, 음식 물 등을 많이 구매하고, 오후 4시에서 7시 사이에 방문하는 것으로 나타났다. 1회 방문 시의 구입액은 상품의 경우 1~2만 원대, 음식점의 경우 2~3만 원대인 것으로 나타났다.

(4) 살 거리, 먹을거리, 볼거리

영선시장에는 튀김, 어묵, 만두 등을 판매하는 분식집이 많다. 특히 할머니가 운영하는 튀김집이 유명하고 분식집은 평일 낮에도 붐빈다. 그리고 시장 입구의 '구룡포횟집'은 양이 많고 가격도 싸기 때문에 교대생들이나 지역민들이 많이 찾는 곳이다.

❶ ❷

❶_영선시장 주요 먹을거리 –분식

❷_주요 살 거리–떡

(5) 영선시장의 문제점과 활성화 방안

가. 문제점

① 시설 환경상의 문제점

2008년 경북대 지역시장연구소에서 실시한 영선시장 소비자 조사결과(〈그림 4-34〉 참조)에 의하면, 영선시장 이용객들은 주차시설과 편의시설 등에 크게 불만족하는 것으로 나타났다. 오늘날 소비자들은 쇼핑환경을 매우 중요시 하고 있음에도 불구하고, 영선시장에서는 화장실을 제외한 기타 편의시설과 아케이드마저 아직 갖추지 못하고 있기 때문이다. 이는 영선시장 활성화를 가로막는 주요 요인이라 할 수 있겠다.

② 운영 관리상의 문제점

영선시장 소비자 조사에서 카드사용, 이벤트, 교환 및 환불, 볼거리 등이 매우 낮은 것으로 나타났다. 특히 카드결제 시스템과 가격 표시제의 미정착으로 소비자의 불신을 초래하고 있으며, 가격 표시제를 실시는 경우라 하더라도 대부분이 형식적인 것으로 보인다.

홍보활동 또한 매우 부족하다. 영선시장 방문객들은 비교적 젊은 층이므로 이들의 마음을 사로잡을 수 있는 여러 가지 홍보 방안이 강구되어야 할 것이다. 특히 홍보활동을 실시하는 데 있어서도 젊은 층이 좋아하는 매체를 이용해야 함은 물론이고, 그들이 좋아하는 문안 및 도안으로 홍보해야 한다.

나. 활성화 방안

① 영선시장이 갖는 입지상의 우위를 적극 활용해야 하며, 점포 리모델링, 아케이드, 바닥공사, 점포 간판, 소방안전시설 등의 설치를 통해 고객들이 쇼핑하는 데 불편이 없도록 해야 한다. 이를 위해서는 상인들의 이해와 단결이 무엇보다도 필수적이다.

② 상인들의 의식수준 향상과 현대적 점포경영을 위한 상인교육이 이루어져야 한다. 이는 곧 상인들의 상품정보 및 판매지식 함양, 경영현대화 기법(카드결제, 가격 표시제) 도입 등에 크게 기여할 것이다.

③ 영선시장을 방문하는 대부분의 고객들이 시장에서 인근 1km 미만에 거주하는 지역 주민임을 고려하여, 이들을 위한 택배 서비스 시스템의 도입을 고려할 필요가 있다. 그리고 영선시장 상인회 주관으로 공동 경품행사·세일과 같은 공동마케팅 활동도 적극적으로 전개해 나가야 한다.

5. 북구 전통시장

1) 산격종합시장

(1) 시장 일반현황

산격종합시장은 북구 산격동 1258번지 일원에 위치하고 있으며, 인근에 종합유통센터, 롯데마트, 코스트코 등이 있다. 입지조건을 보면 시장 입구에서 10m

거리에 버스 정류장이 있으며, 검단로 방향으로 2,500세대의 중형아파트단지가 있고 시장 맞은편에 1,700세대의 산격대우아파트가 있다. 또 대우아파트 정문 좌우에는 4, 5층의 상가빌딩이 줄지어 있는데 대체로 1층은 소매점, 2층은 미용실 및 병원, 3, 4층은 각종 학원 등이 입점해 있다. 산격종합시장의 개황과 주변 환경을 살펴보면 아래 〈표 4-21〉, 〈그림 4-35〉와 같다.

〈표 4-21〉 산격종합시장 개황

시장명	산격종합시장	소재지	북구 산격동 1258
개설 연도	1974년	경쟁력	E등급(2008년 평가)
점포 수	290(260+30)개	상인회장	김석주(053-959-8596)
시장구분	등록 · 상설 · 종합 · 법인시장, 중형시장, 상가건물형 시장		
비고	비교적 이용객이 많으나 시설현대화 및 경영혁신 사업이 전혀 이루어지지 않았음		

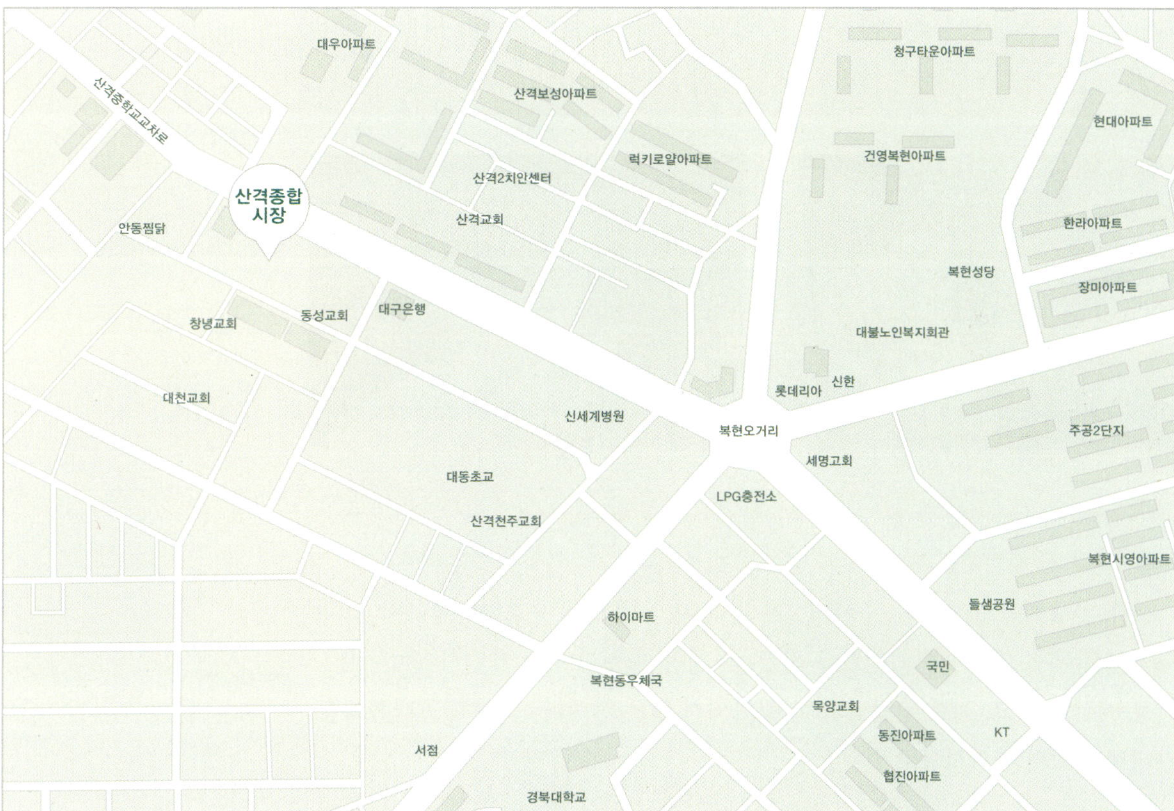

〈그림 4-35〉 산격종합시장 주변 환경

❶_산격종합시장 입구
❷_대로변의 노점

(2) 점포, 시설 및 환경

가. 점포현황

2007년 말 현재 산격종합시장은 260여 개의 점포와 30여 개의 노점으로 구성된 중형시장이며 청과물, 생선, 건어물 등의 농·수산품 취급 점포들이 많고 의류, 잡화 취급 점포도 소수 있다. 시장 안에는 흉물스러운 공간(빈 점포)들이 많이 있어 보는 이들의 눈살을 찌푸리게 할 뿐만 아니라 시장 이미지를 나쁘게 하고 있다.

❶_산격종합시장 내 통로
❷_흉물스러운 빈 점포

나. 시설 및 주변현황

시장 자체에서 운영하는 주차시설은 물론이고 인근에 유료주차장마저 없다. 화장실은 개설 당시 3개 있었으나 지금은 1개만 사용되며, 비가림시설이나 냉·난방 시설이 없고, 시장 진입로 또한 정비되지 않은 상태다. 그리고 고객휴게실, 안내센터 등의 편의시설도 없다.

❶	❷

❸_산격종합시장 화장실

❹_노후화된 시장건물

(3) 산격종합시장의 상인과 이용객

가. 상인(회)

현재 임시 상인회가 있지만 운영이 제대로 되지 않고 있다. 곧 정식 상인회를 조직할 것이라고는 하나 가능성이 희박하다고 한 상인회 회원이 일러 주었다. 현재와 같은 상인조직과 여건으로는 시장활성화 사업을 기대하기 어려울 것 같다.

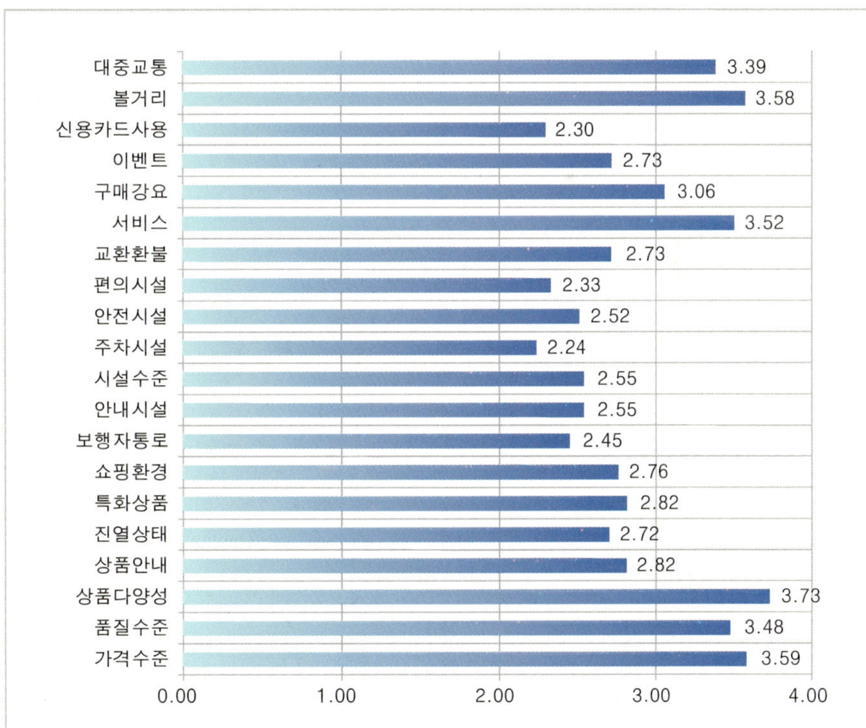

단위 : 점

〈그림 4-36〉 산격종합시장 속성에 대한 이용객들의 평가

주) 숫자가 클수록 만족도가 높음을 의미함

나. 이용객 특성 및 평가

산격종합시장은 산격동 일대 및 산격대우아파트 주민들이 주로 이용하며, 반찬거리 위주의 식료품을 구매하는 것으로 나타났다. 주 고객층은 중장년층 주부들이며, 또 10년 이상 다닌 단골들이다. 일부 젊은 주부들도 산격시장을 찾곤 하지만 주변의 하나로마트나 롯데슈퍼 등을 더 선호한다. 그리고 시장 내에 사람이 많이 몰리는 시간대는 오후 4~6시대이며, 1회 방문 시 평균 1~2만 원대인 것으로 조사되었다.

한편 앞장의 〈그림 4-36〉에서 이용객의 산격종합시장에 대한 반응을 보면 상품다양성에 대한 만족도가 가장 높으며, 가격수준, 볼거리 등에 대한 만족도도 비교적 높다. 반면 주차시설, 카드사용, 편의시설, 보행통로 등에 대한 만족도는 낮은 것으로 나타나 있다.

(4) 1983년과 2007년의 비교

가. 점포, 시설 및 환경

1983년 조사에 의하면 산격종합시장은 약 210개의 점포 중 110여 개의 점포만이 영업하고 있었으며 이들 중 20%가 자가 점포이고 80%가 임대점포였다. 점포 상인들이 노점상화되는 현상마저 생겨 크게 문제가 되고 있다.

이에 비해 2007년 조사에서는 100여 개의 점포가 영업 중이며 노점상 수는 1983년에 비해 증가하였다. 일부 상인은 이러한 노점상(증가) 현상이 바로 시장 쇠퇴의 주된 원인이라고 말한다.

시설부분을 보면 1983년 조사 시에는 개설된 지 얼마 되지 않은 시점이라 큰 문제가 없었다. 그러나 그 이후 지금까지 오랜 시간이 지났고 그간 개·보수조차 없었기 때문에 시설들이 크게 노후화된 상태라 여러 가지 면에서 문제가 된다.

나. 시장 이용객

1983년 산격종합시장의 경우 시장방문객 대부분이 20대~40대의 주부들이고 저녁 식사거리를 마련하는 시간인 오후 4시에서 6시 사이에 크게 붐볐다. 주로 반찬류, 채소류, 의류 등을 구매하였다.

2007년 경북대 지역시장연구소 조사에 의하면 산격종합시장 이용객 대부분은 40대~60대의 산격대우아파트 주민들인 것으로 나타났다. 산격종합시장은 전통시장에 익숙한 중년층 이상의 인근 거주자들이 많이 이용하고 있다는 것이다.

그들의 평균 방문횟수는 1주일에 2회 정도였다. 시장을 오랫동안 이용해 온 '단골'들이 많으며, 남자보다는 여성의 비중이 높고 주된 구매상품은 반찬, 채소, 생선 등 식료품이다. 1983년에 비해 시장방문객의 연령이 평균적으로 높아졌는데, 이는 20~30대의 젊은 층들이 인근의 대형마트로 발을 돌렸기 때문이라고 말할 수 있다.

한편 주요 구매상품이 1983년도 의류에서 2007년 식료품으로 바뀌었는데, 이는 근래 대형마트 내의 의류코너와 종합유통단지 내의 의류상설할인점이 생겼기 때문이다.

(5) 산격종합시장의 문제점과 활성화 방안

가. 문제점

① 시설·환경상의 문제점

첫째, 시설의 노후화를 들 수 있다. 산격종합시장은 1981년 개설된 이후 현재까지 보수공사를 하지 않아 누수, 건물 붕괴 등의 현상이 나타나고 있다. 구획정리가 제대로 되어 있지 않으며 노점상 관리도 전혀 이루어지지 않고 있다. 이는 시장 이용객들을 불편하게 하는 주요 요인이라 하겠다.

또한, 주차장이 없다는 것도 큰 문젯거리다. 주차공간의 부재는 이용객들에게 불편을 주고 있음은 물론이고 인근 도로에 불법 주·정차함으로써 교통정체마저 유발하기도 한다. 또 통로는 성인 2명이 겨우 지나다닐 정도로 좁으며 비가림 천막은 곳곳이 찢겨져 있다. 우천 시 비가림 천막 위에 있는 물이 떨어져 통행인의 옷을 젖게 하는가 하면, 바닥에 오랫동안 고여 있던 물로 심한 악취를 풍기기도 한다.

② 운영·관리상의 문제점

신용카드의 사용이 제한적이라는 점을 들 수 있다. 즉 신용카드로 상품구입이 가능한 점포가 극소수라 이용객들로부터 불평을 듣고 있다. 2007년 조사 결과에 의하면 신용카드와 같은 결제수단에 대한 인지도가 낮고, 앞으로의 도입 여부도 불확실한 것으로 나타났다. 대부분의 상인들이 나이가 많아 "몇 년만 더 장사를 하다 그만둘 것이다"라고 말하는 상인들이 많기 때문인 것으로 보인다.

또, 취급상품의 다양성 정도에도 다소 문제가 있다. 상점들이 다양한 종류의 제품을 구비해 놓지 않아 소비자들의 선택 폭이 좁다는 것이다.

나. 활성화 방안

① 산격종합시장을 활성화하기 위해서는 먼저 노후화된 시설을 개선해야 한다. 낡은 점포, 좁은 통로, 기초시설 등을 보수하고 시설 관리 및 운영을 보다 철저하게 해야 할 것이다. 그리고 승용차 이용객들이 쇼핑하는 데 불편함이 없도록 주차공간도 마련해야 한다.

② 상인회 조직의 활성화가 필수적이다. 상인들은 자신들 스스로 시장의 발전방안을 모색해 나가야 한다. 즉 상인회 회원 모두가 '누군가 해 주겠지'라는 수동적인 사고에서 벗어나 시장의 주인이라는 인식을 갖고, 시장을 활성화하는 데 적극적으로 앞장서야 한다는 것이다.

③ 상인들의 의식수준을 향상시키기 위하여 상품정보, 친절서비스, 품질관리에 대한 교육을 실시해야 한다. 더 나아가 상인회 내부적으로도 커뮤니케이션을 촉진시켜 상인들 간의 지식과 정보를 공유토록 해야 한다.

④ 노점상에 대한 대책 마련이 시급하다. 한 상인에 의하면 대로변 인도를 무단 점거하여 장사하는 노점상들이 점포를 갖고 영업하는 상인들을 어렵게 할 뿐만 아니라 시장활성화에도 걸림돌이 된다고 한다. 시장 상인회와 북구청, 노점상들이 함께 노력하여 그 해결책을 마련해야 할 것이다.

2) 칠성시장

(1) 시장 일반현황

일반적으로 칠성시장은 북구 칠성동 주변에 있는 7개 시장 모두를 가리킨다. 즉 원래 칠성시장은 1969년에 개장한 오늘날의 칠성원시장(북문시장)을 가리키나, 보통 말하는 칠성시장은 칠성원시장과 그간 새로 생겨난 시장들을 포함한 7개 시장을 의미한다.

이러한 칠성시장은 칠성남로와 칠성교 네거리 일대를 중심으로 형성되어 있으며, 7개의 시장 모두가 맞붙어 있다. 시장 인근에 지하철 칠성시장 역이 있고, 버스 정류장도 시장 곳곳에 있어 교통이 편리한 편이다. 칠성시장은 서문시장과 함께 대구의 양대 시장으로 대형 주차장과 주차타워가 있고, 지하철 1호선 칠성시장역이나 대구역을 이용하면 편리하게 이용할 수 있다.

사람과 사람을 잇고, 세대와 세대를 이어주는 전통시장이자 과거와 현대가 공존하는 곳이 바로 칠성시장이다. 칠성시장의 주변 환경과 개황을 살펴보면 아래 〈그림 4-37〉, 〈표 4-22〉와 같다.

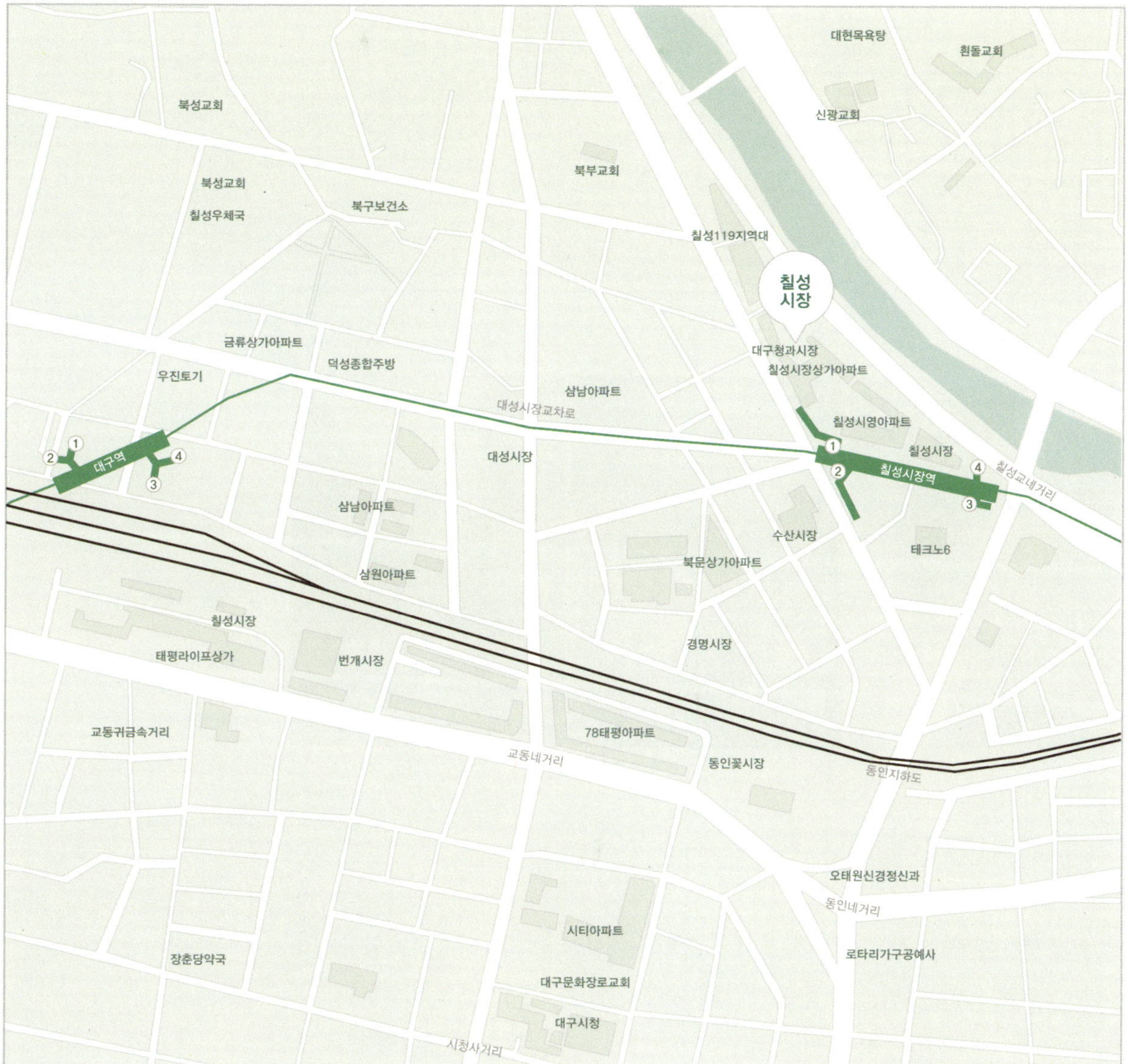

〈그림 4-37〉 칠성시장 주변 환경

〈표 4-22〉 칠성시장의 구성시장별 개황

시장명	개설 연도	점포 수(개)	경쟁력(등급)	주요 취급 품목
칠성원시장 (북문시장)	1969	162	D	식품잡화, 건강식품, 침구류, 란제리, 의류, 음식
(유)칠성시장	1974	395	B	청과물, 수산물, 채소, 축산물, 식당, 젓갈류 등
삼성시장	1976	94	C	중고가전제품, 건어물, 수산물, 혼수용 그릇
대구청과시장	1977	131	B	과일, 채소류
대성시장	1976	39	D	식기, 잡화, 자재 · 설비 등
경명시장	1972	82	E	숯불가든, 냉동류, 분식, 떡류
대구능금시장	1954	106	C	청과물 전문(도매업)

❶ ❷ ❸

❶_(유)칠성시장 입구
❷_대구청과시장 입구
❸_풍물거리 입구

(2) 점포, 시설 및 환경

가. 점포현황

칠성시장은 1970년대 이후에 들어선 6개의 법인상가와 1개의 비법인상가로 나누어져 있으며, 개별 시장들은 각각의 독자성과 영역을 가지고 영업한다. 그리고 대형시장답게 약 860개의 점포와 300여 개의 노점상으로 구성되어 있으며, 빈 점포는 전체의 9%에 해당하는 76개이다.

칠성시장은 대부분의 점포들이 청과물과 수산물을 취급하고 있으며, 시장 주변의 노점에서도 채소, 과일 등을 많이 팔고 있다. 칠성원시장의 경우는 족발, 연탄불고기 등을 취급하는 음식점들이 많고, 또 대구능금시장의 경우는 청과물 도매를 주로 하고 있다. 이들은 점포 내에 냉장창고를 많이 갖고 있으며 다른 시장의 점포에 비해 그 규모가 큰 편이다.

나. 시설 및 주변 환경

2009년 4월 현재 칠성시장은 (유)칠성시장과 대구청과시장을 제외하고는 시설현대화 사업이 전무하다. (유)칠성시장과 대구청과시장은 2004년부터 시설현대화 사업을 시작하여 2008년 초 배수시설 설치, 아케이드 시공, 점포 정비 등이 이루어져 시장 내부가 깔끔하다.

그리고 모든 점포의 간판을 교체하여 점포 이미지를 향상시키고 그 점포가 무엇을 하는 점포인지 한눈에 알 수 있게 했다. 시장 이용객들이 야간에도 어려움 없이 쇼핑할 수 있도록 시장 전역에 전등을 설치하고 통로에 전광판을 설치, 이용함으로써 고객들에게 가까이 다가가려고 많은 노력을 기울이고 있다.

이에 반해 칠성원·경명·삼성·대성·능금시장은 2009년 4월 현재까지 시설현대화 사업 실적이 전무하며, 사업추진계획마저 없다고 한다. 이들 시장들은 시설현대화 의지가 비교적 미약해 보인다.

한편 칠성시장에는 2개의 주차공간, 즉 북구 새마을금고 쪽의 주차타워[22]와 칠성교 아래의 노변 주차장이 있다. 주차타워의 경우, 원래 신천 둔치주차장에 지상 2층 규모의 철골데크플레이트(deckplate, 철골조립구조)를 설치하려 했으나 문제가 있어 지금의 북구 새마을금고 옆으로 옮기게 된 것이다. 화장실은 각 시장마다 있지만, 그 상태가 매우 불량하다.

22 | 55억 원의 예산을 투입한 칠성시장 공영주차장은 지상 3층 규모의 철골데크플레이트로 총 167대를 주차할 수 있다. 대구 지역에서는 처음으로 카드만으로 주차요금을 수납하게 되며 최신 무인 주차시스템 도입으로 시민들에게 편리함을 제공하게 되었다.

칠성시장은 시내와 신천대로, 대구역 등이 인접해 있어 접근성과 가시성이 좋고, 시장 주변으로 먹을거리 골목(찜갈비 골목)과 쇼핑 지역(교동)이 있어 고객유인 효과도 뛰어나다. 하지만 교통 혼잡, 시장으로의 접근 불편 등의 문제가 남아 있고, 인근에 홈플러스, 롯데백화점이 들어서면서부터 시장 이용객들의 유출이 점차 많아지고 있다.

❶_깨끗한 대구청과시장 내부
❷_(유)칠성시장 내의 아케이드

❶ ❷

❶_최신식 공영주차장
❷_옛 모습 그대로인 칠성원시장

(3) 칠성시장의 상인과 이용객

가. 상인(회)

칠성시장에는 개별 시장 상인회와 이들로 이루어진 칠성시장 상인연합회가 있다. 개별시장들의 상인회 가입률은 100%이며, 칠성원시장, (유)칠성시장, 대구청과시장의 상인회가 비교적 활발히 활동하고 있다. 노점들도 일부는 각 시장 상인회에 가입해 있지만, 노점상으로만 이루어진 상인회에도 가입해 있다.

(유)칠성시장과 청과시장은 공동으로 시설현대화 사업, 이벤트 등의 활동을 전개하였으며, 상인들도 상인회 활동에 적극적으로 임하고 있다. 칠성원시장의 경우, 기존의 북문시장에서 칠성원시장으로 이름이 바뀌었음을 알리는 홍보활동을 펼쳤고, 시설현대화의 필요성을 상인들에게 주지시켜 왔다. 그러나 나머지 시장 상인회는 활동을 거의 하지 않고 있다.

7개 시장 대표들이 모여 발족된 칠성시장 연합회는 발족한 지 얼마 되지 않았고, 각자 입장과 이해관계가 달라 아직 연합회의 추진력이나 힘은 미약한 편이다. 그러나 얼마 전 칠성교 건너 농협 경북지역본부에 들어설 예정이던 농협 하나로클럽의 입점을 무산시킨 것은 누가 뭐라 해도 칠성시장 연합회가 있었기 때문이라고 생각된다.

나. 이용객 특성 및 평가

칠성시장은 싼 가격과 좋은 품질의 청과물, 식자재가 많아, 식당을 운영는 사람과 청과물 소매상들이 많이 찾는다. 이들은 주로 새벽이나 아침 시간에 시장을 방문하므로 대부분의 점포들이 새벽부터 문을 연다. 또 일반 이용객과는 달리 비교적 대량 구매하여, 구매 금액이 십만 원대 이상이다. 반면 인근 주민이 대다수인 일반 이용객들은 점심 시간 이후 시장을 방문하며, 주 구매품목은 반찬거리고, 구매 금액은 2만 원에서 4만 원대가 많다.

〈그림 4-38〉에서 칠성시장에 대한 이용객 평가를 보면 상품다양성에 대한 만족도가 가장 높다. 대중교통, 가격수준에 대한 만족도가 비교적 높은 반면, 편의시설, 보행통로, 안내시설 등에 대한 만족도는 낮은 것으로 나타났다.

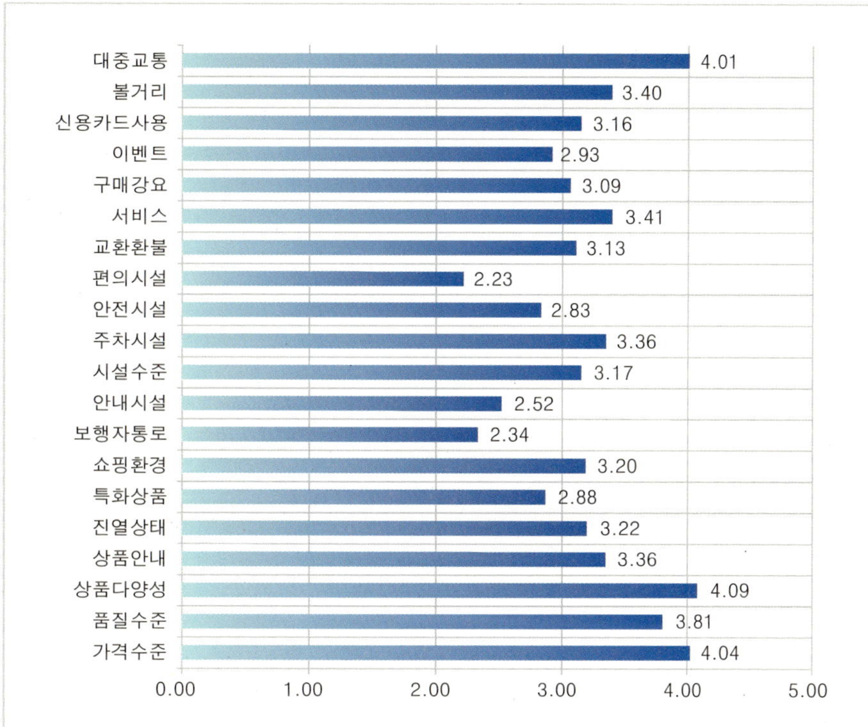

단위 : 점

〈그림 4-38〉 칠성시장 속성에 대한 이용객들의 평가

주) 숫자가 클수록 만족도가 높음을 의미함

(4) 살 거리, 먹을거리, 볼거리

칠성시장에는 다양한 청과물과 수산물 등 식자재에 관한 것이라면 없는 게 없을 정도이다. 또 칠성시장의 청과물은 인근 주민들이나 식당업자들은 물론이고 대구 전역에 걸쳐 주민들이 찾아올 정도로 유명하다. 여기에다 칠성시장 수산물은 다른 시장에 비해 가격이 싸고 종류가 다양하다는 평을 받고 있다.

한편 규모가 큰 시장답게 시장 구석구석에 다양한 먹을거리들이 있는데, 그중에서 가장 유명한 곳은 칠성원시장 내 돼지골목(식당들)이다. 돼지골목 내의 연탄

돼지불고기, 족발, 돼지머리, 보신탕 등은 칠성시장만의 유명 먹을거리라고 할 수 있다. 이뿐만 아니라 저녁이 되면 북구 새마을금고에서 칠성시장으로 가는 길목에 포장마차촌이 형성되어 낮과는 다른 분위기를 엿볼 수 있다.

❶	❷
❸	❹

❶_칠성시장 먹을거리 –연탄돼지불고기
❷_야간 포장마차 거리
❸_대표 살 거리–과일
❹_잘 정리된 청과시장 점포

(5) 1983년과 2007년의 비교

가. 점포, 시설 및 환경

2007년 현재 칠성시장은 대구청과·경명·대성·삼성·북문시장 등 7개의 시장으로 구성되어 있으며, 전체 점포 수는 약 2,000여 개에 달한다. 이 외에도 주변에 가구상가, 중고전자상가, 공구상가 등이 있다. 취급 품목에 있어서도 과거의 건어물과 소채류 중심에서 현재는 청과류, 의류, 잡화, 식기류, 전자제품까지 다양해졌다.

나. 시장 이용객

1983년 조사에 의하면 칠성시장 이용객은 식당업자와 소매상인 80%, 일반 이용객 20%로 구성되었으며, 40~50대 연령층이 대부분이었다. 소매상인 및 식당업자는 주로 새벽 내지 오전에 5~10만 원 정도의 금액을 구매하며 방문횟수는 주당 2회 정도로 나타났다. 이에 반해 일반 이용객은 주로 오후에 방문하고 1회

2~5천 원 정도 소량구매를 하며, 주당 4회 방문하고 있었다.

한편 2007년 경북대 지역시장연구소 조사에 의하면 칠성시장의 주된 이용객은 대구 지역에서 식당을 운영하는 자영업자들인 것으로 나타났다. 즉 칠성시장은 대구 전역에 산재해 있는 식당들의 식자재 공급처 역할을 한다는 것이다. 그 다음으로 동네 소매상이나 작은 시장의 상인들이 많다.

개인 이용객들은 여전히 40~60대의 비교적 고령층이 주를 이루고, 시장 방문 횟수는 주당 평균 1~2회 정도로 나타났다. 여기서 1983년에 비해 그 횟수가 절반 이하로 떨어졌음을 알 수 있는데 이는 시장 제품이 질적으로 좋고 가격이 싸다 해도 일반 시장 이용객(소비자)들은 이를 크게 중요시하지 않기 때문인 것으로 보인다. 즉 가격이나 품질도 중요시하지만 서비스나 편의성을 더 중요시하는 현대 소비자들의 성향 때문이라고 할 수 있다.

(6) 칠성시장의 문제점과 활성화 방안

가. 문제점

① 시설 환경상의 문제점

(유)칠성시장과 대구청과시장을 제외한 시장들은 시설현대화 사업이 전무해 외관에서부터 차이가 많이 난다. 즉 칠성원시장과 경명시장의 경우 좁은 통로, 지저분한 시장 환경, 노후화된 건물 등으로 인해 고객들이 불편을 감수해야 하는 실정이다. 이는 방문객들의 시장체류시간을 줄어들게 하는 주요 요인이 된다.

또 칠성시장에는 2개의 주차장이 있지만 주차장 안내·홍보가 부족하고 시장과의 거리도 멀어 활용도가 낮은 편이다. 노점상들이 인도를 차지하고 있어 통행인들에게 불편을 주고 있음에도 불구하고 이에 대한 정리나 단속활동이 전혀 이루어지지 않고 있는 실정이다.

② 운영 관리상의 문제점

칠성시장은 대구 청과시장 및 (유)칠성시장의 점포와 시장 내 음식점 일부를 제외하고는 카드 사용이 어렵고 가격표시도 제대로 이루어지지 않고 있어 문제가 된다. 그러나 대구청과시장은 대구 최대 청과물 시장답게 판매 제품의 원산지 표시와 위생관리가 비교적 잘 되어 있다.

또 칠성원·(유)칠성·대구청과시장을 제외하고는 상인교육 경험이 없다. 그래서인지 상인들은 대체로 친절서비스 수준이 낮고 시장활성화의 필요성을 못 느끼는 것 같다. 이는 곧 상인들의 참여의지 및 결단력 부족으로 이어져 새로운 사업추진에 걸림돌이 되고 있다.

나. 활성화 방안

① 일부 시장에만 실시된 시설현대화 사업을 전 시장으로 확대시켜 고객들에게 쾌적한 쇼핑환경을 제공하여야 한다. 즉, 현재 갖추지 못한 편의시설을 각 시장의 특성이나 거리에 맞게 설치하여 고객들이 편하게 시장을 이용할 수 있도록 해야 한다는 것이다.

② 원산지표시제, 가격 표시제를 철저히 실시하여 방문객들이 믿고 살 수 있는 환경을 조성하여야 하며, 시장 바닥정비, 쇼핑카트기 도입, 시장 주차장 접근성 향상 등을 통해 고객 불편을 점차적으로 해소시켜야 한다.

③ 상인의식 개혁과 상인 단결력 고취를 위한 상인교육의 강화가 요구된다. 그리고 칠성시장 상인연합회는 개별 시장간의 입장 차이를 좁혀 나가는 데 많은 힘을 기울여야 할 것이다.

④ 전통시장에서만 느낄 수 있는 나눔의 미덕을 지켜 나가면서 전통시장만의 문화를 만들어 나가야 한다. 칠성시장에서는 일 년에 두 번 정도 이벤트를 개최하고 있지만 그 효과는 크지 않아 보인다. 이는 무엇보다도 이용객들에게 관심을 끌만한 콘텐츠가 부족하기 때문이고, 나아가서는 홍보에 문제가 있기 때문이라고 본다. 모든 이벤트를 추진함에 있어 상인들만의 행사가 아닌, 지역민들이 많은 관심을 갖고 동참하는 행사가 되도록 노력해야 할 것이다.

3) 팔달신시장

(1) 시장 일반현황

1975년에 개설된 팔달신시장은 북구 노원3가 750, 876번지 일대에 있으며 서문시장, 칠성시장과 함께 대구의 3대 시장에 속한다. 그리고 경북 칠곡군, 군위군, 의성군, 안동시 등에서 생산된 청과·채소류가 운송되기 좋은 위치에 놓여 있다.

팔달신시장은 개설 시부터 대구·경북지역의 최대 농산물 도매시장으로서의 역할을 해 오다가, 1988년 북부 농산물 도매시장이 생겨남에 따라 경매기능이 사라지고 단순한 도매시장으로서의 기능만 수행해 왔다. 그간의 전통과 좋은 입지

여건으로 인해 아직까지 대구지역 내 전통시장, 마트는 물론, 경북 도내 전역에 청과, 채소류를 공급하고 있다. 또한 시장 주변에 있는 공장부지의 이전 및 주택가 재개발로 인구가 다시 증가하고 있어 시장 이용객들도 다소 늘어날 전망이다. 팔달신시장의 개황과 주변 환경을 살펴보면 〈표 4-23〉, 〈그림 4-39〉와 같다.

〈표 4-23〉 팔달신시장 개황

시장명	팔달신시장	소재지	북구 노원3동 750
개설 연도	1976년	경쟁력	B등급(2008년 평가)
점포 수	700개	상인회장	이정오(053-357-4953)
시장구분	등록 · 상설 · 종합 · 법인시장, 중대형시장, 상가건물형 시장		
비고	대구 3대 시장에 속하며 도매기능과 소매 기능을 함께 수행하는 시장임		

〈그림 4-39〉 팔달신시장 주변 환경

❶_팔달신시장 입구
❷_팔달신시장 홍보물
❸_현대화된 시장 내부

(2) 점포, 시설 및 환경

가. 점포현황

팔달신시장에는 700여 개의 점포와 200여 개의 노점이 있으며 채소류와 과일류의 도매업이 주를 이룬다. 상인들 중에는 70% 정도가 채소를 취급하고 있다고 하며, 소수나마 식품류와 한복, 주단, 커튼, 의류제품 취급 점포도 있다.

나. 시설 및 주변 환경

2008년 말 현재 팔달신시장은 그간 시설현대화 사업이 많이 이루어져 제반 시설이 좋은 편이다. 특히 2004년부터 2006년까지 370m 길이의 아케이드가 설치됨에 따라 이용객이나 상인들이 크게 편리해졌으며, '지저분하고 낡았다'는 전통시장의 고정관념을 떨치게 되었다. 이와 더불어 개별점포의 간판도 규격화시켰으며 시장 내부 주요 통로도 말끔히 정비했다. 그리고 기존 팔달 공영주차장에 지상 2층 규모의 최신식 주차시설도 마련하였다.[23]

23 | 2006년 7월에서 12월 사이에 만들어진 주차시설사업에는 25억 원이 투입되었으며, 2,232㎡에 지상 2층으로 기존 92면에다 72면이 새로 증설된 것이다. 24시간 유료로 운영되며, 주차요금은 대구시 주차장 설치 및 관리 조례에 따라 50%를 감면한 시간당 750원을 받는다. 특히 최신 카드전용(교통카드, 신용카드 등) 시스템을 설치하여 주차요금 수납에 따른 불편을 해소하였다.

❶_현존하는 1960년대 점포
❷_팔달신시장 주차장

(3) 팔달신시장의 상인과 이용객

가. 상인(회)

2명의 상근직원을 가진 팔달신시장번영회는 사무실과 회의실, 교육장까지 갖추고 있으며 투명하고 올바른 운영으로 보다 신뢰받는 시장 환경을 만들기 위해 많은 노력을 기울여 왔다. 노후화된 시설을 정비하고 아케이드와 주차장을 설치하였으며, 상인대학 설치, 운영을 통해 상인들의 경영능력을 개선시키고 서비스 마인드도 고취시켰다.

뿐만 아니라 팔달신시장 상인 32명은 스스로 북부소방서 의용소방대 제1지역대 소방대원이 되어 자신들이 모은 기금과 시장번영회의 후원금 400여 만 원으로 소화기 65개를 구입, 시장 내에 비치하였다.

❶_팔달신시장 이벤트
❷_시장 대청소 모습

나. 이용객 특성 및 평가

팔달신시장은 3공단의 급격한 침체와 주변 지역의 인구감소로 한때 존폐 위기까지 왔으나, 시장을 살리려는 상인들의 노력으로 채소 도매 전문시장이 아닌 채소 전문 시장으로서의 경쟁력을 향상시켰다. 현재 팔달신시장은 대구 인근 및 경북 일대에서 생산된 싱싱한 채소를 당일 새벽 3시경에 공급 받아 대구시내 도·소매업자와 경북 일대 중소도시로 공급하고 있다.

또 새벽부터 저녁까지 싱싱한 채소를 사기 위해 대구 전역은 물론 인근 경북지역에서도 많은 사람들이 찾아오고 있는데, 오전에는 각종 소매업자들이나 유통업자들이, 오후 시간대에는 일반 이용객들이 주를 이룬다. 시장 방문객들은 주로 30~40대의 주부층이며, 시중보다 20% 정도 싼 가격으로 채소류를 구매할 수 있어 많이 찾는다고 한다.

(4) 살 거리, 먹을거리, 볼거리

팔달신시장은 비교적 규모가 큰 중·대형 시장으로, 어디를 돌아보나 농산물, 즉 무, 배추, 파, 오이, 당근 등으로 가득 차 있다. 그들 대부분은 경북 일대에서 생산된 것으로 대구시내 도·소매업자와 경북일대 중소도시의 시장으로 판매된다.

또한 시장 내 유명 먹을거리인 평양냉면집은 간판도 없지만, 입소문을 타고 냉면을 맛보기 위해 온 사람들로 언제나 문전성시를 이룬다.

❶_팔달신시장 대표 살 거리–농산물

❷_유명 먹을거리–평양냉면

(5) 1983년과 2007년의 비교

가. 점포, 시설 및 환경

1983년 팔달신시장에는 약 200여 개의 점포들이 있었고 소채류를 직접 경매하는 데 거래처로 이용할 수 있도록 장소를 제공하거나 소규모 생산된 소채류를 여러 생산자에게서 매집하여 위탁 판매해 주었기 때문에 하나의 점포와 거래하는 생산자 및 중간상들이 많았다.

그리고 시장 점포들 중에는 쑥갓, 고추, 감자, 오이, 마늘, 배추, 상추, 부추, 무 등을 취급하는 점포가 전체의 70%~80%(140개 점포), 생산자가 직접 싣고 나온 청과물을 취급하는 점포는 20%(40개), 그리고 생산자나 중간상에게서 구입해 판매하는 고추, 참기름집이 10%(20개 점포) 정도였다. 당시 주요 취급 품목은 소채류와 청과물이었으며 그 이외에 대형 종합 식품부 한 곳과 고추, 참기름집이 있었다. 그러나 1988년에 소채류의 경매기능 허가가 취소됨에 따라 취급 품목들이 일반 생활용품으로 다소 확대되었다.

또한 시장 규모를 보면 1983년에 200여 개의 점포와 노점이 있었던 것이, 2007년에는 800여 개의 점포와 200여 개의 노점으로 거의 5배 가까이 늘어났다. 그리고 기본 시설의 경우 1983년에는 공영주차장이 없어 100여 대의 차량들이 새벽

시장도로를 차지함으로 인해 일대 교통 혼잡을 이루었다. 뿐만 아니라 수도, 배수시설마저 제대로 갖추고 있지 않았으며 화장실은 요금을 내야 이용할 수 있었다.[24] 물론 편의시설은 전무했다.

2007년 현재는 지상 2층 규모의 주차전용건물이 있는가 하면 비 오는 날에도 불편함이 없도록 한 아케이드가 설치되어 있고 진입로도 정비되었다. 수도, 배수 시설 또한 말끔히 개선되었다.

24 | 화장실은 수세식 화장실이 6개 있었으며 1회 사용에 20원을 징수하였다. 공동수도가 너무 떨어져 있어, 자체 내에 펌프를 설치해 인근 주민과 공동으로 사용했다.

나. 시장 이용객

1983년의 팔달신시장은 주요 고객이 도·소매상인들로, 새벽부터 시작하여 오전 10시 이전에 영업이 끝났다. 일반 내지 소매고객의 경우 연령대가 20대에서 50대에 이르기까지 고르게 분포해 있었으며 방문 고객의 80% 이상이 1주에 3~5회 이상 시장을 방문하는 것으로 나타났다.

또 팔달신시장을 찾는 주된 이유는 저렴한 가격(49%)과 편리한 교통(47%)이었으며, 상인 서비스 수준에 대해서는 19%의 이용객만이 만족한다고 답했다. 날씨가 쇼핑에 미치는 영향을 묻는 질문에 대해 '맑은 날에 쇼핑한다'는 응답자가 74%나 되었는데, 여기서 쇼핑이 날씨 영향을 받음을 알 수 있었다.

한편 2007년 경북대 지역시장연구소 조사에 의하면 40~50대 연령층이 대부분이며 20대 이하의 이용객은 극히 소수이다. 방문횟수는 주 1~2회 정도가 가장 많았는데 이는 1983년과 비교할 때 현저히 낮은 수준이다. 이는 젊은 층 고객들이 시장을 많이 떠났음을 간접적으로 시사한 것이라 하겠다.

상인의 서비스 친절도에 대해서는 60%의 응답자들이 조금 또는 대체로 만족한다고 응답하여 상인 서비스 수준이 많이 향상되었음을 알 수 있었다. 그러나 40%의 응답자들이 만족을 하지 않는 것으로 나타나 있어 아직 시장 상인들이 친절서비스에 더 많은 노력을 기울여야 할 상황이다. 그리고 팔달신시장의 이미지를 '현대적 시설'과 '편리함'으로 든 응답자들이 많아 과거에 비해 그간의 아케이드 공사와 공영주차장 증설공사 등이 크게 효력을 거둔 것으로 보인다.

(6) 팔달신시장의 문제점과 활성화 방안

가. 문제점

① 시장 환경이 많이 개선되었으나 제반 고객편의시설이 부족하다. 고객휴게실, 안내센터, 유아놀이방 등은 젊은 층 고객의 유인하는 데 반드시 필요한 시설

이라 하겠다.

② 상인들의 친절서비스가 부족하다. 과거에 비해 크게 개선된 것은 사실이나 아직 많은 고객들이 상인들의 친절도에 만족하지 못하고 있는 상태이기 때문이다. 이는 경쟁 관계에 있는 대형마트의 경우와 비교하면 차이가 확연하다.

③ 팔달신시장이 제공할 수 있는 편의시설 및 서비스에 대한 홍보가 부족하다. 이는 소비자보호센터가 있는 것을 알고 있느냐는 질문에 80% 이상의 응답자들이 모른다고 답한 데서도 잘 알 수 있다. 실제로 팔달시장에는 관리사무소 옆에 번영회 사무실 겸 소비자고발센터(또는 소비자보호센터)가 있지만 대부분의 이용객이 이를 잘 알지 못하고 있다.

나. 활성화 방안

① 공공시설의 확충

공영주차장 안내 표지판이 제대로 설치되지 않아 주차장 이용에 어려움이 있다. 따라서 공영주차장 안내판의 재설치가 필요하다고 본다. 400m에 달하는 시장 내에 화장실이 두 개뿐인데 이는 시장 이용객 및 상인 규모에 비하면 너무나 적은 것이기 때문이다. 또 이용객들이 쉴 공간이 없는 것도 문제이다.

② 상인교육의 확대

팔달신시장에서는 일찍부터 상인대학을 설치, 운영한바 있으며 교육장까지 마련했다. 그러나 여전히 불친절하고 무뚝뚝한 상인들이 많아 이용객들이 쉽게 다가갈 수 없다고 한다. 따라서 상인들에게 친절서비스 교육을 더욱 강화시켜야 할 것으로 본다.

③ 소비자보호센터의 활성화

팔달신시장에는 관리사무소 옆에 소비자고발(보호)센터가 마련되어 있지만 시장 방문객 대부분이 이 사실을 모르고 있다. 따라서 소비자고발(보호)센터에 대한 적극적인 홍보를 통해 많은 사람들이 이용할 수 있도록 해야 할 것이다.

4) 동대구시장

(1) 시장 일반현황

1969년에 개설된 동대구시장은 대현동 주민들이 주로 이용하는 시장으로 인근 칠성시장과 대형슈퍼마켓 3개로부터 위협을 받고 있다. 동대구시장의 개황과 주변 환경을 살펴보면 아래 〈표 4-24〉, 〈그림 4-40〉과 같다.

〈표 4-24〉 동대구시장 개황

시장명	동대구시장	소재지	북구 대현동 390
개설 연도	1969년	경쟁력	E등급(2008년 평가)
점포 수	60개	상인회장	임동근(053-942-9796)
시장구분	등록 · 상설 · 일반 · 공동시장		
비고	2004년 환경개선사업 실시, 2007년 시장 입간판 및 화장실 설치		

〈그림 4-40〉 동대구시장 주변 환경

❶_동대구시장 입간판
❷_시장 내 통로

(2) 점포, 시설 및 환경

가. 점포현황

60여 개의 점포들로 이루어진 동대구시장은 2008년 말 현재 빈 점포가 26개나 있어 문제가 많다. 시장 주변 골목상점들로 인해 시장 분위기는 다소 활기차 보이나, 지금까지 이루어진 시설현대화 사업은 미미하다. 분식류를 취급하는 식당들이 많고 각종 생활잡화 및 청과·채소류를 파는 곳도 있다.

나. 시설 및 주변 환경

동대구시장에는 공영주차장이 없고 시장 입구에 개인 소유의 유료주차장이 있으나 시장방문객들의 이용률은 낮다. 그 결과 인근 대로변에 불법 주차를 하는 시장방문객들이 많아 문제가 된다. 또 시장 통로가 좁은데도 불구하고 오토바이 및 자전거가 수시로 다니고 있어 고객들의 통행을 방해하고 있다. 고객안내센터, 고객휴게실 등의 고객편의시설도 없다.

(3) 동대구시장의 상인과 이용객

가. 상인(회)

동대구시장 상인회는 상가 건물 내의 상인들이 회원으로 되어 있고, 외부 골목 점포 상인들과 노점상들은 가입되어 있지 않다. 그래서 상인회의 힘이 약하고 시장활성화 사업 추진도 어렵다. 주변 노점 상인들과 시장 내부 노점상 간에 사이가 좋지 않으며, 전체 상인들의 의견을 한데 모으기가 쉽지 않아 보인다.

❶ ❷

❶_동대구시장 상가 건물
❷_입구를 막고 있는 노점상

나. 이용객 특성 및 평가

시장 방문객은 인근 대현동의 30~50대 주부들이 대부분이다. 이들은 간단한 반찬거리 위주의 상품을 구매할 때 동대구시장을 주로 이용하지만 잡화나 과일 구입 시에는 인근 칠성시장이나 주변의 슈퍼마켓을 이용한다. 가장 많이 붐비는 시간은 오후 2시에서 5시 사이이며, 평균 구매 금액은 1만 원대 미만이다.

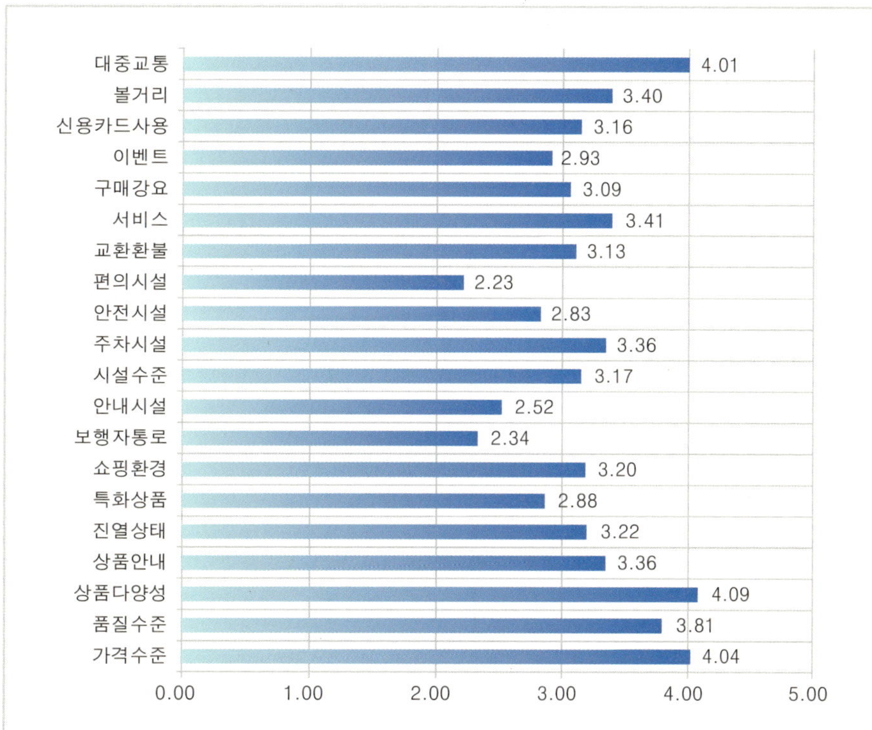

단위 : 점

〈그림 4-41〉 동대구시장 속성에 대한 이용객들의 평가

주) 숫자가 클수록 만족도가 높음을 의미함

〈그림 4-41〉에서 보듯이 동대구시장 이용객들은 대중교통 이용에 대해 만족도(4.23)가 가장 높고, 안전시설과 주차시설에 대해서는 만족도(각각 1.90)가 가장 낮다.

(4) 동대구시장의 문제점과 활성화 방안

가. 문제점

① 시장현대화 사업 실적이 전무하다. 그래서 화장실을 제외한 편의시설이 없는 상태다.

② 동대구시장 이용객들은 주차공간이 없어 많은 불편을 겪는다.

③ 상인들의 시장활성화 의지가 약해 보이며 찾는 손님이 없어서인지 상인들이 놀이를 하는 모습도 볼 수 있다.

④ 가격 정찰제, 원산지 표시제가 거의 이루어지지 않고 있는 실정이다.

나. 활성화 방안

① 동대구시장에는 다른 시장에 없는 독특한 특성을 부여할 필요가 있다고 본다. 이 외에는 따로 경쟁력을 키울 수 있는 방법이 없다고 보기 때문이다.

② 동대구시장의 가장 시급한 사항은 상가 건물 내 상인들과 골목 점포 상인들 간에 긴밀한 협조 관계를 형성하는 일과 주차시설을 마련하는 일이라고 본다. 상인 단합과 주차공간 마련이야말로 시장활성화의 기본 요건이 되기 때문이다.

③ 상인의식 및 서비스 수준 향상을 위한 교육이 있어야 한다. 상인들 스스로 상인의식을 고취시키고 적극적인 활성화 의지를 가져야 하나 실제로는 그렇지 못하기 때문이다.

④ 고객편의시설의 부재로 인해 시장 이용객들의 불편이 크다. 따라서 시장 이용객들을 위한 편의시설을 하루빨리 마련해야 할 것이다.

6. 수성구 전통시장

1) 신천시장

(1) 시장 일반현황

수성구 범어3동에 위치한 신천시장은 대지 4,462㎡, 건평 3,077㎡ 규모의 시장이다. 자연 발생적 난전의 형태로 시작된 대부분의 전통시장과는 달리, 신천시장은 1970년 2월 주식회사 신천시장으로 개설된 이래 지금까지 원래의 시설 구조를 그대로 유지하고 있다. 처음에는 5명의 개인이 주주이자 소유주였으나 그들이 주식을 일반인들에게 매도함으로써 개인 소유로 바뀌었다.

과거에는 수성 2·3·4가와 동구지역 일부 주민들이 많이 이용했으나 현재는 수성동 및 범어동 지역 고층아파트 주민들이 주된 고객이다. 신천시장의 주변 환경과 개황을 알아보면 아래 〈그림 4-42〉, 〈표 4-25〉와 같다.

〈그림 4-42〉 신천시장 주변 환경

〈표 4-25〉 신천시장 개황

시장명	신천시장	소재지	수성구 범어3동 1004
개설 연도	1970년	경쟁력	E등급(2008년 평가)
점포 수	60개	상인회장	임동근(053-942-9796)
시장구분	등록 · 상설 · 종합 · 공동시장, 중형시장, 상가건물형 시장		
비고	일부 점포의 전면(간판)을 단장하고 있으나 시장 내부는 옛날 그대로의 모습을 갖고 있음		

❶_신천시장 외관
❷_무질서한 상품진열

(2) 점포, 시설 및 환경

가. 점포현황

2009년 5월 현재 40여개 점포와 10개의 노점으로 이루어져 있는 신천시장은 반 이상의 점포가 문을 닫은 상태다. 시장 내에는 채소, 과일류 취급 점포가 많으며, 유명 분식집도 있다. 주변에는 식당이 많은 편이다.

나. 시설 및 주변 환경

많은 전통시장들이 정부, 즉 중소기업청으로부터 지원을 받아 왔으나 신천시장은 2009년 말 현재까지는 그러지 못했다. 주차장이 없어 시장 옆에 있는 복개도로를 이용하고 있으며, 공용 화장실이 1개 있으나 그 위치를 알리는 표지판이 없다.

❶_시장내 할인마트
❷_어두운 시장내부

(3) 신천시장의 상인과 이용객

가. 상인(회)

주변 지역의 재개발이 시작되면서 많은 상인들이 시장을 떠나 현재 남아 있는 상인은 소수이다. 그들에게서는 시장활성화 의지를 찾아보기 어려운 것 같다.

나. 이용객 특성 및 평가

신천시장에는 분식집을 찾는 10~20대 학생, 주위 아파트의 30~40대 주부, 그리고 유명 삼겹살집을 찾는 20~30대 연령층이 많이 눈에 띈다. 그러나 실제로 신천시장 상인들과 접촉이 많은 것은 도보로 시장 이용이 가능한 인근 주민들이다. 그들의 구매액은 1~2만 원대가 주를 이루고 있으며, 구매품목은 기타식품(분식), 식재료, 반찬류가 많은 것으로 조사되었다. 시장 내 유동인구가 가장 많은 시간대는 오후 4시에서 7시 사이이다.

(4) 살 거리, 먹을거리, 볼거리

신천시장이라 하면 사람들, 특히 젊은 층은 제일 먼저 떡볶이를 떠올리게 된다. 신천시장의 떡볶이는 고통스러울 만큼 매운 맛이 특징인데 몇 번 먹으면 중독이 된다 하여 '마약 떡볶이'라는 별명을 갖고 있다.

신천시장 바로 옆 골목에는 맛집으로 소문이 크게 나 있는 '소백산 왕소금구이 삼겹살'과 '이진태 삼겹살'이 나란히 있는데 저녁 식사 시간은 물론 밤 12시 이전까지는 20~30분 기다려야 먹어볼 수 있을 정도로 많은 이들이 찾는다.

❶_신천시장 명물-신천 떡뽁이
❷_먹을거리-돼지 삼겹살

(5) 1983년과 2007년의 비교

가. 점포, 시설 및 환경

1983년 신천시장에는 약 80여 개의 점포와 30여 개의 노점이 있었다. 범어3동이나 수성2·3·4가와 인접해 있고 동구지역과도 연결되어 있어 많은 사람들로 붐볐다. 그러나 1990년대 후반 재개발 열풍이 있고부터 주민들이 떠나면서 자연스레 시장에 사람들의 발길이 끊기게 되었다. 그 결과 2007년 현재는 상인들마저도 거의 떠나 버려 반 정도의 점포가 문을 닫은 상태다.

나. 시장 이용객

신천시장 이용객을 보면 1983년 조사 시에는 이용객의 90% 이상이 인근 주택가 주부들이며, 연령대는 30~40대가 주를 이루었다. 그러나 2007년 조사에 의하면 시장 이용객의 모습을 찾아보기 어려울 정도로 한산한데, 그나마 보이는 사람은 대부분 노인들이고 젊은 사람들이라고는 신천할매 떡볶이와 왕소금구이를 먹으러 오는 이들이 전부다.

(6) 신천시장의 문제점과 활성화 방안

가. 문제점

① 신천시장은 인근에 대규모 주택단지와 시장 핵점포(신천할매떡볶이)가 있으나, 시장 으로서는 경쟁력이 없어 보인다.

② 시설의 노후화와 많은 빈 점포로 인해 시장이 크게 침체되어 있다.

③ 비가림시설 등 제반 기반·편의시설이 없어 시장 이용객들이 크게 불편해 한다.

나. 활성화 방안

① 근린생활형인 신천시장은 2007년과 2008년에 입주한 인근 대단지 아파트 입주민들을 어떻게 시장으로 유인하느냐에 신천시장의 장래가 달려있다고 본다. 노후화된 시설을 보수해야 하는데, 무엇보다도 비가림시설을 갖추고, 좁은 골목과 울퉁불퉁한 길을 정비해야 할 것이다.

또한 고객의 집까지 상품을 배달하는 택배 시스템을 구축·운영하고 시장 홍보를 위한 각종 이벤트도 열 필요가 있다. 또 마일리지 제도 등을 도입하거나 주민 노래자랑, 먹을거리 축제 등을 열어 새로운 아파트 주민들과 함께 하는 시장을 만들어 나가야 할 것이다.

② 신천시장의 경우 떡볶이가 전국적으로 유명하므로 이를 이용해 신천시장을 홍보하는 방안도 고려해 볼 만하다.

2) 수성시장

(1) 시장 일반현황

수성구 수성2가 39번지에 있는 수성시장은 4개 시장 즉 태백·새수성·수성·동성시장으로 이루어져 있다. 수성시장은 수성동, 황금동, 상동 등 수성구 일대의 중심상권이 되는 시장이며, 또 주변에 대단위 아파트단지와 주택단지가 있는 전형적인 근린생활형 시장이다. 수성시장의 개황을 보면 아래 〈표 4-26〉과 같다.

〈표 4-26〉 수성시장 개황

시장명	수성시장	소재지	수성구 수성2가 39번지
개설 연도	1971년	경쟁력	E등급(2008년 평가)
점포 수	116(106+10)개	상인회장	임동근(053-942-9796)
시장구분	등록 · 상설 · 종합 · 공동시장, 중형시장, 상가건물형 시장		
비고	떡, 돼지고기 취급점들이 많으며 시장현대화 사업 실적이 전무함		

❶_초라한 수성시장 간판
❷_도로변 상점-철물점

(2) 점포, 시설 및 환경

가. 점포현황

수성시장은 상가형 시장으로서 106개 점포와 10여 개 노점으로 구성된다. 상품구색은 비교적 잘 갖추어져 있는 편이나 시장 내 빈 점포가 60여 개나 되고, 통로마저 좁고 어두워 한 눈에 보아도 침체된 시장으로 보인다. 특이한 점은 떡집이 10여 개나 된다는 것인데, 이것을 시장의 특화상품으로 발전시킬 필요가 있다고 본다.

입지조건을 살펴보면 시장 앞 4차선 도로는 대구의 유명 관광 코스로 자리 잡은 들안길로 이어진다. 시장 맞은편에는 아파트 단지(코오롱 하늘채, 롯데캐슬, 쌍용예가, 화성파크드림 1차)가, 뒤편으로는 주택단지가 있다. 그리고 시장 주변에는 동일초등학교, 동중학교, 대구시 교육청, 대구은행 본점, 교보생명 등이 위치해 있다.

❶_수성시장 내부
❷_방치된 빈 점포(식당)

나. 시설 및 주변 환경

수성시장의 시설현대화 사업은 시장 앞 도로정비 외에는 전무하다고 해도 지나치지 않다. 2층에 위치한 공중화장실은 관리가 제대로 되지 않아 이용하기에 불편하다. 주차장은 물론 제반 고객편의시설도 없다.

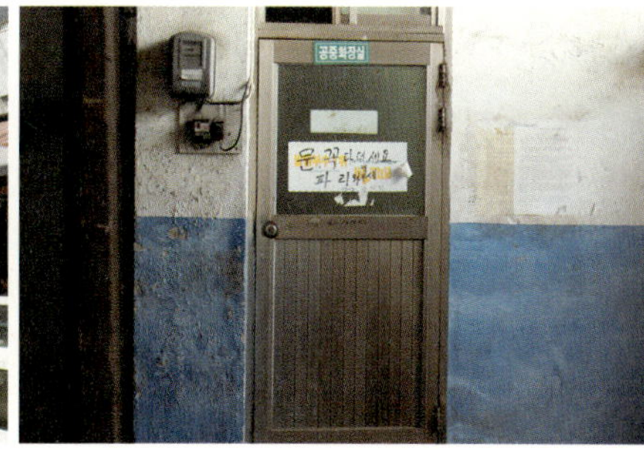

❶_수성시장 도로변 노점
❷_공중화장실

(3) 수성시장의 상인과 이용객

가. 상인(회)

수성시장 상인들은 대체로 활기가 없고 서비스 정신이 부족하다. 4개의 개별 시장(상인회)을 통합하는 상인회 조직이 없으며 상인들의 시장활성화 의지 또한 보이지 않는다. 수성시장은 〈그림 4-43〉에서 보듯이 태백·새수성·수성·동성 4개 시장으로 구성되어 있다.

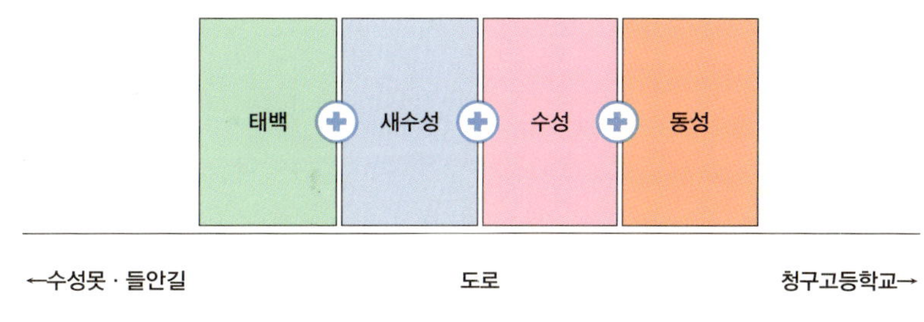

〈그림 4-43〉 수성시장의 개별시장 구성

나. 이용객 특성 및 평가

수성시장을 찾는 이는 인근 주택가와 아파트 단지의 30~50대 주부층이 대부분이며 일부나마 주변에 위치한 관공서 사람들도 있다. 그들의 구매액은 2~3만 원대이며, 주요 구매품목은 청과, 채소, 반찬류이다. 또 시장을 가장 많이 찾는 시간대가 오후 4~6시대로 나타났는데 이는 대부분의 사람들이 퇴근 시간과 저녁 식사 준비 시간에 맞춰 시장을 방문한다는 것을 의미한다.

(4) 살 거리, 먹을거리, 볼거리

수성시장에는 추어탕집이 5개 있는데 그중에서 '청도할매추어탕'이 유명하다. 이곳은 좋은 재료를 고집하는 주인 아주머니의 푸짐한 인심 덕분에 추어탕을 먹으려는 손님들로 항상 넘쳐난다. 수성시장 돼지엄마로 불리는 신의득씨가 운영하는 '불로왕족발' 또한 소문난 맛집이라고 한다.

❶	❷

❶_수성시장 유명 점포 –불로왕족발집
❷_주요 살 거리–떡

(5) 수성시장의 문제점과 활성화 방안

가. 문제점

① 수성시장은 시장현대화의 전재 사항이라 할 수 있는 (통합)상인회 조직이 결성되지 않는 한 어떠한 사업도 추진하기 어려운 실정이다.

② 주차장, 화장실 마련도 중요하지만 시장 외관 보수 공사가 하루빨리 이루어져야 할 것이다.

③ 현재의 시장 알림 간판은 가시성이 떨어질 뿐 아니라 시장 규모에 비해 너무 작다.

나. 활성화 방안

① 먼저 4개의 시장번영회를 하나로 모아 통합된 상인회를 조직하여야 한다. 이는 상인회 조직의 존재여부와 결속력이 현실적으로 시장활성화의 관건이 되기 때문이다.

② 통합 상인회가 조직되면 노후화된 곳을 정비하고, 배수 시설과 화재 예방

시설을 설치해야한다. 그리고 빈 점포들은 시장을 크게 침체되어 보이게 하므로 이에 대한 재정비가 시급하다고 본다.

③ 수성시장활성화를 위해서는 떡집을 핵점포로 활용하는 방안과 반찬거리를 중심으로 소포장 및 배달 서비스를 제공하는 방안을 강구해 볼 필요가 있을 것이다.

3) 지산종합시장

(1) 시장 일반현황

수성구 지산2동에 위치해 있는 지산종합시장은 지산·범물동 아파트 단지 조성 시점인 1990년에 목련아파트 인근의 상점가를 중심으로 형성되었으며, 인근 아파트 주민들이 주로 이용하는 근린생활형 시장이다. 오래전부터 목련시장으로 불려 왔기 때문에 지금은 목련시장과 지산종합시장이 혼용되고 있는데 이 책에서는 지산종합시장으로 지칭하기로 한다.

시장 주변에는 동아백화점 수성점과 중형 규모의 마트가 있고 유동인구가 많은 편이다. 지산종합시장의 개황과 주변 환경을 살펴보면 아래 〈표 4-27〉, 〈그림 4-44〉와 같다.

〈표 4-27〉 지산종합시장 개황

시장명	지산종합시장(목련시장)	소재지	수성구 지산2동 1199-10
개설 연도	1990년	경쟁력	B등급(2008년 평가)
점포 수	74개	상인회장	이운석(053-782-4565)
시장구분	등록 · 상설 · 종합 · 공동시장, 소형시장, 상가건물형 시장		
비고	주차장(8대), 화장실이 있으나 현대화 사업이 크게 요구되는 시장임		

〈그림 4-44〉 지산종합시장 주변 환경

❶_지산종합(목련)시장 입간판
❷_시장 내 주 통로
❸_시장 후문

(2) 점포, 시설 및 환경

가. 점포현황

2008년 현재 지산종합시장에는 74개의 점포가 있으며 빈 점포는 없다. 수성관광호텔 입구에서 범물동 방향 600m 지점에 있으며, 상가복합형 시장의 모습을 갖추고 있다. 의류, 음식점, 식자재, 반찬 등을 취급하는 점포가 많다.

나. 시설 및 주변 환경

기존 시장상가 주차장을 깨끗하게 개·보수하였으나, 공간이 협소하며(총 주차대수 20대) 안내 간판이 없고 진입로가 좁아 이용객들이 이용하는 데 불편이 따른다. 지산종합시장은 2007년에 실시된 아케이드 공사, 시장 간판 설치 등을 통해 현대적 모습으로 탈바꿈하였다. 그러나 고객편의센터, 자전거 보관대 등의 편의시설이 없다.

❶_지산종합시장 지하 주차장
❷_깨끗한 화장실

(3) 지산종합시장의 상인과 이용객

가. 상인(회)

지산종합시장 상인회에는 시장 상인들은 물론 주위의 상가 상인들도 가입되어 있다.

지산종합시장은 소형 근린생활형 시장이지만 아파트 단지의 젊은 고객들이 비교적 많이 시장을 방문하고 있다는 점을 감안해 그들이 불편하지 않게끔 카드 및 시장상품권을 사용 가능하도록 하였다. 또한 상인들의 경영혁신 의지가 매우 강해 시장활성화 사업을 적극적으로 실시해 왔는데, 특히 2008년부터 이벤트 경품행사를 통해 고객유치에 나서고 있다.

나. 이용객 특성 및 평가

지산종합시장의 주 이용객은 주위 아파트 단지의 30~40대 주부들이며, 차량 이용객보다는 도보로 시장을 찾는 고객들이 대부분이다. 구매액은 대체로 2~3만 원대이며, 구매품목은 식재료, 반찬류가 주를 이루는 것으로 조사되었다.

시장 방문객이 많은 시간대는 오후 4시에서 6시 사이이고 그들은 시장 내부뿐만 아니라 주위 상가 점포 및 노점상, 중형마트와 동아백화점 수성점의 지하 식품코너도 이용한다.

(4) 살 거리, 먹을거리, 볼거리

시장고객들이 가장 많이 찾는 품목은 상가 입구를 중심으로 판매되고 있는 식재료와 반찬류인데 깔끔한 진열과 위생관리로 인해 고객들이 안심하고 구매하고 있다. 시장 안에 있는 돼지국밥과 떡볶이는 지산동 사람들에게 널리 알려진 유명 먹을거리다.

❶_지산종합시장 살 거리-반찬
❷_주요 먹을거리-돼지국밥

(5) 지산종합시장의 문제점과 활성화 방안

가. 문제점

① 지산종합시장은 대규모 아파트 단지 중심에 위치하고 있어 시장 주변에 유동인구가 많다. 인근 주민들이 많이 이용하고 있으나, 시장 입구 주변(지산2단지~지산 현대타운)에 위치한 노점상들과 중형할인마트(K할인마트, 원마트, 목련할인마트, 하나로마트)들로 인해 시장 이용객이 점차적으로 줄고 있는 실정이다.

② 주차장이 있으나 이용객들이 잘 모르고 있고, 공간마저 협소하여 주위에 불법주차를 많이 한다. 화장실 외에는 편의시설이 전무한데, 특히 어린이 놀이시설이 없어 자녀를 동반한 고객들이 편하게 장을 볼 수 없는 실정이다.

나. 활성화 방안

① 퇴근 시간대에 맞춰 깜짝 세일 등의 판촉활동(시간대 할인, 쿠폰제도)을 실시하여 주변 경쟁업태에 대응하면서 고객만족도를 높여야 한다. 주변 경쟁업태인 백화점, 할인마트에서는 자주 '떨이' 등의 할인행사를 하고 있기 때문이다.

② 주차장 안내간판 설치를 통해 주차장 위치를 알려야 함은 물론, 주차장 추가 확보로 차량이용 고객의 시장 이용도 및 만족도를 높여야 한다.

③ 고객지원센터 및 탁아방 등의 편의시설을 확충하여 어린 자녀를 동반한 30~40대 주부들의 편의를 도모해야 하고 또 문화교실을 개설, 운영함으로써 그들의 문화적 욕구도 충족시킬 필요가 있다. 이는 곧 지산종합시장 재방문을 촉진하는 일이라 하겠다.

7. 달서구 전통시장

1) 서남신시장

(1) 시장 일반현황

달서구 감삼동에 위치한 서남신시장(원화여고네거리~죽전네거리 사이)은 1984년 8월 15일 '서남종합상가'라는 이름으로 설립되었으며 대백마트를 중심으로 신시장과 구시장(서남시장)으로 나뉜다. 으레 전통시장하면 비좁고 지저분한 곳이라 생각하지만 서남신시장을 방문하면 그런 생각과는 거리가 먼 시장임을 알 수 있다. 10만여 세대의 인근 주민과 성주, 성서등 원거리 고객까지 서남신시장을 즐겨 찾고 있으며 성당 및 중리주공의 재개발이 끝나면 더욱 활성될 것으로 보인다.

또한 다수의 노선버스와 지하철역이 인접해 교통이 편리하고 인근에 두류공원과 우방랜드가 있어 유동인구가 많은 편이며, 동일 상권 내에는 홈플러스 내당점과 농협하나로마트가 있다. 서남신시장의 개황과 주변 환경을 살펴보면 아래 〈표 4-28〉, 〈그림 4-45〉와 같다.

〈표 4-28〉 서남신시장 개황

시장명	서남신시장	소재지	달서구 감삼동 56-18
개설 연도	1984년	경쟁력	B등급(2008년 평가)
점포 수	245(125+120)개	상인회장	허동구(053-562-1222)
시장구분	인정 · 상설 · 종합 · 공동시장, 중형시장, 상가주택복합형 시장		
비고	중소기업청장표창을 받았고 경영 및 시설현대화가 많이 이루어진 시장임		

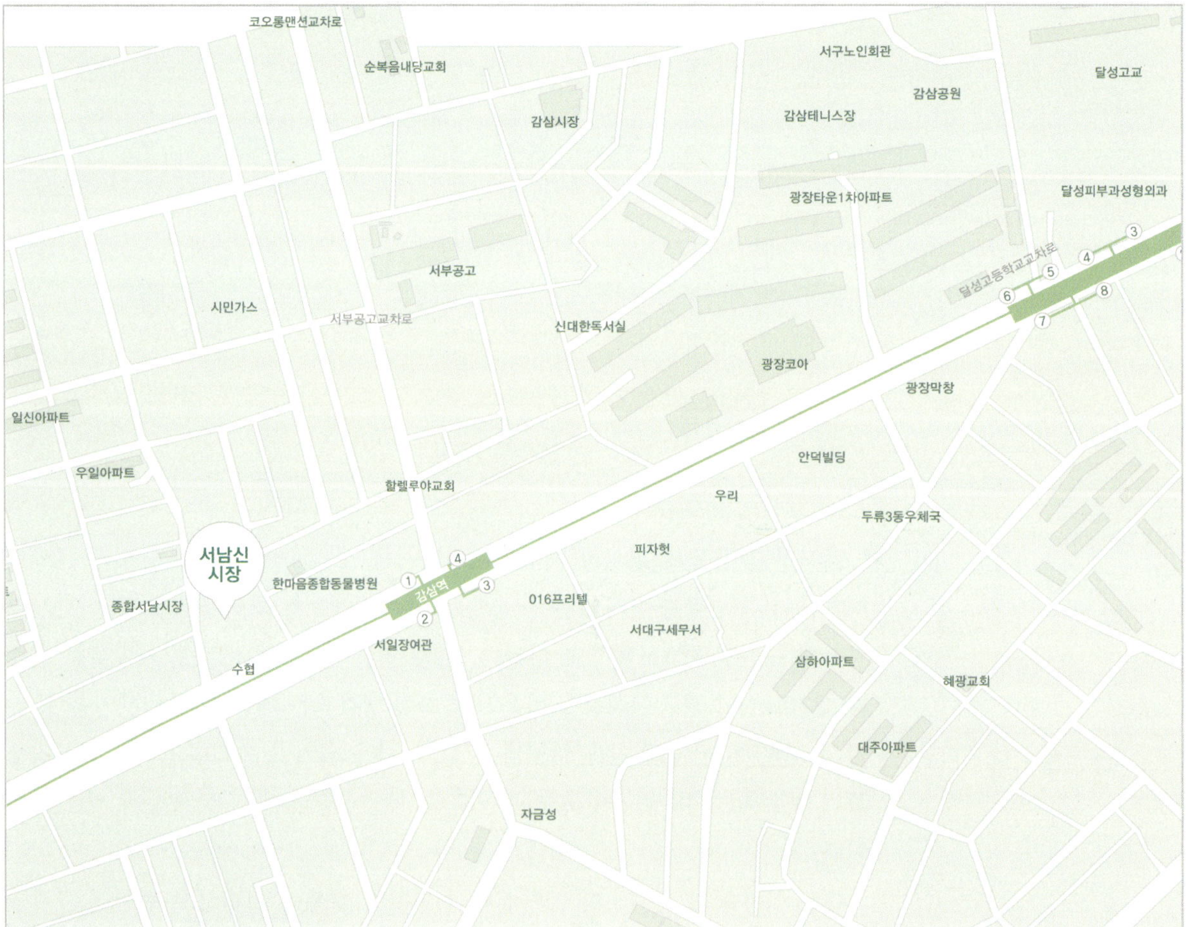

〈그림 4-45〉 서남신시장 주변 환경

❶_서남신시장 입구
❷_현대화된 시장 내부

(2) 점포, 시설 및 환경

가. 점포현황

2008년 말 현재 서남신시장은 125여 개의 점포와 120여 개의 노점으로 구성되어 있다. 먹을거리 취급 점포들이 제일 많고, 대부분의 점포들이 소규모이다. 점포의 상당수가 분식, 족발, 건어물 등을 취급하고 있으며, 의류나 잡화를 취급하는 상점들은 다른 시장에 비해 적은 편이다.

❶_상인회 사무실
❷_서남신시장 상인교육장

나. 시설 및 주변 환경

먼저 2002년~2006년까지 약 9억 원의 자금을 투입하여 주차장 설치, 화장실 개 보수, 진입도로 정비 등의 사업을 실시한 바 있다. 이어 2007년 11월~2008년 9월까지 약 40억 원을 투입해 반투명 아케이드와 적갈색 벽돌의 바닥, 시장 소식을 전해주는 PDP 전광판 등을 설치하여 시장 분위기가 크게 개선되었다. 시장 주변에 대형마트와 농축수협매장이 각각 한 개씩 있으나 서남신시장에는 영향을 주지 않는 것으로 보인다.

(3) 서남신시장의 상인과 이용객

가. 상인(회)

서남신시장 상인회는 상인 가입률이 84%이고, 별도의 상인회 사무실과 회의실을 갖추고 있으며 상근직원 1명이 사무실을 지키고 있다. 서남신시장은 2002년부터 2008년까지 진행된 시설현대화 사업으로 시장 정비가 잘 되어 있지만 고객편의시설의 설치나 전체적인 장내 구획정리 등은 앞으로 수행되어야 할 사업으로 남아 있다.[25]

서남신시장에서는 2007년 2월 지역에서 처음으로 상품권과 쿠폰제도를 도입하였으며 판매촉진 활동도 적극적으로 전개하고 있다. 뿐만 아니라 일찍이 상인대학을 유치하여 상인들의 서비스정신을 함양시켜 왔는데, 이를 많은 다른 전통시장 상인회에서 벤치마킹해가고 있다.

25 | 쿠폰 한 장이 100원이며 30장을 모으면 현금처럼 사용할 수 있도록 하였다. 그리고 쿠폰 뒷면에 성명, 연락처를 기록하게 하고 이것을 모았다가 매달 말일에 30명을 추첨하여 1만 원권 서남신시장 상품권을 준다.

❶_서남신시장 쿠폰, 적립카드
❷_중소기업청 지정 우수점포 -성주참한우

나. 이용객 특성 및 평가

서남신시장의 경우 낮 시간대에는 장을 보는 주부들이 많으며, 저녁 시간대에는 먹을거리 골목을 중심으로 젊은 층과 직장인들이 많이 찾는다.

서남신시장에 대한 전반적인 만족도는 낮은 것으로 나타났다. 보행통로, 대중교통 등에서는 높은 만족도를 보이고 있으나, 편의시설과 주차시설에 대한 만족도는 상대적으로 낮은 것으로 나타났다. 하지만 이용객 속성평가는 시설현대화 사업이 이루어지기 전의 자료이므로 2010년 현재의 이용객 시장 평가는 다소 높을 것으로 예상된다.

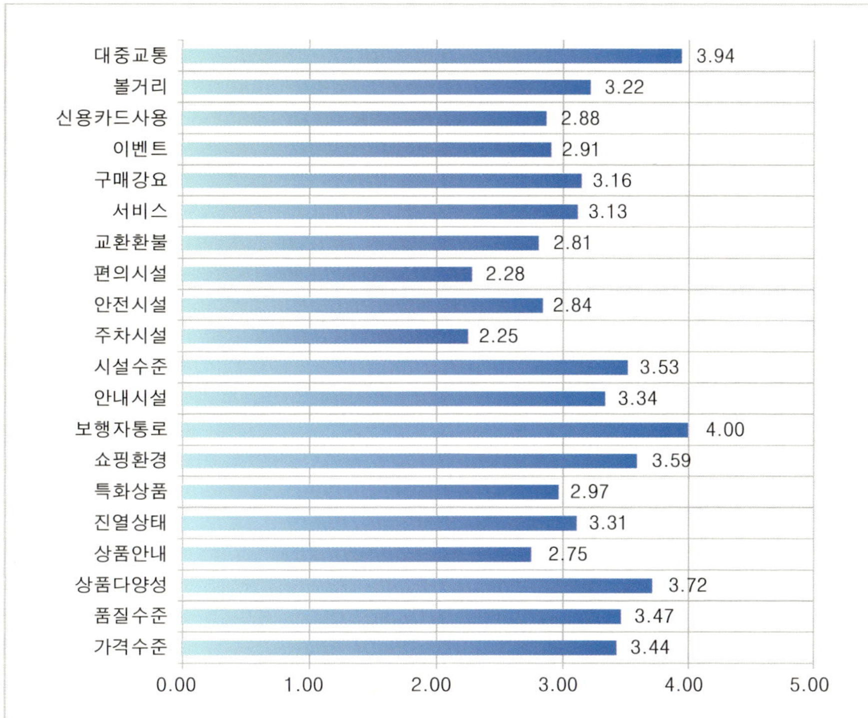

〈그림 4-46〉 서남신시장 속성에 대한 이용객들의 평가 단위 : 점

주) 숫자가 클수록 만족도가 높음을 의미함

(4) 살 거리, 먹을거리, 볼거리

서남신시장의 살 거리로는 한우를 들 수 있는데 "한우가 아닐 시 소 한 마리 변상합니다."라는 문구를 내건 '성주참한우'가 유명하다. 이 점포는 2006년 시장경영지원센터에서 선정하는 우수 점포로 선정되었고, 2007년에는 이달의 모범점포로도 추천된 유명점포다. 또한 먹을거리로는 '서울왕족발'이 유명한데 방송에도 여러 차례 소개되었으며 타 지역에서도 찾아오는 대구의 맛집으로 정평이 나 있다.

❶_대표 먹을거리-족발
❷_서남신시장 먹을거리 골목

(5) 1983년과 2007년의 비교

서남신시장의 가장 큰 변화는 고객들이 많이 찾는 구역, 즉 시장 내 번화가가 달라졌다는 점이다. 즉 예전에도 서남신시장의 중앙에서 볼 때 오른쪽 골목이 활성화되었던 데 반해 최근에는 아파트 쪽으로 통하는 일직선 방향의 골목과 지하철 쪽으로 통하는 왼쪽 골목이 활성화되어 있다.

과거 오른쪽 골목은 생선, 채소, 건어물, 과일 등을 취급하는 번성한 골목이었고 상가건물 안에는 옷가게들이 많았는데 요즘은 떡집 몇 개만이 있을 뿐 황량한 모습이다. 옷가게가 있던 구역 역시 마트로 변해 옛날의 모습은 전혀 찾을 수 없다.

시장 전체적으로 볼 때 옷이나 신발 등 공산품을 파는 점포들이 크게 줄었는데 이는 대형소매점과의 경쟁에서 밀려났기 때문으로 보인다. 이처럼 옷이나 신발 취급 가게들은 많이 사라졌지만 품질 좋은 채소류나 과일, 생선 등은 마트보다 값싸게, 원하는 양만큼만 구매할 수 있다는 장점이 있어 대형마트들의 위협에도 불구하고 서남신시장이 예전 못지않게 장세를 누리고 있는 것이 아닌가 싶다.

(6) 서남신시장의 문제점과 활성화 방안

가. 문제점

① 서남신시장의 가장 큰 문제는 주차공간이 크게 부족하다는 사실이다. 많은 시장 이용객들이 시장 입구 도로가에 불법주차를 해 놓아 노선버스들이 정차하지 못함은 물론이고 일반 차량들의 통행마저 어렵게 하고 있다.

② 고객편의시설이 미흡한 상태다. 또한 청결 및 시장구조 문제가 과거에 비해 크게 개선되기는 하였으나 아직 개선할 사항이 많다.

③ 상품진열 구역과 사람들의 통행구역이 구분되어 있지 않아 시장 이용객들이 크게 불편해 하고 있다.

나. 활성화 방안

① 2007년 조사에 의하면 서남신시장의 가장 시급한 과제는 주차장 확충인 것으로 나타나 있다. 다른 시장에 비해 접근성이 좋은 편이긴 하나, 구입 물품의 양이 많을 때는 자동차의 이용이 필수적이다. 특히 야채와 청과물은 가격경쟁력에 있어 우위를 차지하지만, 부피가 크고 무게가 많이 나가기 때문에 자동차를 이용하지 않으면 안 된다. 따라서 주차시설의 확충은 서남신시장의 경쟁력을 향상시키는 최선의 방안이라 하겠다.

② 서남신시장은 다른 시장과 차별화할 수 있는 특화 상품의 개발이 요구된다. 이미 분식류와 족발을 중심으로 한 먹을거리 골목이 잘 형성되어 있고 꽤 알려져 있으므로, 이들 점포들을 중심으로 평화시장의 '똥집골목'이나 지산동의 '막창골목'과 같은 명물 먹을거리 골목을 조성하는 방안을 생각해 볼 수 있다. 주변에 두류공원과 우방타워랜드 등의 유원지가 인접해 있어 활성화 가능성이 비교적 높아 보인다.

③ 야채와 과일 등이 대형마트들에 비해 가격과 품질 면에서 경쟁력이 있으므로, 이벤트 등의 행사를 통해 인근 주민들을 적극적으로 유입하는 전략을 모색할 필요가 있을 것이다.

2) 성서와룡시장

(1) 시장 일반현황

1996년 2월에 상가형태로 시장이 형성되어 2006년 7월 전통시장으로 인정받은 성서와룡시장은 성서 대단지 아파트와 계명대학교 사이에 위치하고 있으며, 신당동과 이곡동 주민들이 주로 이용하는 생활근린형 시장이다. 성서와룡시장은 성서 아파트 단지 조성과 계명대학교 동문 지역 개발과 더불어 지역 상점가를 중심으로 형성되었으며, 근래에 들어 신당동 상권의 중심지 역할을 담당하고 있다. 또한 버스 정류소와 지하철 계명대역이 시장 부근에 위치하고 있어 시장 접근성이 높은 편이다. 성서와룡시장의 개황과 주변 환경을 보면 〈표 4-29〉, 〈그림 4-47〉과 같다.

〈표 4-29〉 성서와룡시장 개황

시장명	성서와룡시장	소재지	달서구 신당동 1763-9
개설 연도	1996년	경쟁력	C등급(2008년 평가)
점포 수	140개	상인회장	허성구(053-587-3331)
시장구분	등록 · 상설 · 종합 · 공동시장, 중형시장, 상가건물형 시장		
비고	젊은 이용객이 많고 먹을거리가 다양해 활성화 가능성이 높은 시장임		

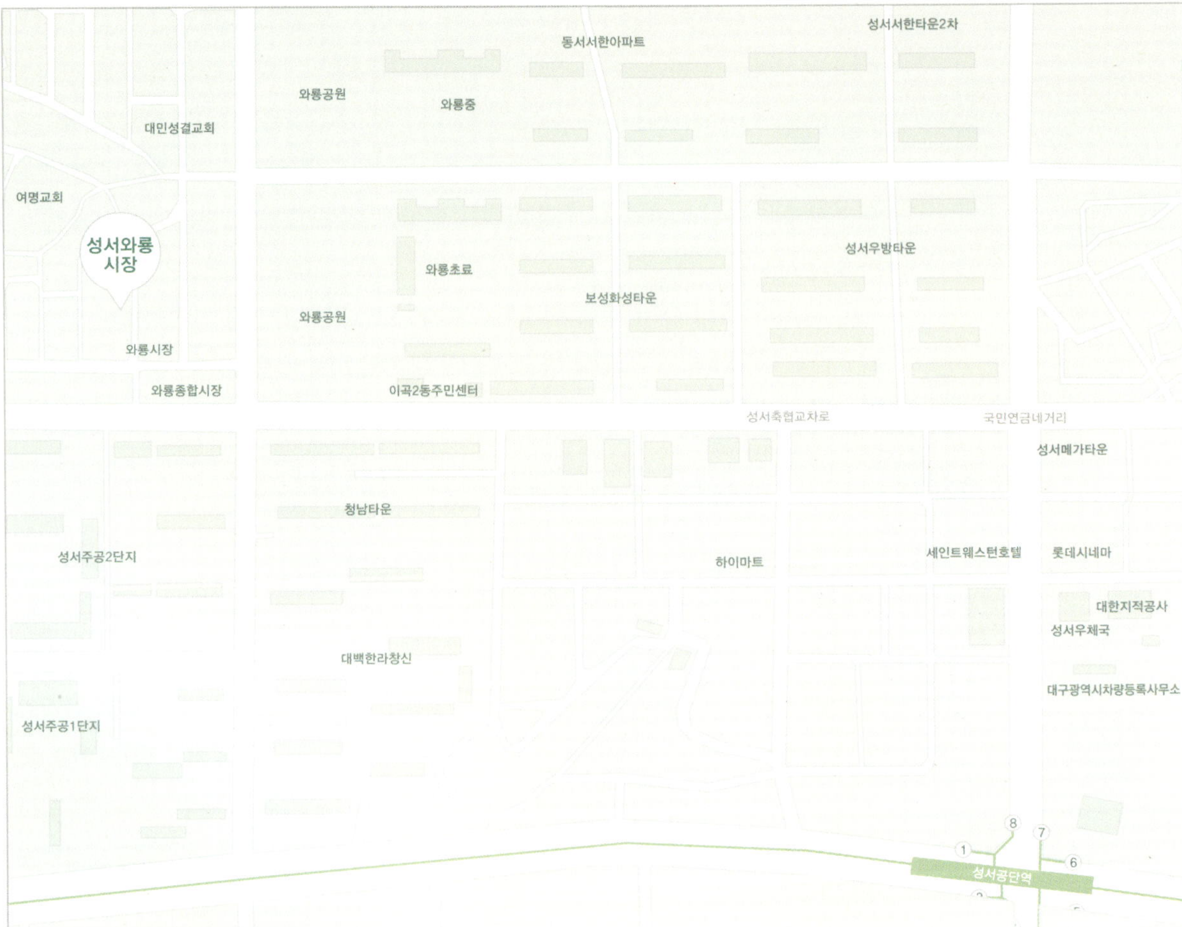

〈그림 4-47〉 성서와룡시장 주변 환경

❶	❷

❶_성서와룡시장 입구
❷_시장 내부

(2) 점포, 시설 및 환경

가. 점포현황

2009년 4월 현재 성서와룡시장은 약 140개의 점포와 시장 내부 및 주위에 있는 50여 개의 노점들로 구성되어 있다. 점포 입점률은 100%에 이른다. 와룡시장은 신당동, 호림동, 이곡동 주위에서 가장 번성한 시장으로, 외형적으로는 상가 건물형 시장의 모습을 띠고 있다. 또한 시장 주변 원룸촌, 다세대주택 및 아파트를 중심으로 근린생활의 성격에 맞게 소규모 상점들이 입점해 있으며, 시장 내부에 중형마트, 중형 잡화점도 함께 들어와 있다. 주변 대학들을 중심으로 원룸촌이 많기 때문인지 취급 품목은 반찬류와 음식점이 가장 많으며 의류, 잡화, 청과 취급점도 있다.

나. 시설 및 주변 환경

성서와룡시장은 시설현대화 사업이 아직 이루어지지 않았으며, 2009년에 아케이드 시설이 들어설 예정이다. 주차장이 없어 고객들은 단속 위험을 무릅쓰고 불법주차를 하기 일쑤이며, 빽빽이 들어앉은 노점상들은 고객들의 통행에 불편을 주고 있다. 또 식당가의 경우 노후화된 지붕과 복잡하게 얽힌 전선 등으로 인해 화재 위험이 높다.

❶_성서와룡시장 노점
❷_시장 내 점포들

(3) 성서와룡시장의 상인과 이용객

가. 상인(회)

성서와룡시장 상인회는 지난 12년 동안 IMF와 대형마트 입점 등으로 전통시장 분위기가 어려워지면서 상인회마저 무산되는 위기에 놓였으나, 2007년 10월 상인회를 재구성하고 책임감 있는 임원들을 선출하여 야유회를 갖는 등 단합된 모습으로 시장현대화에 힘쓰고 있다. 시장 상인 모두가 상인회에 가입해 있을 정도로 상인들의 단결력은 좋은 편이나 경영혁신활동이나 고객유치 활동이 아직 미약한 실정이다.

대다수의 시장 상인들은 시설현대화 사업에 적극적인 참여 의지를 갖고 있지만, 일부 노점상 및 상인들은 시설현대화 공사로 유발될 수 있는 영업상의 피해를 의식해 반대하고 있다. 노점상들은 일부가 상인회에 가입하는 등 시장 상인회와의 관계가 비교적 원만한 편이나, 통행에 불편을 주는 노점상인들이 있어 이에 대한 해결책을 내놓지 못하고 있다.

나. 이용객 특성 및 평가

성서와룡시장의 주 고객층은 주변의 원룸촌과 주거단지 주민들이며, 연령대는 원룸촌에서 거주하는 20대 대학생들부터 주택과 아파트 단지에 거주하는 50대 주부들까지 다양하다. 이들의 주 구매품목은 시장 주변의 브랜드 의류점을 중심으로 한 의류와 생활잡화, 반찬거리 등이며, 1인당 평균 구매 금액은 품목에 따라 많은 차이가 나지만 3만 원대인 것으로 조사되었다. 시장을 가장 많이 찾는 시간은 3시에서 6시 사이였다.

성서와룡시장은 지하철 2호선이 개통된 이후 지하철 역 근처에 입점한 이마트 이곡점으로 인해 침체된 면이 없지 않지만 조금씩 활기를 찾아가고 있다. 그리고 인근 주거단지 주민들은 이마트나 홈플러스와의 거리가 멀어 소량구매의 경우 대형마트보다는 와룡시장을 더 많이 이용하는 것으로 조사되었다.

(4) 살 거리, 먹을거리, 볼거리

성서와룡시장을 돌아보면 의류, 반찬거리 및 생활잡화 위주의 업종들이 주를 이루며, 고객들은 반찬거리나 잡화류 제품들을 가장 많이 찾는다. 그리고 시장 내부에 먹을거리 골목 구간이 따로 조성되어 있으며, 이용객들이 가장 많이 즐겨 찾는 음식은 돼지껍데기 요리, 돼지국밥 및 묵이다.

특히 '할매묵집'은 시장에 들어서서 위치를 물어보면 시장 상인들이 다 알 정도로 유명하다. 또 야간에는 돼지껍데기 등을 즐기러 주변의 대학생들이나 직장인들로 인해 시장이 북적인다. 그 밖에 시장 내 꽃집 앞 만화 캐릭터 모양의 분재가 지나가는 사람들의 눈길을 끈다.

❶_성서와룡시장 먹을거리 -돼지껍데기
❷_주요 먹을거리-메밀묵
❸_살 거리-노점상 품목
❹_볼 거리-꽃집

(5) 성서와룡시장의 문제점과 활성화 방안

가. 문제점

① 대단위 주거단지를 중심으로 형성된 시장이라 많은 사람들이 찾고 있지만, 시장현대화 사업이 전혀 이루어지지 않아 고객들이 불편을 느끼고 있다. 특히 시장 내 음식점 밀집지구의 경우 야간까지 영업을 하지만 천이나 비닐로 된 지붕이 매우 부실하여 붕괴·화재 등의 사고 위험에 노출되어 있다.

② 시장 내·외부의 노점상들로 인해 고객들이 불편을 겪는다. 시장 외부의 경우 주차노선이 있음에도 불구하고 노점상이 이를 점거하고 있어 고객들은 시장에서 멀리 떨어진 곳이나 주차 금지구역에 주차하고 있다. 또 시장 내부에서도 노점상이 시장 통로를 점하고 있어 고객들에게 불편을 주고 있다.

③ 상인회 주도 하의 경영혁신활동이 전무한 편이며, 대부분의 점포에서 카드 결제가 불가능한 상태이다. 이로 인해 이마트 이곡점이나 홈플러스 성서점 같은 대형마트로 발길을 돌리는 고객들이 많을 것으로 본다.

나. 활성화 방안

① 성서와룡시장 고객들은 먹을거리로 인해 젊은 고객들이 많은 편이다. 따라서 이들의 취향에 맞는 제반 시설(자율 포장대, 택배시설 등)을 설치함으로써 그들의

시장 방문을 유도하고, 그 빈도도 높여야 할 것이다. 소량 포장 상품 개발이나 경영혁신활동을 통해 젊은 고객들을 시장으로 유입시켜야 할 것이다.

② 현재 시장 내·외부로 무분별하게 점유하고 있는 노점이 문제가 되고 있으므로, 노점의 시장 내 위치를 제한하거나 따로 공간을 두어 배치함으로써 이용객들이 시장 통로를 다니면서 불편함을 느끼지 않도록 해야 한다.

③ 시장 간판 등을 설치하여 시장의 가시성을 높여야 한다. 그리고 식당가 밀집구역의 경우 기존의 화재위험이 높은 지붕을 불연성 소재의 아케이드로 교체하여 야간 영업 시에도 안전하게 영업할 수 있도록 해야 할 것이다.

3) 달서시장

(1) 시장 일반현황

달서시장은 달서구 본리동 복개도로상에 위치하고 있으며, 1986년 복개도로를 만들면서 시장도 개장되었다. 송현동과 본리동, 본동을 아우르는 상권의 중심지에 위치하고, 최근 본리동과 송현동의 아파트 재개발에 힘입어 시장 이용객이 점점 늘어나는 추세이다.

달서시장은 비교적 최근에 개장된 시장이라 깔끔한 분위기를 유지하고 있다. 시장 주변에 버스 정류장이 있고 주변 진입로도 정비되어 있어 시장 접근성이 좋은 편이며, 인근에 두류종합시장, 본리시장이 있지만 달서시장이 본리동을 대표하는 시장이라고 할 수 있다. 달서시장의 개황과 주변 환경을 살펴보면 아래 〈표 4-30〉, 〈그림 4-48〉과 같다.

〈표 4-30〉 달서시장 개황

시장명	달서시장	소재지	달서구 본리동 145-2
개설 연도	1986년	경쟁력	D등급(2008년 평가)
점포 수	295(265+30)개	상인회장	조성묵
시장구분	인정 · 상설 · 일반 · 공동시장		
비고	고객주차장, 화장실 등 기본적인 시설들이 마련되어 있음		

〈그림 4-48〉 달서시장 주변 환경

❶	❷

❶_달서시장 입구
❷_야간의 달서시장 모습

(2) 점포, 시설 및 환경

가. 점포현황

달서시장은 1980년대 후반에 신설된 현대식 시장으로 265개의 점포와 30여 개의 노점으로 이루어져 있고 점포들은 대부분 소규모이다. 시장 내 업종은 반찬거리, 음식, 의류 등으로 구성되어 있으며, 비교적 최근에 지어진 시장이라 점포의 노후화가 그리 심각하지 않고 통로도 잘 정비되어 있다. 시장 중앙에 노점상인들이 영업을 하고 있는데 대부분이 과일, 채소를 판매하면서 상품다양성에 기여하고 있다.

❶	❷

❶_현대화된 달서시장 내부
❷_식품점의 상품진열

나. 시설 및 주변 환경

달서시장은 시장 전체가 천막으로 된 아케이드로 덮여 있어 비교적 현대적인 느낌을 준다. 그리고 시장 입구에 10여 대의 주차가 가능한 주차장과, 시장 뒤편에 공영주차장이 있어 주차하는 데 큰 어려움은 없어 보인다.

시장 내에는 3개의 화장실이 있는데 비교적 깨끗한 상태로 유지되고 있어 사용하는 데 별 문제가 없다. 또한 양쪽의 시장 주 입구에는 아치형의 시장 간판이 설치되어 있어 가시성도 좋은 편이다. 그러나 천막 형태의 아케이드는 화재의 위험성이 높으며, 가시성도 다소 떨어진다.

주공아파트 등의 아파트 단지 주민들이 많이 이용하는 시장이며, 현재 대단위 아파트 단지도 형성되어 있다. 인근에 본리시장, 두류개발 시장 등이 있지만 대부분 달서시장의 상권보다 작아 그리 문제가 되지 않는다. 인근 1km 이내에는 대형마트가 없어 아파트 주민들은 필요한 물품을 달서시장에서 구매하고 있다.

❶_달서시장 공영 주차장
❷_깨끗한 화장실

(3) 달서시장의 상인과 이용객

가. 상인(회)

달서시장 상인회에는 상근직원이 5명이나 있어 시장운영에 많은 도움이 되고 있다. 그리고 시장 내에 상인회 사무실과 회의실이 있으며, 상인들의 시장활성화 의지도 높아 보인다. 이미 상인대학을 설치한 바 있고, 상인회 가입률도 100%이며, 회비는 없다.

또한 시장 내 노점상들을 상인회에 가입시켜 그들에게 시장의 일원이라는 인식을 심어 줌은 물론, 상인교육 및 활성화 사업에도 참가시킴으로써 상인들 간의 단합도 잘 이루어지고 있는 편이다. 그러나 현재 상인회를 중심으로 한 공동마케팅 행사나 시장 홍보활동은 전무한 상태다.

나. 이용객 특성 및 평가

달서시장은 본동, 본리동, 송현동, 성당동의 주민들이 주로 이용하는 시장으로서, 예부터 인근 주민들의 중요한 쇼핑 장소로 알려져 있다. 과거에는 30대 이상의 고객이 많았지만, 인근 대단위 아파트 단지의 조성으로 인해 현재는 10대부터 노년층까지 두루 이용하는 공간으로 거듭났다. 시장 내부에 학원이나 병원이 있어 시장을 경유하는 유동인구가 많다.

주요 상품은 채소, 과일, 수산물 등의 반찬거리 위주의 상품이나 의류, 포목, 음식 등이며, 평균 구매 금액은 2~3만 원대인 것으로 나타났다. 야간에도 시장을 이용하는 고객들이 많은데 그들은 시장 내 음식점과 먹을거리 골목을 이용하는 직장인들과 학생들이 대부분인 것으로 조사되었다.

(4) 살 거리, 먹을거리, 볼거리

달서시장은 본리동 최대 시장으로, 시장 내에 없는 게 없을 정도로 많은 종류의 상품이 있다. 반찬거리 위주의 상품은 물론 의류, 침구류 등 다양한 상품들이 있으며, 시장 내에 병원, 학원 등의 생활근린시설이 있어 상품구매는 물론 생활상의 일까지 볼 수 있을 정도로 다양한 업종이 분포되어 있다.

또한 시장 입구를 중심으로 음식점이 밀집되어 있어 분식, 횟집 등 다양한 종류의 음식을 맛 볼 수 있다. 예부터 돈가스와 분식류가 유명한데, 시장 안 가판의자에 앉아서 먹는 10년 전통의 수제 돈가스의 맛은 달서시장에서만 경험할 수 있는 별미이다. 주간은 물론 야간에도 주변의 직장인들이나 학생들이 꼼장어 구이나 신선한 회를 맛보기 위해 성서나 월성지구에서까지 찾아오고 있다.

❶ ❷

❶_달서시장 먹을거리 골목
❷_유명 먹을거리
-10년 전통 수제 돈까스

(5) 달서시장의 문제점과 활성화 방안

가. 문제점

① 시설·환경상의 문제점

달서시장은 시장 내에 아케이드가 설치되어 있으나 상당히 노후된 상태이며, 불투명한 비가림 천으로 가려져 있어 전반적으로 어두운 느낌을 준다. 따라서 채광이 잘되는 현대화된 아케이드로 교체하거나 별도의 조명시설을 설치해야 할 것으로 본다. 또한 바닥 상태가 고르지 못해 물이 고이거나 고객의 이동에 불편을 주기도 한다.

② 운영·관리상의 문제점

달서시장은 점포 및 상품안내 표시물이 없고, 시장 내 동선이 복잡하다. 이는 시장을 처음 방문하거나 시장이용 빈도가 낮은 고객들에게 많은 불편을 주는 것이라 할 수 있다. 경영현대화 노력이 부족한 것으로 보인다. 상품진열상태나 원산지 및 가격표시가 미흡한 점포가 다수 있으며, 신용카드 사용이 가능한 점포 또한 거의 없는 것 같다.

나. 활성화 방안

① 상인들의 의식변화가 필요하다. 상인교육을 통해 서비스, 판매기법, 상품디스플레이 등에 관한 교육이 실시된바 있지만, 무엇보다도 상인 스스로가 자신들의 묵은 의식을 바꿔나가야 한다는 사실을 깊게 인식해야 할 것이다.

② 공동마케팅 행사(정기 세일, 반짝 세일, 경품 행사, 마일리지 쿠폰 지급) 등을 적극 실시하여 인근 대단위 아파트 고객들을 시장으로 유인할 필요가 있으며, 대단위 아파트 부녀회 등과 자매결연 등을 맺어 시장과의 친밀도를 높이고 시장 방문 빈도를 높여야 할 것이다.

③ 달서시장은 근린생활형 시장이다. 따라서 인근 대단위 아파트 주민에게는 배달 서비스를 제공하여 고객의 이용편의성을 높여야 한다. 더 나아가 장을 보러 나오지 않아도 필요한 물품을 구매할 수 있게 하는 전화주문 시스템을 구축하여 고객들의 시장 이용률을 높여야 할 것이다.

4) 두류종합시장

(1) 시장 일반현황

1984년에 개설된 두류종합시장은 달서구 성당2동 704-5번지 일원에 위치하고 있다. 두류종합시장은 근린생활형 시장으로서의 역할을 오래전부터 수행해 왔으며, 최근 대규모 아파트단지가 생기면서 그 역할이 더욱 커지고 있다. 시장 인근의 상점가는 시장과 상호 보완적인 역할을 하고 있으며, 2010년 1월 현재는 시장을 마트형으로 신축하여 주변 아파트 주민들이 쾌적한 쇼핑을 즐길 수 있도록 했다. 두류종합시장의 개황과 주변 환경을 살펴보면 아래 〈표 4-31〉, 〈그림 4-49〉와 같다.

〈표 4-31〉 두류종합시장 개황

시장명	두류종합시장	소재지	달서구 성당2동 704-5
개설 연도	1984년	경쟁력	
점포 수	197개	상인회장	신수정(053-651-1301)
시장구분	등록 · 상설 · 종합 · 공동시장, 중형시장, 상가건물형 시장		
비고	상인회와 지자체의 노력으로 2009년 10월 상가 건물형 시장으로 크게 변하였다.		

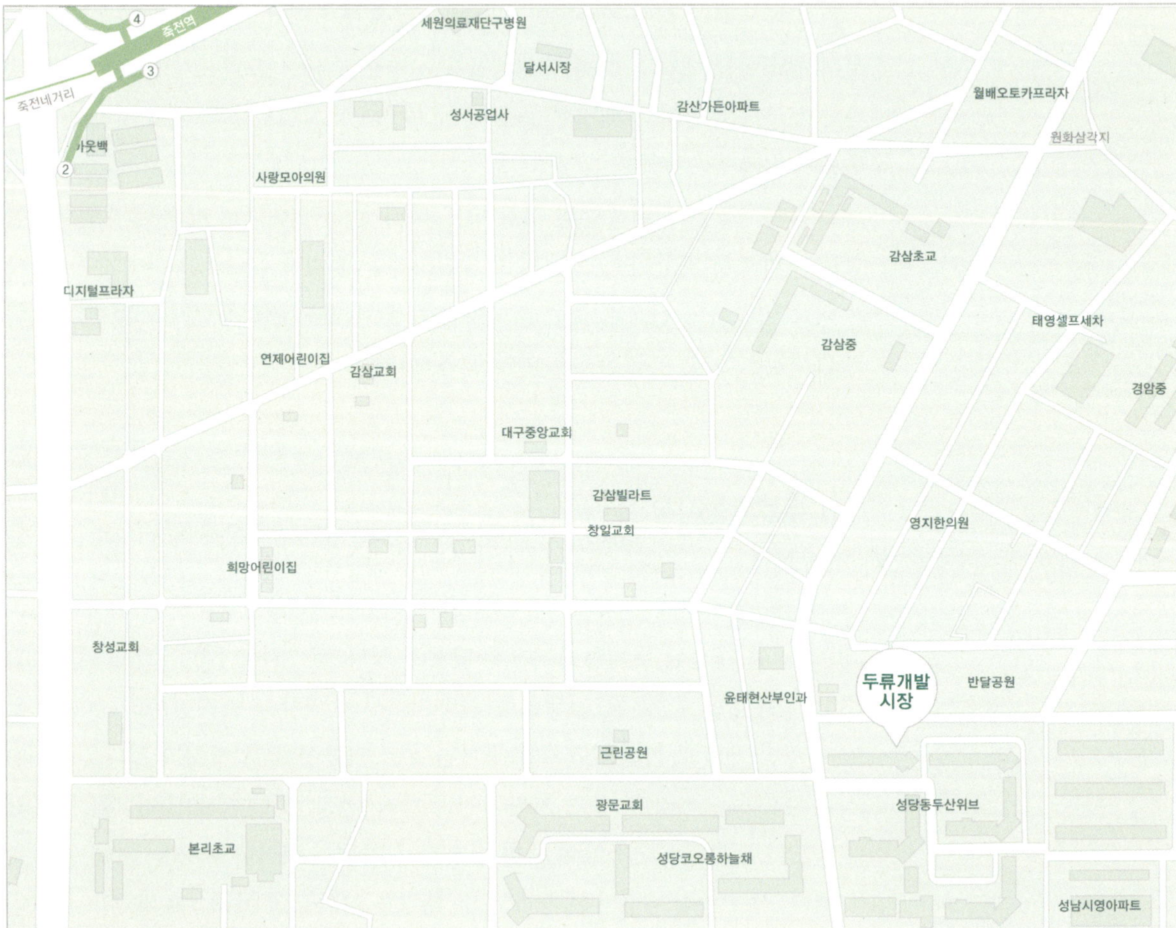

〈그림 4-49〉 두류종합시장 주변 환경

❶_두류종합시장 입구
❷_최근 완공된 시장 건물
❸_두류종합시장 입간판
-두류개발시장에서 두류종합시장으로 개명하였다.

(2) 점포, 시설 및 환경

가. 점포현황

두류종합시장은 원래 197개의 점포로 이루어진 상설 및 정기 시장이었으나, 아파트 재개발로 인해 정상적인 영업활동이 어려워졌고 아파트 입주민들의 입맛에 맞추기 위해 2009년 10월 시장상가 건물을 신축·완공하였다. 상가건물의 지하층엔 대형마트, 1층에 청과류·수산물 등을 취급하는 점포들이, 2층에는 각종 편의 점포들이 입점해 있으며, 3층에는 고객센터와 상인회 사무실이 들어서 있다. 2010년 1월 현재 상가 내 점포들과 기존 상점가 점포 및 노점들이 영업하고 있다.

나. 시설 및 주변 환경

두류종합시장은 현재의 모습을 보고 판단하기보다는 향후 상가 건물에 상점들이 입점 완료되고 각종 편의시설이 설치된 후 시장을 판단하는 것이 옳을 것이다. 현재 마트형 시장장옥건물을 만들고 있는 중인데, 그 안에는 화장실은 물론, 각종 편의시설 등이 추가로 설치될 예정이다. 주변에는 송현동의 대단지 아파트의 입주가 거의 완료된 상태이며, 인근에 학원, 은행, 병원 등의 다양한 업종의 상가들이 줄지어 들어서 있다. 또한 달서시장, 본리시장이 있지만 감삼동이나 성당동의 주민들이 이용하기에는 다소 멀기 때문에 충분히 경쟁력이 있다고 판단된다.

(3) 두류종합시장의 상인과 이용객

가. 상인(회)

현재 두류종합시장에는 번영회란 이름의 상인회가 조직되어 있으며 상인들의 적극적인 협력으로 재건축이 이루어지고 있는 상태이다. 상인회비는 별도로 없으며, 상인회 가입률은 현재 70% 정도이지만 시장 건물이 완성되고 나면 가입률이 올라갈 것으로 상인회 관계자는 예상하고 있다.

담벼락 쪽 노점상들의 상인회 가입이 시장 재개장과 더불어 추진될 예정이며, 시장 재개장에 맞추어 시장 전체가 참여하는 축제나 이벤트를 계획하고 있다. 동시에 시장 홍보는 물론 정기적인 할인행사 등도 계획하고 있는 것으로 조사되었다.

노점상과 상인들 간의 관계는 비교적 좋은 편이고, 상인들의 시장활성화에 대한 의지나 기대도 높은 편이다. 카드 결제 등의 경영현대화는 현재 일부 점포에만 실시되고 있어 개선될 필요가 있다.

나. 이용객 특성 및 평가

두류종합시장은 과거 성당동, 감삼동 일대의 아파트와 주택 주민들의 식자재 창고 역할을 담당하는 시장이었으나, 아파트의 재개발로 인해 고객이 줄었다. 그러나 아파트 재개발이 완료되고 나서 고객들이 늘어나고 있으며, 시장 건물이 완공되어 재개장하면 고객들은 더욱 늘어날 것으로 기대된다.

현재 두류종합시장을 주로 방문하는 고객들은 30~50대 주부층이 압도적으로 많으며, 주 구매품목은 채소, 과일 등의 반찬거리 위주의 상품과 떡 등의 상품이다. 주변 음식점의 음식들도 많이 이용하고 있다. 퇴근 시간과 주변 학교의 하교 시간인 4~6시에 가장 많은 사람들이 방문하며, 평균 구매 금액은 1~2만 원대인 것으로 조사되었다.

❶	❷

❶_두류종합시장 내 점포 모습
❷_시장 건물 주변 노점상들

(4) 두류종합시장의 문제점과 활성화 방안

가. 문제점

① 현재 시장 앞 아파트 담벼락 쪽 주차공간에 일렬로 들어서 있는 노점들로 차량 통행과 주차에 불편을 주고 있다.

② 공사가 끝난 뒤 새로운 시장건물에 입주할 때는 기존 상인들과 입주 상인들 간에 마찰이 있을 수 있으므로 상인회에서는 이의 해결방안을 강구해야 할 것이다.

나. 활성화 방안

① 시장이 완공되면 주변 사람들에게 새로워진 두류종합시장의 모습을 적극 홍보하여야 한다. 즉 점포 입주 및 개점 행사와 각종 이벤트를 통해 두류종합시장을 널리 알려야 할 것이다.

② 두류종합시장의 주 이용객은 시장 앞 아파트 단지의 주민들이다. 따라서 아파트 주민들과 연계된 프로그램을 개발, 추진함으로써 그들의 시장방문 빈도를 높여야 할 것이다.

5) 월배시장

(1) 시장 일반현황

달서구 진천동 241-3번지에 위치한 월배시장은 주위에 월배와 진천을 중심으로 한 대단지 아파트와 주거단지가 있으며, 월배, 진천, 상인, 화원지역 주민들이 주로 이용하는 근린생활형 종합시장이다. 1,700여 평의 2(A, B)개 동과 약 150m의 골목으로 이루어진 월배시장은 1990년대 후반 들어 상인지구 및 월배지구가 개발됨에 따라 이용 고객들이 점점 늘어나고 있다. 월배시장의 개황과 주변 환경을 살펴보면 아래 〈표 4-32〉, 〈그림 4-50〉과 같다.

〈표 4-32〉 월배시장 개황

시장명	월배시장	소재지	달서구 진천동 241-3
개설 연도	1985년	경쟁력	C등급(2008년 평가)
점포 수	212(172+40)개	상인회장	이대근(053-632-3265)
시장구분	등록 · 상설 · 종합 · 개인시장, 중형시장, 상가건물형 시장		
비고	시설현대화 사업이 이루어졌고 시장 이용객도 많다.		

〈그림 4-50〉 월배시장 주변 환경

❶	❷

❶_월배시장 입간판
❷_시장 입구

(2) 점포, 시설 및 환경

가. 점포현황

월배시장에는 172개의 점포와 40여 개의 노점 그리고 10개의 빈 점포가 있다. 진천네거리와 상인네거리 중간 지점에 위치해 있고, 소규모의 점포가 대부분이다. 시장 내에는 음식점, 잡화, 식자재 등 근린생활형 업종들이 고르게 분포되어 있다.

나. 시설 및 주변 환경

2009년 4월 현재 월배시장은 일부 구간에 아케이드 시설이 갖춰져 있고, 2009년 5월 나머지 구간에도 아케이드 시설을 설치하였다. 시장 입구도로 및 하수도가 정비되어 있으며, 입간판 또한 설치되어 있다.

시장 입구 및 중간에 노점들과 움푹 들어간 곳이 많아 시장 이용객에게 불편을 주었으나 최근 정비를 통해 개선하였다. 시장 인근(1km)에 대형마트인 이마트와 홈플러스가 있어 시장에 큰 위협이 되고 있으나 시장 상인들의 단합으로 월배시장만의 경쟁력을 갖추기 위해 많은 노력을 기울이고 있다.

❶ ❷

❶_월배시장 주 통로
❷_말끔한 아케이드 시설

3) 월배시장의 상인과 이용객

가. 상인(회)

월배시장 상인회는 회원 가입률이 91.5%이다. 시장 내부의 노점상들은 대부분 상인회에 가입되어 있으나 시장 입구의 노점상들은 그렇지 못하다. 월 회비는 1만 원인데, 이 돈은 시장 공동 사업에 쓰고 있다. 상인회 회원들은 상호 협조적이며 시장활성화 사업에도 적극적으로 참여하고 있다. 월배시장 상인회는 시설현대화 이후 노점상 정비 및 고객유치 행사 등을 기획하고 있다.

나. 이용객 특성 및 평가

월배시장 이용객들은 30~50대의 가정주부들이 가장 많으며, 인근 지역 주민들이 대부분이다. 이들은 주로 대중교통이나 도보로 시장을 이용하며, 주 구매품목은 생활잡화나 반찬거리이고 구매 금액은 1~3만 원대가 가장 많다.

〈그림 4-51〉에서 월배시장에 대한 이용객들의 평가를 보면 대중교통에 대한 만족도가 가장 높으며 다음으로 가격과 구매강요, 품질에 대해서 만족도가 높다. 반면 보행통로에 대한 만족도가 가장 낮고, 그 다음으로 주차시설, 편의시설 및 안내시설에 대해 만족도가 낮은 것으로 나타났다.

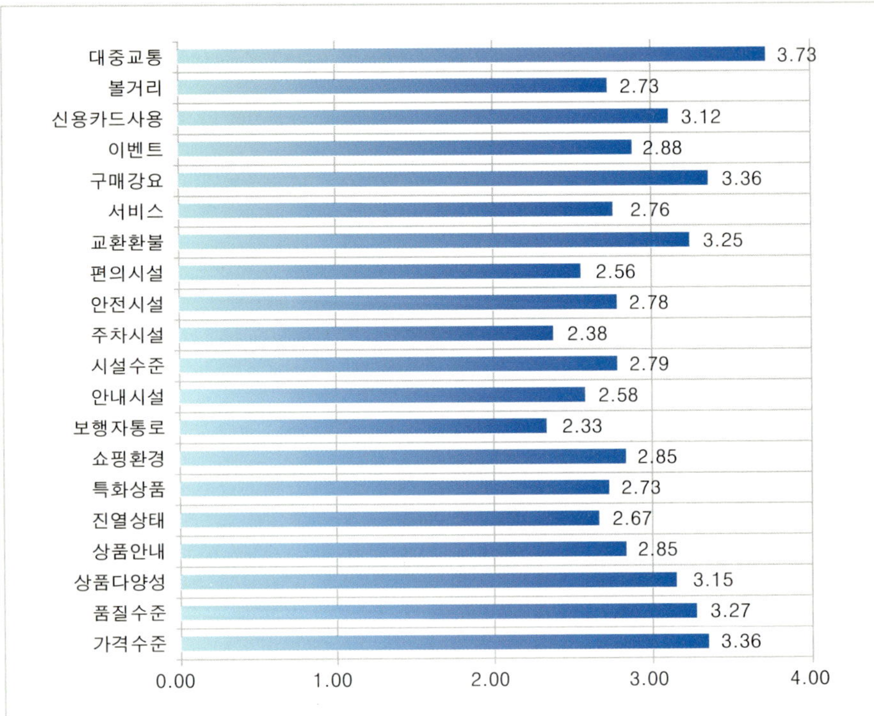

〈그림 4-51〉 월배시장 속성에 대한 이용객들의 평가 단위 : 점

주) 숫자가 클수록 만족도가 높음을 의미함

(4) 살 거리, 먹을거리, 볼거리

월배시장은 오래전부터 월배지역의 중심상권으로서 역할을 다해 왔으며 시장 내에 없는 것이 없을 만큼 업종이 다양하다. 이곳의 토박이 주민들은 대형마트보다는 시장에서 많이 구매하고 있다. 시장에서 가장 많이 보이는 것은 의류와 반찬거리 중심의 식자재들이다. 월배시장에는 먹을거리들이 많은데, 그중 국(밥)은 많은 이용객들이 포장 구매할 정도로 유명하다. 또한 시장 내 '서울떡집'은 맛 좋기로 소문나 있어 명절, 제사, 행사 시 많이 찾고 있다.

❶	❷

❶_월배시장 주요 살 거리-약재
❷_시장 내 먹을거리 골목

(5) 월배시장의 문제점 및 활성화 방안

가. 문제점

① 시설 환경상의 문제점

월배시장 이용객들은 주차와 시장 내 통행에 가장 많이 불만족하는 것으로 나타났다. 주차장의 경우, 시장 간판에 주차장 안내표시가 있지만 막상 주차장을 찾아가기가 어려우며 40여 대에 불과한 현재의 주차 공간은 시장 이용객 수에 비하면 턱없이 부족하다.

뿐만 아니라 시장 입구 및 내부에 노점상들이 자리 잡고 있고 화장실이나 고객 쉼터가 없어 이용객들이 불편을 겪고 있다.

② 운영관리상의 문제점

월배시장은 고객유치사업이나 상품안내·광고와 같은 마케팅 활동이 전무하다. 원산지 표시나 가격표시는 대체로 이루어지고 있지만 노점상과 일부 점포들은 그렇지 않아 소비자 신뢰를 떨어뜨리고 있다.

또한 시장 안내 및 홍보활동이 전혀 이루어지지 않고 있어 신규 아파트 입주자들이나 타지역의 주민들은 시장을 이용하는 데 많은 어려움을 주고 있다. 이는 곧 소비자들이 시장을 이용하지 않고 접근성이 좋고 편리한 인근 대형마트를 이용하게 되는 이유가 된다.

나. 활성화 방안

① 시장 내·외부의 노점들을 정비하여 고객들이 시장 이용 시 전혀 불편함이 없도록 하고, 바닥 보수 등을 통해 깨끗한 이미지의 시장으로 변해 나가야 할 것이다.

② 주변 아파트 주민단체(부녀회)와 자매 결연을 맺는 등 고객유치활동을 적극적으로 실시하여 신규 및 기존 아파트 단지의 입주민들을 시장으로 유인하여야 하며, 단골을 많이 만들기 위한 쿠폰 제도나 할인 제도를 실시하여야 한다.

③ 젊은 고객층에 맞는 상품 구색을 갖추고 제반 마케팅 활동을 전개해 나가야 한다. 즉 신용카드 결제, 택배 서비스 등을 실시하여 젊은 층이 먼 거리의 대형마트보다는 가까운 월배시장으로 오도록 그들의 발길을 잡을 수 있어야 한다는 것이다. 이는 곧 월배시장의 장세를 확장하는 방법인 동시에 월배시장의 수명을 연장시키는 방안이라 하겠다.

8. 달성군 전통시장

1) 화원시장

(1) 시장 일반현황

1914년에 개설된 화원시장은 달성군 화원읍 천내1리에 위치해 있고 장은 1일, 6일, 11일, 16일, 21일, 26일에 열린다. 주변에는 대단위 아파트단지와 주택단지, 화원초등학교가 있고 동일 상권 내에 이마트 월배점과 농축수협매장이 있다. 화원시장의 개황과 주변 환경을 살펴보면 아래 〈표 4-33〉, 〈그림 4-52〉와 같다.

〈표 4-33〉 화원시장 개황

시장명	화원시장	소재지	달성군 화원읍 천내1리 892
개설 연도	1914년	경쟁력	D등급(2008년 평가)
점포 수	69(50+19)개	상인회장	정수열(053-644-8840)
시장구분	등록 · 정기 · 일반 · 공설시장		
비고	끝자리가 1이나 6인 날 열리는 화원장날에 가면 먹을거리, 볼거리, 살 거리가 많다.		

〈그림 4-52〉 화원시장 주변 환경

❶	❷

❶_화원시장 건물
❷_시장 인접 점포

(2) 점포, 시설 및 환경

가. 점포현황

2009년 5월 현재 화원시장은 지상 2층의 상가형 시장으로, 1층에 19개의 점포가 있고 2층에 헬스장이 있다. 시장 건물 외부에는 상설점포 50여 개와 노점이 있다. 건물 내에는 미용실, 잡화, 반찬류, 식당이 있으며, 건물 외부에는 소형슈퍼와 청과점, 떡집, 곡류 등을 취급하는 점포들이 있다.

❶_화원 장날 모습
❷_시장 외부 장날 모습

나. 시설 및 주변 환경

화원시장은 상가형 건물로 리모델링되면서 비교적 현대적인 느낌을 주고 있으며, 시장 건물 바로 입구에 40대 정도가 주차할 수 있는 공영주차장이 있다. 그러나 장날의 경우 노점상들이 주차공간을 차지하여 문제시된다.

2003년 화장실 개축공사로 인해 시장 이용객들이 편하게 이용할 수 있게 되었고, 자전거 보관대가 설치되어 있어 인근 주민들의 시장 방문 시 편리하게 이용하고 있다. 화장실 뒤편에는 고객들이 쇼핑 후에 쉬어 갈 만한 공간도 마련되어 있다.

❶_화원시장 휴식 공간
❷_시장 공영주차장

(3) 화원시장의 상인과 이용객

가. 상인(회)

상인회 측에 의하면 현대적 시설만 갖추었을 뿐 장날을 제외한 평일에는 과거 화원시장의 활기는 사라졌다고 한다.

또한 화원시장 건물 내 점포 상인들만이 번영회를 조직하여 운영하고 있는데, 이들은 노점상을 관리하는 것 외에는 하는 역할이 없다. 번영회는 시장 건물 2층에 사무실을 갖추고 있으며, 상인회원 가입률은 100%이고, 회비는 별도로 없다. 노점상은 노점상번영회를 조직, 운영하고 있다. 다행히 점포 상인과 노점상은 양측 간에 별다른 마찰 없이 활기찬 모습을 보여주고 있다. 그러나 원산지 표시, 카드결제시스템 등이 실시되지 않고 있다.

나. 이용객 특성 및 평가

화원시장은 장이 열리지 않는 평일에는 이용객이 적어 한산한 모습이다. 그러나 장날에는 화원과 달성군 일대는 물론 월배지역의 주민들까지 찾아와 활기찬 시장 분위기를 만들어낸다. 시장 통로와 앞은 물론 인근 주택가까지 노점이 들어서 평소의 몇 배나 많은 이용객들로 붐빈다.

장날에는 채소, 과일 등의 반찬거리와 잡화, 음식 등과 농기구, 농약 등의 제품도 많이 구매되는 반면 평일에는 음식, 반찬거리 상품이 주로 팔리는 것으로 나타났다.

화원시장은 다양한 연령층이 방문하며, 평소에는 4~6시에 사람들이 몰리지만 장날의 경우는 아침부터 저녁까지 성황을 이룬다. 또 고객들의 1회 평균 구매액을 보면 평소에는 1만 원대 미만이지만 장날에는 2~3만 원대인 것으로 조사되었다.

(4) 화원시장의 문제점과 활성화 방안

가. 문제점

① 시설·환경상의 문제점

화원시장 상인들은 시장건물이 리모델링됨으로써 쾌적한 쇼핑 공간으로 탈바꿈할 것으로 기대했으나 결과적으로 고객들이 발길을 돌린 것은 공사가 잘못되었기 때문이라고 말한다. 또한 장날이면 노점들이 대부분의 주차공간을 차지하고 있어 이용객들의 주차를 불가능하게 한다.

② 운영·관리상의 문제점

첫째, 상품구색이 부족하다. 화원시장이 인근에 대규모 주택단지가 위치해 있는 지역밀착형 시장인데도 불구하고 반찬류나 청과 등의 품목들이 부족하여 이용객들에게 불편을 준다.

둘째, 시장활성화 의지가 부족하다. 시장이 침체된 이유를 단순히 잘못된 공사 탓으로 돌릴 뿐, 자발적인 활성화 의지는 보이지 않는다. 무엇보다도 상인들의 시장활성화 의욕을 향상시키고 시장 외부 상설점포 상인 및 노점상 상인회와 통합된 상인회의 조직화가 최대 과제라 하겠다.

나. 활성화 방안

① 상인들을 위한 맞춤형 교육이 필요하다. 상인교육을 통해 화원시장 상인들의 의식을 변화시키고 고객 서비스, 판매기법, 상품디스플레이 등에 대한 지식을 함양해야 한다.

② 주차공간의 확보에 노력을 기울여야 한다. 시장 내에 노점상 정비선을 그어 놓고 노점상 공간과 주차 공간을 명확히 구분하는 방안을 강구해야 할 것이다.

③ 화원시장 상인회 소속 상인들은 상가건물에 있는 상인에 한정되어 있다. 따라서 전체적인 시장활성화를 위해서는 시장 건물 외에 있는 점포 상인들과 건물 내에 있는 점포 상인들이 함께하는 통합 상인회로 재구성해야할 것이다.

④ 시장 건물 외부 점포에 대해서도 통일된 간판을 설치하는 등 추가적인 시장 현대화 사업이 필요하다.

2) 현풍시장

(1) 시장 일반현황

1918년에 개설된 현풍시장은 그 일대를 아우르는 가장 큰 시장으로, 매월 5일, 10일, 15일, 20일, 25일, 그리고 30일에 장이 선다. 개설될 당시에는 비교적 작은 규모였으나 6·25 전쟁 때 피난민들이 대거 현풍으로 몰려들면서 장이 커졌다. 한때 피난민들의 이동으로 다시 장이 작아졌으나, 아직도 장날이면 많은 사람들이 찾고 있다. 대구지역 내에서는 옛 5일장의 모습을 가장 많이 간직하고 있는 시장이라 장날에 한 번 정도 둘러볼 만한 시장이라 생각된다. 앞으로 대구경북

과학기술연구원이 들어설 예정으로 있어 장세가 확대될 것으로 예상되는 현풍시장의 개황과 위치도는 아래 〈표 4-34〉, 〈그림 4-53〉과 같다.

〈표 4-34〉 현풍시장 개황

시장명	현풍시장	소재지	달성군 현풍면 원교리 13
개설 연도	1918년	경쟁력	C등급(2008년 평가)
점포 수	236(110+126)개	상인회장	노희성(017-505-2352)
시장구분	등록 · 정기 · 일반 · 공설 시장		
비고	현풍시장은 끝자리가 5나 0인 날에 가면 옛날 5일장 모습을 맛볼 수 있다.		

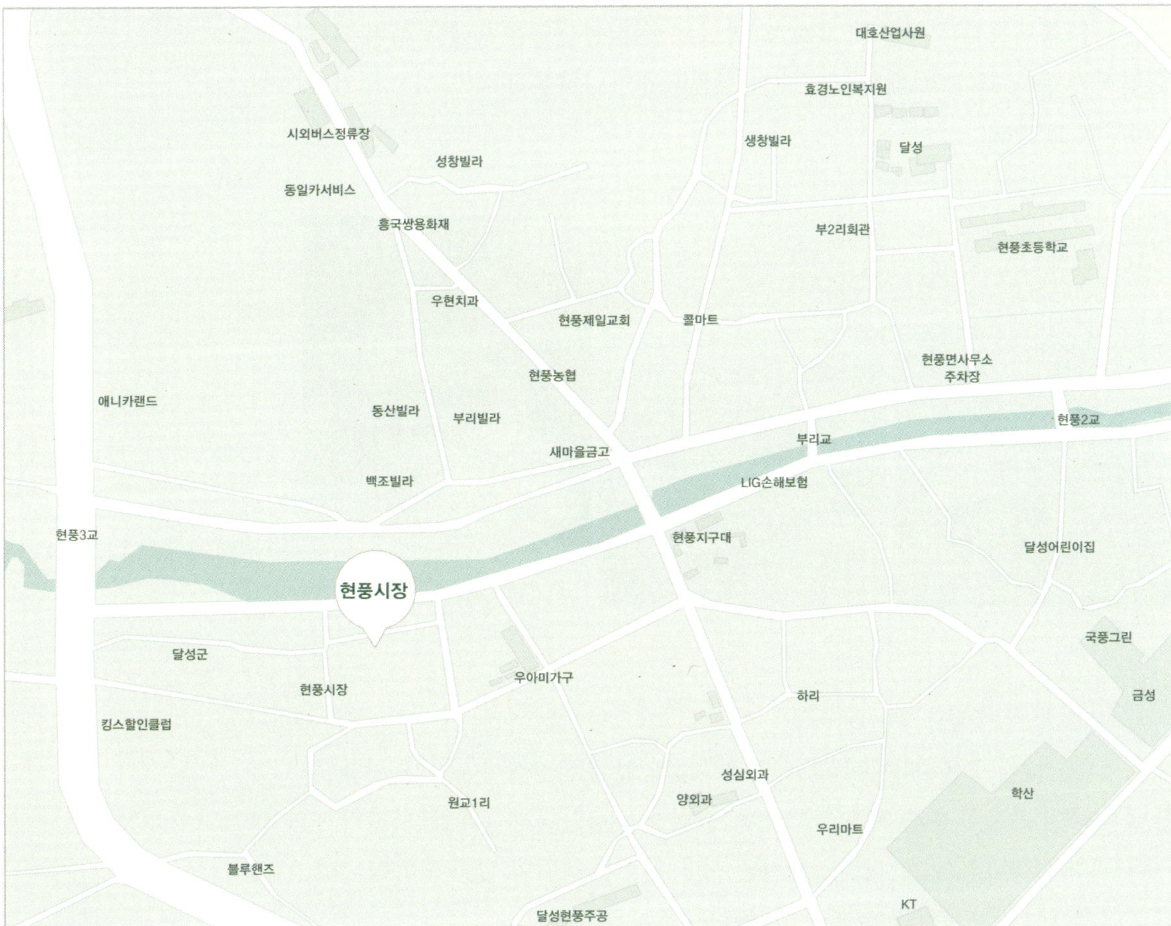

〈그림 4-53〉 현풍시장 주변 환경

❶_현풍시장 내의 점포
❷_2008년 말 현재의 장옥

(2) 점포, 시설 및 환경

가. 점포현황

2009년 말 현재 현풍시장은 110개의 점포와 126개의 노점으로 이루어진다.[26] 주요 취급 품목으로는 곡물류, 채소 및 과일류 등의 농산물과 생선 등이며 의류 및 잡화류 등도 있다. 시장 규모가 크고 상품구색은 다양한 편이고 시장 중앙에 식당들이 보인다.

26 | 노점상의 수는 계절이나 날씨에 따라 크게 유동적이라 한다.

❶_현풍 장날 1
❷_현풍 장날 2
❸_현풍시장-생선가게

나. 시설 및 주변 환경

현풍시장 내에 공용주차장이 있고, 공용주차장 앞에 화장실이 있는데 시장 규모에 비하면 화장실 수가 부족한 편이다. 고객안내센터, 고객휴게실, 자전거 보관대 등의 고객편의시설은 없다. 하지만 시장 인근에 하천이 있어 훈훈한 전통시장의 향수와 생태하천을 즐길 수 장점이 있다.

(3) 현풍시장의 상인과 이용객

가. 상인(회)

현풍시장은 상인회 활동이 활발하지 못하고, 상인회에 가입하지 않은 상인과 노점상이 많아 시장활성화 사업이 어려움을 겪고 있다. 한때 장옥 신축 문제로 인해 기존 상인들 간에 불화와 충돌이 있었다고 한다. 시장현대화로 인한 가시적인 성과가 보이는 현재는 활성화에 대한 의지가 다소나마 보이고 있다.

❶_현풍 장날 3
❷_시장 내의 점포들

나. 이용객 특성 및 평가

현풍장날에는 많은 사람들로 붐빈다. 현풍면 주민들은 많은 세월을 현풍시장과 함께 보낸 경우가 많아 시장에 대한 애정이 남다르다. 현풍시장은 가을장이 유명한데 각종 곡물은 물론 과일 등 농사의 결실물, 특히 현풍의 대표 특산물인 석류가 시장에 나오기 때문이다.

시장을 주로 이용하는 고객층은 50대 이상의 노년층이며, 시장과 역사를 함께 한 주민들이 대부분이다. 평소에는 3~5시대에 가장 많이 시장을 이용하고 있지만 장날에는 평소보다 훨씬 많은 사람들로 아침부터 저녁까지 성황을 이룬다. 평상시에는 잡화, 음식, 농기구 등의 상품이, 장날에는 채소, 과일 등의 청과물이 잘 팔린다. 평균 구매 금액은 평상시는 대부분 1만 원대이지만 장날에는 도시민들이나 인근 주민들이 많이 찾아오기에 2~3만 원대를 구매하는 것으로 조사되었다.

(4) 살 거리, 먹을거리, 볼거리

수구레국밥은 수구레와 선지를 숭덩숭덩 잘라 가마솥에 넣고, 야채와 양념장을 파팍 넣어 만든 음식으로 현풍장터에서만 맛볼 수 있는 먹을거리다.[27]

27 | 수구레란 소가죽 안쪽에 붙어 있는 살을 떼어 낸 다소 질긴 고기, 즉 소의 가죽 껍데기와 고기 사이의 부위를 말한다. 고기를 사먹기 힘든 시절 가격이 싼 수구레로 단백질을 보충했다고 한다. 생활이 나아짐에 따라 차츰 사라져 가고 있는 추억의 음식이라 하겠다.

현풍에는 수구레국밥 외에도 유명한 음식(점)이 있는데, 이는 전국적으로 널리 알려져 있는 '현풍할매집곰탕'이다. 현풍시장과 인접해 있는 이 맛집은 소머리와 사골뼈 등을 푹 고고 양, 사태, 설, 등골 등을 듬뿍 넣어 만든 곰국(곰탕)이 일품이며 50년 전통을 가진 현풍의 자랑거리다.

❶_현풍시장 유명 먹을거리 –수구레국밥
❷_시장 인근 유명 먹을거리 –현풍할매집곰탕

(5) 현풍시장의 문제점과 활성화 방안

가. 문제점

① 시설·환경상의 문제점

1억 원이 넘게 투자하여 설치한 장옥은 현재 거의 비어 있고 주차장 사용률도 낮다. 공영주차장 안내간판이 없어 시장 이용객들이 공영주차장을 이용하지 않고 도로변에 주차를 하는데, 이로 인해 차량 이용객들이 시장 진입이나 이동을 하는 데 어려움을 겪는다.

뿐만 아니라 시장 곳곳에 노후화된 점포들이 많으며, 점포 간판들이 제각각이고 각종 편의시설도 없어 문제가 되고 있다.

② 운영·관리상의 문제점

가격 정찰제, 원산지 표시제가 거의 지켜지지 않고 있다. 장날에는 현풍 지역에서 재배한 야채를 직접 판매하는 상인들이 많은데 이들은 원산지 표시나 가격 표시를 하지 않고 있다.

대금 결제 시 전통시장 상품권 사용이 가능한 시장이나 대부분의 이용객들은 이 사실을 모르고 있고, 상인들 또한 전통시장 상품권의 중요성을 느끼지 못하고 있다. 그리고 상인회 통합과 시장 이전문제로 인해 아직까지 시장 상인들의 불만이 많은 상태다.

나. 활성화 방안

① 시장현대화 사업을 적극적으로 추진해야 한다. 현재 현풍시장은 장날 외에는 한산한 편인데, 현풍시장의 상설시장 기능을 강화시키기 위해서는 개별 점포 간판을 통일시키고 휴게소, 자전거 보관대 등을 설치할 필요가 있다고 본다.

② 타지인이나 관광객들이 시장으로 접근하기 어려운 실정이므로 적절한 위치에 시장 안내판을 설치하는 일이 시급하다.

③ 무엇보다도 상인교육이 필요하다. 현풍시장은 장날이면 인근 도시에서 볼 수 없는 전통시장의 진풍경들을 볼 수 있는 곳이다. 이점은 현풍시장 이용객들의 만족도를 높이는 방안으로 활용될 수 있을 것으로 본다.

④ 장옥 활용도를 높여야 한다. 많은 예산을 투입하여 마련한 장옥의 활용도가 매우 낮다. 장옥 입점 상인(노점상 포함)에게 일정 기간 점포세(장세)를 면제해 주는 방안을 생각할 수 있다.

⑤ 수구레국밥집, 곰탕집과 같은 핵점포를 활용하여 홍보할 필요가 있다.

앞으로 대구경북과학기술연구원이 들어옴으로써 유동인구는 물론 상주인구도 증가할 것으로 보인다. 현풍시장은 이에 대비해 현대적 시장으로서의 모습을 하루빨리 갖추어야 할 것이다.

V. 대구 전통시장의 문제점과 활성화 방안(미래)

V 대구 전통시장의 문제점과 활성화 방안(미래)

1. 대구 전통시장의 문제점

1) 대구 전통시장의 외적 문제점

(1) 대도시 소비자의 소비트렌드 변화

오늘날 대도시 소비자들의 주요 소비트렌드 변화를 살펴보면 다음과 같다.

첫째, 합리적·실용적 구매의 추구이다. 요즘 대형마트들이 소비자들로부터 각광 받는 여러 가지 이유 중의 하나로 최근에 불어닥친 극심한 경기침체와 소비심리위축을 들 수 있다. 경기침체로 인한 소비심리의 급속한 위축은 저렴한 가격을 무기로 하는 신규 업태에 유리하게 작용했고, 지금까지 가격경쟁력을 무기로 해왔던 기존 소매 업태와 전통시장은 이러한 소비트렌드 변화에 부응하기 어려운 실정이다.

둘째, 젊은 세대들이 중요한 구매계층으로 부상하였다. 기성세대와는 상당히 다른 가치관과 감성적 욕구를 지닌 젊은 세대들이 소비시장에서 중요한 구매계층으로 떠오르면서, 일상생활용품에는 저가격 선호 성향이 나타나는 반면 기호성·취미성 상품은 개성화·고급화·다양화의 성향이 크게 나타나고 있다. 동네가게나 전통시장은 이러한 젊은 층의 소비성향에 부합하는 마케팅 전략 수립이 다소 어려운 실정이다.

셋째, 소비에 있어 편의추구 현상이 두드러지게 나타나고 있다. 현대인들은 바쁜 일상과 자동차의 대중화로 인해 점포 선택 시 교통 및, 쇼핑의 편리성을 중요시하는 경향이 있다. 즉, 소비자들은 상품비교를 위해 여러 점포를 돌아다니는 것을 원치 않고 한 점포 내에서 여러 제품(브랜드)을 비교하여 일괄 구매하려는 원스톱 쇼핑one stop shopping 욕구가 강해지고 있다는 것이다. 또한, 맞벌이 부부가 늘어나면서 주부들이 매일 저녁 가까운 시장에서 장을 보던 소비행태에서 2주 또는 1달에 한 번 자동차로 대형마트를 방문하여 필요 물품을 구매하는 행태로 변화하게 되었다.

이러한 대도시 소비자의 의식변화로 인해 유통업계에 취급상품 종류가 다양화되거나 반대로 취급상품 종류를 하나 또는 소수로 국한시켜 전문화되는 양극화 현상이 일어나고 있고, 또 대형소매점이나 전문상가 모두 규모면에서나 집적 정도에 있어 대형화·고도화를 추구하고 있다.

사실 소비자의 소비트렌드 변화는 개인의 욕구가 다양화되고, 개성 중시·창조성 중시 사회가 되면서 나타난 것이며 이로 인해 소비자들이 매우 까다로워지고 있다. 이러한 현실 상황은 비교적 변화에 빠르게 대응하기 어려운 전통시장으로서는 매우 위협적인 요소가 된다.

❶_쾌적한 대형마트
❷_가격 파괴 점포의 일종

(2) 신유통업태의 급격한 성장

고급화 전략을 전개하는 백화점과, 접근편의성과 입지적 우위를 강조하는 슈퍼마켓(구멍가게), 가격 경쟁력을 강점으로 삼던 전통시장으로 이루어진 전통적인 유통구조는 대형마트와 편의점, 무점포 방식의 홈쇼핑·인터넷 쇼핑 등 신유통업태의 등장으로 인해 커다란 변화와 위협을 받아 왔다. 특히 낮은 가격과 일괄구매의 기회를 제공하고 고품질 서비스를 제공하는 대형마트의 등장과 무점포방식으로 강력한 가격 경쟁력을 확보한 홈쇼핑 및 인터넷 쇼핑의 발달은, 가격 경쟁력만을 무기로 삼아 왔던 전통시장에게는 매우 큰 위협이 되고 있다.

게다가 오늘날은 소비자들에게 낮은 가격으로 제품을 제공한다는 것만으로는 경쟁력을 유지하기가 어렵다. 이는 많은 소비자들이 더 이상 저가격·저품질의 상품을 적은 서비스로 제공하는 전통시장을 선호하지 않고 있다는 데서 잘 나타난다. 저가격·고품질의 상품이 전통시장보다 훨씬 나은 서비스로 제공되는 대형마트가 도심 곳곳에 생겨났고, 이들은 취급상품의 종류 또한 전통시장과 비교가 되지 않을 정도로 다양하다. 대구 지역에는 17개의 대형마트가 있으며, 초기에 도심 외곽으로 진출했던 대형마트들이 지금은 신도시의 중심가로 급격히 확산되고 있는 실정이다.

더 나아가 홈쇼핑과 인터넷 판매와 같은 무점포 판매방식도 빠르게 성장하고 있다. 이러한 업태들은 소비자들이 집안에서 원하는 시간에 컴퓨터와 전화로 쇼핑을 할 수 있다는 강력한 장점이 있다. 또한 배송 후 일정한 기한까지는 반품이 가능하도록 제도를 구축함으로써 상품을 보지 않고 구매해야 하는 소비자들의 불안감을 없애는 데 성공하였다. 이제는 클릭 한 번, 전화 한 통만으로 집에서 상품을 받을 수 있는 세상이 도래한 것이다.

이러한 신유통업태의 성장은 기존의 전통적 유통구조를 파괴하고 있을 뿐 아니라, 전통시장에 대해 위협적인 요소가 되고 있다.

❶	❷

❶_신유통업태-대형마트
❷_신유통업태-인터넷 쇼핑몰

(3) 구시가지의 쇠퇴

오랜 세월 동안 대구의 도심에도 많은 변화가 일어나 신시가지가 생겨나고, 인구 감소와 상권의 약화로 구시가지는 몰락하게 되었다. 대부분 1970년대 이전에 설립된 대구의 전통시장은 구시가지에 위치하고 있다.

도시구조의 변화, 즉 주거지 분화와 신도시 개발 등으로 인한 도시민의 구시가지 이탈 현상은, 전통시장과 중산층의 거주지가 멀어짐에 따라 전통시장의 상권을 크게 약화시키는 요인이 되었다. 더욱이 새롭게 형성된 신도시에는 어김없이 대형 쇼핑시설이 입지함으로써 중산층과 전통시장의 실질적인 거리가 더욱 멀어지게 된 것이다. 이러한 추세로 인해 대부분의 구시가지에 위치한 대구의 전통시장에는 빈 점포가 늘어나고 있으며, 시장으로서의 기능을 상실해 가는 시장들이 속출하고 있다.

❶_시장기능을 상실한 원대시장
❷_흉물화된 빈 점포-방천시장

본연의 기능을 상실한 전통시장은 빈 점포 등으로 인해 매우 흉물스러운 모습을 하고 있어, 도시 미관을 훼손하고 있음은 물론, 관리 및 안전상의 문제마저 유발하고 있다. 특히 상권 기능이 약해진 구시가지 전통시장의 빈 점포 문제와, 시장 기능을 상실한 시장을 어떻게 처리해야 하는가 하는 문제는 매우 큰 고민거리가 아닐 수 없다.

(4) 하드웨어 중심의 전통시장 지원

정부 시장활성화 지원정책은 시설 등 가시적인 요소(하드웨어)에 중심을 둔 단기적 성과 위주의 지원이었다고 할 수 있다. 물론 이로 인해 대구지역의 많은 전통시장들이 아케이드, 점포 간판, 보행통로 정비, 건물 외관 개선 등의 시설현대화가 이루어진 것은 사실이다.

❶_현대화된 동서시장
❷_말끔히 정리된 팔달신시장

그러나 대구에는 뛰어난 시설을 갖추고 있는 백화점, 대형마트, 카테고리 킬러 등의 유통업태가 많기 때문에 시설 위주의 활성화 노력만으로는 전통시장이 경쟁력을 확보하는 데 한계가 있다.

전통시장 활성화에 대한 기존의 접근 방법은 대형마트 때문에 시장이 경쟁력을 잃어 간다고 보고, 그들의 장점인 시설 편의성과 깨끗한 쇼핑환경을 따라가는 방식에 초점이 맞추어져 왔다. 대형마트의 등장이 전통시장의 어려움을 초래하게 된 가장 직접적인 원인이었고, 소비자들 또한 대형마트의 쇼핑환경에 길들어져 있기 때문에 이들의 장점을 모방하고자 하는 방식은 어쩌면 당연했을지도 모른다.

그러나 오늘날의 소비자들이 시설이 조금 개선되었다는 사실만으로 과거처럼 전통시장을 방문할지 의문의 여지가 많다. 또한 전통시장이 아무리 많은 돈을 들여 현대화되더라도 대형마트의 쇼핑 편의성과 서비스를 제공하는 데는 한계가 있다.

천편일률적인 하드웨어 중심의 시장활성화 지원이 오히려 시장의 특성화와 차별화를 저해할 뿐 아니라 전통시장 자체의 정체성마저 잃게 하지 않을까 하는 염려가 앞선다. 시설만으로 전통시장의 근본적인 경쟁력을 확보하기에는 분명 한계가 있다. 일부 전통시장들이 시설현대화 사업을 실시하여 외관상 그럴싸해졌지만 그 알맹이인 살 거리, 볼거리, 즐길 거리가 부족하고 시설과 쇼핑환경이 뒤떨어져 새로운 유통업태에 시장을 잠식당할 수밖에 없었다고 본다. 따라서 앞으로 정부와 지방자치단체는 새로운 차원, 즉 전통시장의 콘텐츠를 개발할 수 있는 방향으로 시장활성화의 방향을 모색해야 할 것이다.

2) 대구 전통시장의 내적 문제점

(1) 점포의 영세성

대구 지역 전통시장 점포는 상인자본의 영세성으로 인해 규모가 매우 작고, 생업 위주의 자영업 방식으로 경영되고 있으며, 이로 인해 시설이나 환경개선 등 시장활성화를 위한 확대 재투자가 매우 어려운 실정이다. 자본구성을 보면 자기자본과 타인자본 비율이 비슷한 수준이고, 대부분의 점포들이 자본금 5,000만 원 미만으로 재무구조가 취약하며, 또 50% 이상이 임대점포로 운영되고 있다. 이러한 이유로 인해 새로운 경쟁업체가 출현하여 점포당 매출액이 줄고, 수익성이 저하되어도 경쟁력 강화를 위한 재투자가 매우 어려운 실정이다.

또한, 개인 차원의 경영으로 인해 상품기획 능력은 물론 현대적 점포경영 및 판매기법이 매우 부족한 상황이다. 대구지역 전통시장의 경우 외관은 시설현대화 사업을 통해 많이 개선되었으나, 개별점포나 시장 질적 차원에서는 여전히 매우 낮은 수준에 있다고 하겠다. 전통시장을 흔히 '구멍가게의 집합'이라고 부르는 것도 바로 이런 이유 때문이다.

❶_영세한 시장 점포-원대시장
❷_할머니 노점상-동구목련시장

한편 임대점포 상인들은 판매액에 비해 과중한 임대료를 납부하고 있는데, 이는 상인들이 고객에 따라 다른 '고무줄식 상품 가격'으로 거래하게 하고 가격표시제의 실시를 어렵게 하는 요인이 되기도 한다. 점포당 평수도 극히 적은 실정(평균 2~3평)이어서 점포 과밀현상을 초래하여 점포당 매출이 적고 불필요한 과당경쟁을 유발하며, 강매나 호객행위 등이 발생하는 원인이 되고 있다. 더욱이 임대점포 상인들보다 영세한 노점상들도 시장 구성원이기 때문에, 전체적으로 볼 때 상인들의 영세성은 더욱 심각한 상황이라 하겠다.

(2) 편의시설 부족

대형마트는 상품의 저렴한 가격에도 불구하고 청결한 공중시설과 편리한 주차시설, 저렴하고 다양한 음식점으로 구성된 푸드코트, 영화관 등을 갖추고 있어 쇼핑과 여가를 함께할 수 있는 장소가 되고 있다.

대구의 동구시장과 서문시장의 경우에는 고객지원센터, 휴게실, 급수대, 유아놀이방, 모유수유실, 쇼핑카트, 물품보관함 등의 뛰어난 고객편의시설을 갖추고 있으나, 이는 극히 일부이다. 대부분의 대구지역 전통시장은 시장활성화 사업수준이 기반시설 정비 정도에 그치고 있다. 그래서 시장 내부에 기본적인 편의시설조차 갖추지 못하거나 주차공간이 확보되어 있지 않아 차량을 이용한 쇼핑이 불가능한 시장들이 많은 실정이다.

❶_노후된 화장실-수성시장
❷_고객쉼터-서문시장

한편 전통시장에 다양한 먹을거리들이 있지만, 편하고 청결한 상태로 음식을 먹을 수 있는 푸드코트와 같은 장소가 아니라서 소비자들에게 크게 인기가 없다. 심지어 대구지역 전통시장 중에는 아직 화장실과 같은 기본적인 공중시설도 갖추지 못한 곳이 있으며, 또 화장실이 있더라도 너무 좁고 비위생적이라 소비자들이 이용을 기피하고 있다. 이러한 문제는 신세대 주부들과 젊은 층 소비자들의 시장 방문을 가로막는 매우 큰 문제라 하겠다.

더욱이 대구에는 대형마트나 백화점과 같은 뛰어난 편의시설을 갖춘 대형유통업태가 많을 뿐만 아니라, 소비자들도 이러한 유통업태의 편리한 쇼핑환경과 편의시설에 익숙해 있다. 요컨대 편의시설 부족문제는 대구 전통시장과 시장 상인들이 시급히 해결해야 하는 사항이라 본다.

(3) 상인 조직의 결속력 부족

대구 전통시장 대부분은 소규모 점포들이 밀집하여 각자의 방식으로 영업을 하는 형태로 운영된다. 이로 인해 상인들 간에 이해가 상충되는 경우가 발생하게 되며 시장 전체적으로 이루어지는 공동마케팅, 시설현대화 사업 등을 추진하는 데 많은 어려움이 따른다.

특히, 시설현대화 사업을 추진하는 과정에서 이해관계자 간의 갈등으로 사업추진이 중단되는 경우마저 발생하고 있다. 점포 소유주 간에도 이해관계가 달라 의견통일이 어려운데, 권리금, 점포위치에 대한 기득권 문제 등이 걸림돌이 되고 있다. 게다가 시설현대화 사업 추진 후에도 임차상인들의 기득권 보호 및 생계대책 문제마저 일어난다.

이러한 문제를 해결하기 위해서는 무엇보다도 강력한 상인조직이 있어야 한다. 기존의 상인회와 번영회 같은 상인조직만으로는 문제 해결이 거의 불가능하다 해도 과언이 아니다. 즉 현실적으로 오늘날의 상인조직은 단순한 시장관리 및 상인들 간의 친목도모 역할에서 탈피하여 시장변화를 적극적으로 주도하는 역할을 해 나갈 수 있는 조직이어야 한다.

그리고 상인회가 스스로 지자체 시장담당공무원, 시장관련 전문가 등과 협력하여 개별 시장 차원의 중·장기 발전계획수립, 시장 특성화 전략 개발, 차별화된 마케팅 활동 전개, 고객이벤트, 대고객서비스 향상, 상거래 질서 확립 등을 통하여 고객들이 보다 편안하게 쇼핑을 할 수 있도록 해야 한다는 것이다.

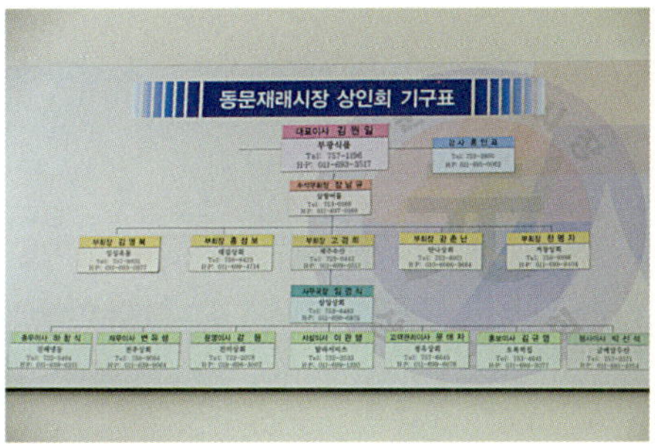

❶_상인회 기구표 –제주 동문시장
❷_고객지원센터 –제주 동문시장

또한, 중앙집중식으로 관리가 이루어지는 대형마트와 경쟁하기 위해서는 전통시장도 강력한 상인 조직을 통해 상인 간의 신뢰성 확보 및 제반 시설 관리, 공동시설 활용 등이 이루어져야 한다. 여하튼 전통시장의 시설 및 경영의 현대화에는 무엇보다도 상인회(조직)의 역할이 중요하다고 말할 수 있다.

(4) 점포경영 능력의 부족

대구 전통시장 상인의 과반수 이상이 50세 이상의 고령자이며, 그들의 점포운영방식 및 경영마인드는 시대에 크게 뒤떨어져 있다. 일부 전통시장 이용자는 물품을 구경하다가 사지 않고 돌아설 때, 뒷전에서 들려오는 좋지 못한 험담을 들은 경험이 있다고 한다. 또 환불이나 A/S를 받을 때 상인과의 실랑이를 각오해야 하는 경우도 있다.

전통시장에는 일단 물품을 팔고 나면 모든 것이 끝이라고 생각하는 상인들이 많고, 결함이 발생할 여지가 높은 상품들이 많음에도 불구하고 교환이나 환불을 받는 것이 비교적 어려운 실정이다.

과거 1970년대까지는 대안적 유통업태가 없었기 때문에 유통업계는 공급자가

지배하는 시장이었지만, 오늘날은 소비자 주권이 '신의 뜻(소비자가 왕)'이 된 시대이다. '고객이 왕'이라는 의식을 가진 오늘날의 고객, 특히 젊은 고객들이 상기와 같은 경험을 한다면 두 번 다시 전통시장을 찾지 않을 것은 자명하다.

❶_상인 친절교육 현장 –칠성시장
❷_깔끔한 상품 진열–칠성시장

또한 전통시장의 경우 상품에 가격표가 붙어 있지 않은 점포들이 많고, 같은 상품인데도 점포마다 가격이 다르다. 이처럼 전통시장에서 일물일가一物一價의 원칙이 적용되지 않는 근본적 이유는 상인들의 의식에 있다고 본다.

가격 정찰제가 실시되지 않음으로써 생기는 주요 문제는 소비자의 불신풍조를 낳는다는 것이다. 많은 전통시장 이용자들이 다른 곳에서 더 싼 값의 동일상품을 발견했을 때의 씁쓸함을 경험했을 것이다. 전통시장의 재미와 미덕은 '에누리'에 있다고 하는 사람들도 있지만 오늘날의 고객 대부분은 구매과정에서 가격을 깎아 달라고 상인에게 사정하기보다는 정찰된 가격을 보고 구매하는 것이 일반적이다. 교섭력이 좋은 고객이 상인에게서 더 싸게 구입할 수 있을지라도 이 역시 불합리하기는 마찬가지다. 교섭 과정에 투입되는 시간과 노력도 오늘날에는 비용이 되기 때문이다.

이 외에도 신용카드 사용 불가 등 많은 문제들이 있는데, 이러한 문제 대부분은 소비자 입장에서 보면 전혀 이해가 되지 않을 뿐만 아니라 수용하기조차 어려운 것들이다.

(5) 안전시설의 부재

2005년 12월 대구 서문시장에 대형화재[28]가 발생하여, 많은 재산상의 손해를 입은 경험이 있다. 일반적으로 전통시장은 기존의 구시가지나 주택가의 좁은 골목에 위치하는 경우가 많고 진입로도 매우 좁다. 또 시장 내 통로는 주차한 차량들과 노점으로 인해 화재 발생 시 큰 피해를 입게 되는 구조이다. 시장 건물도 30

28 | 2005년 12월 29일 밤 대구·경북지역 최대의 전통시장인 서문시장(서문시장 2지구)에 발생한 화재는 점포 1,060곳(소방서 집계)을 불태우고, 1,000억 원 이상의 초대형 피해를 낳았다. 이날 불은 1,900여 곳의 점포를 태워 버린 1975년 11월 서문시장 대화재 이후 꼭 30년 만에 일어난 것이다. 화재가 난 서문시장 2지구는 점포와 점포 사이의 통로가 채 80cm도 되지 않았고, 원단, 이불, 옷 등을 판매하는 점포들이 붙어 있다시피 할 만큼 좁았다. 화재 확산을 막는 방화 셔터도 아예 없었고, 점포 밖의 공간에도 원단이 쌓여 있는 상태였다. 이러한 여건으로 소방차 100대와 소방대원 1천여 명이 동원되어 밤샘 진화작업을 하였으나 불길을 잡을 수가 없어, 결국 건물이 붕괴되는 지경에 이르렀다.

년 이상 된 노후화된 건물이 주를 이루고, 많은 경우 전기배선이 매우 위험한 상태로 노출되어 있다. 뿐만 아니라 포목점, 옷집 등의 인화성이 높은 상품을 취급하는 점포도 많으며 협소한 점포, 창고시설 부족 등으로 점포 안팎에 상품을 쌓아 놓음으로써 상품 훼손, 화재위험 등의 문제마저 있다.

어떠한 시장활성화 노력이라도 안전상의 문제가 해결되지 않는다면 아무런 의미가 없다. 즉 상인들과 고객들이 안심하고 생업을 유지하며, 쇼핑을 하기 위해서는 안전상의 문제를 해결하는 것이 그 무엇보다도 중요하다고 본 것이다.

❶_노후된 안전시설-방촌시장
❷_화재의 현장-서문시장

2. 대구 전통시장의 활성화 방안

1) 대구 전통시장 활성화의 새로운 접근

대구 전통시장이 과거에 비해 많은 변화를 가져온 것도 사실이지만, 아직 시장 내부적으로는 여러가지 문제들이 산적해 있다. 기존 전통시장 활성화 방법은 현대적인 대형마트가 뛰어난 쇼핑환경과 편의시설, 대형주차장을 보유하고 있는 것을 감안하여 전통시장의 시설을 현대화하고, 신유통업태의 뛰어난 마케팅 기법들을 모방하기 위해 상인들을 대상으로 교육하며, 마케팅 프로모션을 지원하는 것이었다. 또한 온라인기반 무점포 업태들이 성장하고 있는 것에 발맞춰 에브리마켓 등과 같은 온라인 판매망을 구축하는 등 경쟁업태의 장점을 따라가는 방식에 초점이 맞추어져 왔었던 것이 사실이다.

새로운 유통업태들의 등장이 전통시장의 어려움을 초래하는 직접적인 원인이 되었으며, 소비자들 또한 새로운 유통업태들이 제공하는 쇼핑환경에 길들여져 있기 때문에 이들을 벤치마킹하는 형식으로 전통시장의 해법을 모색한 것은 어쩌면 당연하다고 할 수도 있다.

하지만 과연 오늘날 소비자들이 지금의 전통시장이 시설이 개선되고, 서비스가 조금 나아진다 한들 과거처럼 전통시장을 다시 찾게 될지는 의문의 여지가 있다. 극단적으로 말해 아무리 전통시장이 시설현대화나 경영현대화를 위해 노력을 할지라도 대자본 유통업태나 온라인 유통업태가 가진 자본력과 경영 노하우, 기술력을 감안할 때 전통시장이 이러한 유통업태와 같은 수준의 쇼핑 편의성과 서비스를 제공하는 데는 한계가 있지 않을까 싶다.

물론 기존 전통시장의 열악한 시설과, 편의시설의 부족은 소비자의 전통시장 방문 자체를 어렵게 만들기 때문에 일정수준 이상의 시설현대화는 반드시 필요다. 그러나 더 중요한 것은 전통시장이 장기적으로 하나의 유통업태로 명맥을 유지하기 위해서는 새로운 유통업태와 차별화되는 전통시장만의 가치를 부각시킬 수 있는 장기적이고 전략적인 접근이 필요하다는 것이다. 여기서 기존의 주요 유통업태들이 제공하는 핵심 가치를 살펴보면 다음과 같다.

〈표 5-1〉 유통업태별 핵심 가치

업태 구분	핵심 가치
백화점	최고의 제품을 최고의 서비스로 제공
슈퍼마켓, 편의점(CVS)	소비자들과의 높은 접근성
대형마트	저가격으로 고품질 서비스 제공
TV홈쇼핑, 인터넷 쇼핑몰	매장에 가지 않고도 언제든 쇼핑이 가능한 편의성
전통시장	저가격, 저품질의 제품을 낮은 가격과 서비스로 제공

위의 표에서 보는 바와 같이 전통시장이 제공하는 핵심가치가 오늘날의 소비자들에게 특별히 매력적인 요소가 되지 못하고 있다는 점이 가장 큰 문제라고 할 수 있다.

전통시장 활성화를 위해서는 전통시장만이 가지는 가치를 부각시킬 수 있는 장기적인 활성화 전략을 찾아내는 것이 매우 중요하다고 본다. 다른 유통업태가 모방하기 어렵고, 전통시장만이 가진 가치를 찾기 위해 먼저 전통시장이 우리에게 제공하는 가치와 편익을 이성적 차원과 감성적 차원으로 나누어 살펴보면 다음과 같다.

〈표 5-2〉 전통시장의 이성적 가치와 감성적 가치

이성적 가치	감성적 가치
• 저가의 제품을 제공함	• 서민들을 위한 유통가격 안정
• 주거지와의 인접성	• 다양한 상품을 제공
• 1차 상품의 경쟁력이 높음	• 영세상인에게 일자리를 제공함
• 사람 사는 냄새	• 고향의 향수
• 각박한 도시생활의 휴식처	• 지역성과 전통성을 간직한 곳
• 정(情)이라는 정서	• 물리적인 커뮤니케이션 장소를 제공

그간 전통시장의 경쟁우위 요소였던 가격이 싸다거나, 상품이 다양하다거나 하는 이성적 가치는 대형마트와 IT기반 신유통업태의 등장으로 크게 빛을 발하지 못하게 되었다. 또 주거지와의 인접성은 구시가지가 쇠퇴함에 따라 점차 중산층과의 물리적 거리가 멀어지면서 편의점, 기업형 슈퍼마켓SSM 등에게 그 지위를 넘겨주게 되었다. 따라서 이제 기존 전통시장이 제공하던 이성적 가치는 더 이상 전통시장만의 가치(요소)가 될 수 없음은 물론이고, 더욱 월등한 가치를 제공하는 새로운 업태들의 등장으로 시장이 갖는 상대적 유리성을 점차 잃어 가고 있다.

하지만, 여기서 주목해야 할 부분은 전통시장이 가진 감성적 가치이다. 현대화되고 도시화된 대형마트와 구매 과정에서 인간의 숨결이라고는 조금도 느낄 수 없는 인터넷 쇼핑몰이나 홈쇼핑과는 달리 전통시장은 아직도 사람 사는 냄새가 나고, 정이 있고, 지역성과 전통성을 간직하고 있으며 지역민들의 물리적 커뮤니케이션 공간을 제공한다. 이러한 전통시장의 감성적 가치는 새로운 유통업태가 모방할 수 없는 차별화된 가치(요소)라고 할 수 있다.

오늘날 기성세대들의 시골 장날에 대한 기억은 북적이는 사람들과 넘쳐나던 먹을거리, 약장수, 엿장수, 각설이와 같은 구경거리, 흥정하는 사람들의 얼굴, 오랜만에 장날에 만나 안부를 묻는 사람들의 모습 등 마치 축제와 같은 느낌으로 다가온다. 이러한 장날에 대한 향수는 많은 문학과 예술의 소재가 되었다. 이처럼 시장은 서민들의 삶을 비춰 주는 거울이며, 소중한 우리 문화 그 자체라고 할 수 있다.

이러한 정서는 백화점이나 대형마트 같은 유통시설이나 컴퓨터나 전화기 앞에서 쇼핑을 하는 인터넷 쇼핑이나 TV홈쇼핑에서 절대 느낄 수 없는 가치이다. 오늘날의 전통시장이 하나의 유통업태로 자리매김하기 위해서는 이러한 감성적 가치를 부각시키는 것이야말로 무엇보다 중요하다고 본다. 역설적으로 말해서 전통시장 문제를 해결하기 위한 가장 효과적인 해법이 바로 더욱 전통시장다워지는 것이라 할 수 있다. 그러면 어떻게 해야 이와 같은 전통시장의 감성적, 정서적인 가치를 부각시킬 수 있을지 모색해 본다면, 벤치마킹할 수 있는 것으로 서양의 '광장'을 들 수 있다.

서양과 유럽 사람들은 분수대, 조형물 등이 있고 다양한 거리 공연과 축제가 열리는 매력적인 문화 장소를 광장plaza이라고 부르는데, 이곳을 많은 상인과 시민, 예술가들이 모여 문화와 상업이 활성화되는 장소로 생각한다.

이러한 광장은 사전에는 "의사소통을 꾀할 수 있는 공통의 장소를 비유하여 이르는 말"이라고 나와 있다. 광장은 크게 도시민들에게 휴식처와 만남의 장을 제공하는 시민광장市民廣場과 상업활동이 행해지는 시장광장市場廣場으로 나눌 수 있는데, 우리의 전통시장을 상업적 기능만이 아니라 문화적인 기능도 포함하는 광장으로 만들 필요가 있다고 본다.

서양인들에게 광장은 먹을거리와 볼거리가 넘쳐나는 매력적인 장소인 동시에 휴식과 문화와 커뮤니케이션이 있는 공간으로 인식되고 있다. 우리의 전통시장도 과거 전통시장이 담당했던 이러한 서양의 광장과 같은 느낌으로 시민들에게 받아들여질 때만이 유통업태 내에서 독보적인 지위를 가지는 업태로 거듭날 수 있을 것이다. 전통시장이 광장의 개념으로 거듭나기 위해서는, 지역민들에게 전화나 인터넷이 아닌 오프라인 커뮤니티의 공간을 제공하고, 축제, 공연 등의 문화적인 볼거리가 넘치며, 지역의 상인과 시민들이 함께 호흡할 수 있는 장소로서 역할을 해야 한다. 또 외지인들에게는 특정 지역색을 체험할 수 있는 공간으로 인식되어야 한다. 여기서 보다 구체적으로 살펴보고자 한다.

(1) 다양한 문화적 공간 제공

오늘날 많은 직장에서 주 5일 근무제가 실시되면서 도시민들의 여가시간은 급격히 늘어났다. 사람들은 여가시간을 알차게 보내기 위해 취미 생활, 운동, 여행 등을 많이 한다. 하지만 급격한 산업화 과정을 거치면서 우리의 기성세대들은 일에만 몰두했지, 여가시간 활용 경험이 없거나 부족했으며, 여가시간을 보낼 마땅한 장소도 없었던 것이 우리의 현실이었다.

특별한 볼거리가 없었던 과거에는 엿장수, 약장수, 다양한 먹을거리 노점상들이 들어서서 볼거리와 먹을거리가 넘치는 장날이 최고의 여가활용 장소로 인식되었고, 그래서 장날이 다가오면 아이들은 가슴 설레이면서 손꼽아 기다리곤 했다. 하지만 오늘날의 현대인, 특히 도시민에게는 장날의 이러한 것들이 굳이 전통시장을 찾아갈 만큼 매력적이지 못하다는 점에서 문제다. 그래서 과거 볼거리와 먹을거리가 넘치는 장날을 오늘날에 맞게 부활시켜야 하는데, 이를 위해서는 시장을 현대적인 문화적 공간으로 활용할 필요가 있다고 본다.

실제로 대구에는 극장, 오페라하우스, 쇼핑센터, 공원, 박물관, 미술관 등의 문화공간이 많지만, 지역 단위로 사람들끼리 커뮤니케이션하고 교감을 나눌 수 있는 장소는 거의 없다고 해도 과언이 아니다. 마찬가지로 젊은 예술인들이 자신의 재능을 펼칠 수 있는 공간이나 예술가들이 자신의 작품이나 공연을 보여줄 곳도 없다.

영국 런던의 전통시장인 코벤트가든에는 서커스, 음악회, 거리공연, 마술 등이 열리며, 젊은 예술가들의 작품을 쉽게 구매할 수 있다. 이렇게 코벤트가든 시장은 관광객들과 지역주민들에게 다양한 볼거리를 제공함으로써 상업과 문화가 함께하는 세계적인 시장으로 거듭나게 된 것이다.

❶	❷	❸

❶_마술사-코벤트가든시장
❷_거리 공연-코벤트가든시장
❸_실내 연주회-코벤트가든시장

우리의 전통시장이 서양의 광장처럼 거듭나기 위해서는 다양한 놀이와 문화콘텐츠가 필요하며, 이는 전통시장의 과거와 같은 감성적 가치를 부각시키는 데 매우 유용한 도구로 활용될 수 있다.

다행이 전통시장과 문화를 결합하는 매우 모범적인 시도가 대구 중구의 방천시장에서 전개되고 있어 많은 사람들의 관심과 눈길을 끌고 있다. 즉, 대구 중구청과 대구미술비평연구회가 협력하여 경쟁력을 상실해 가고 있는 방천시장의 활성화를 위하여 '2009 방천시장 예술프로젝트'를 전개하고 있다.[29]

시장 내 빈 점포를 문화공간으로 활용하고자 하는 방천시장 예술 프로젝트

사실 방천시장은 상권의 쇠퇴로 빈 점포가 많고, 시장 기능을 거의 상실해 가던 대표적인 구시가지 시장이었다. 방천시장은 시장활성화를 위해 수십억 원이 드는 시설현대화를 추구하는 대신 시장을 시민들과 지역의 예술가들에게 내어주는 방식으로 시장활성화를 도모하고 있다. 이러한 접근은 기존의 경쟁업태의 장점을 벤치마킹하는 것이 아니라 전통시장의 절대적인 가치인 감성을 추구한 대표적인 사례라고 할 수 있다. 다른 전통시장들도 이러한 사례를 벤치마킹하여, 고객을 끌 수 있는 공간으로 시장을 시민(단체)에게 내어주면서 시민과 상인이 함께 시장을 살리는 방안을 모색해 볼 필요가 있다고 본다.

오늘날 전통시장이 존재해야 하는 단 하나의 이성적인 가치는 바로 '영세상인들의 생계를 위해서'라는 공공적인 가치이다. 시장 밖의 자영업자들이 세금을 꼬박꼬박 내면서도 정부의 지원은 한 푼도 받지 못하고 몰락해 가는 상황에서, 상인 대부분이 사업자등록증도 가지고 있지 않은 전통시장에 국민의 혈세를 지원

29 | 그 내용을 살펴보면 먼저 비어 있는 12개 점포를 3월부터 6월 말까지 임대해 4개월 간 다양한 분야의 예술가들이 직접 만든 소품들을 저렴하게 판매하는 아트마켓이 열리고, 입주 작가들이 직접 제작한 작품들을 오픈스튜디오(시장점포)를 통해 선보이는 전시회를 개최한다. 또한, 주말이 되면 시장 주민들과 어린이들이 함께 배우고 참여하는 예술교육 프로그램과 예술놀이터도 운영된다. 요컨대 이러한 프로젝트는 침체된 시장공간을 아름답고 활기찬 문화적인 공간으로, 그리고 이야기와 커뮤니케이션이 있는 매력적인 공간으로 탈바꿈하려는 시도라 하겠다. 그 주요내용을 소개하면 아래 〈표〉과 같다.

〈표〉 방천시장 예술프로젝트의 주요내용

구분	Part 1
주제	현재 상점이 운영되고 있는 거리부분
내용	평면 작품과 오브제를 이용한 설치작품들이 전시되며, 대중적으로 친근한 이미지와는 달리 호기심을 유발하는 실험성이 가미된 성격의 작품들로 구성
구분	Part 2
주제	공방 & 아트샵
내용	회화는 물론이고 작은 조각 또는 공예품 등 일반인들이 선호할 수 있는 대중성 높은 작품을 추구하는 작가들이 모이는 공간으로 구성
구분	Part 3
주제	방천이네 놀이터 -사람과 예술교육, 주민 작품
내용	방천시장의 주인이라 할수 있는 상인뿐 아니라 상점을 오가는 사람들은 물론 주변에 주거하고 있는 주민들과 문화예술에 관심을 가지고 있는 시민들까지 함께 어울려 유희할 수 있는 공간으로 변화

해야 하는 이유가 바로 여기에 있다. 전통시장 활성화 사업이 경제적인 접근보다는 공익적인 접근을 통해 이루어져야 하는 것도 바로 이 때문이다. 이러한 관점에서 보면 국민의 세금을 지원 받은 전통시장들은 상인들의 사유재산이 아닌 시민들의 재산이고, 시민이 주인인 공간을 시민들을 위한 문화와 휴식의 공간으로 활용할 때만이 시민들이 '왜 내가 전통시장을 이용하고 살려야 하는지'에 대한 진정한 공감대를 불러일으킬 수 있을 것이다.

(2) 지역밀착형 마케팅 전개

오늘날 인터넷과 정보통신기술의 발달로 인해 온라인상에서 이루어지는 가상 커뮤니케이션이 매우 활발하게 전개되고 있다. 특히 취미가 비슷한 사람들이 온라인상에서 동호회를 만들어 정보를 공유하고 의견을 나누는 활동이 매우 많다.

하지만 익명성이 보장된 온라인상에서의 타인과의 커뮤니케이션과 교감은 진정한 인간적인 따뜻함을 느끼는 깊은 교류가 불가능한 것은 물론이고 그 과정에서 자칫 서로에게 불쾌감을 유발하는 경우마저 매우 많다는 것은 모두가 잘 알고 있는 사실이다.

멀리 떨어진 친구와 인터넷과 휴대전화를 통한 가상 커뮤니케이션을 여러 번 하는 것보다, 한 번이라도 서로 얼굴을 맞대고 대화를 나누는 것이 더욱 깊은 인간적인 교류가 이루어진다는 것은 누구나 경험해 본 사실이다. 본래 사람 간의 교류는 서로 얼굴을 맞대고 나누는 것이지 가상 공간에서 이루어지는 것이 아니라고 본다.

특히 인터넷에 조금 뒤처진 기성세대들에게는 가상의 온라인 공간이 아닌 과거 시골 마을의 이웃들간의 끈끈한 정이 느껴지는 사람간의 물리적인 커뮤니케이션에 대한 요구가 더욱 커지고 있는 것이 오늘날의 현실이다.

과거에는 음식도 나눠 먹고, 힘든 일은 서로 돕고, 즐거운 일은 함께 기뻐하던 가까운 이웃사촌이 있었지만, 오늘날 우리들은 옆집 사람이 누구인지도 모르는 각박한 현실 속을 살아가고 있다. 이처럼 각박해지는 세상을 사람들은 도시화에 따른 당연한 결과로 받아들이고, 경쟁 사회, 자본주의 사회에는 어쩔 수 없는 일이라고 체념한다.

그러나 유럽과 일본과 같은 자본주의가 발달한 선진국에서도 이웃 간의 정은 매우 중시되며, 지역민들이 함께 교류할 수 있는 다양한 행사와 물리적 장소가 갈수록 늘어나고 있다. 사람은 본래 공동체 생활을 영위하도록 되어 있기 때문에 사람들 간에 정을 나눈다는 것은 정신적인 삶의 질에 속하는 매우 중요한 것이라 본다. 오늘날의 우리는 부분에 있어서 심각한 사회 구조적인 결함을 가지고 있다고 할 수 있다.

과거에는 이러한 기능을 담당했던 지역적 공간이 바로 전통시장이었다. 즉 과거의 장날 시장은 마을 사람들의 만남의 장소이자, 낯선 사람들과 교류의 정을 나눌 수 있고, 정보를 얻을 수 있는 곳이었다. 오늘날에도 지역민들 간의 인간적이고 물리적인 커뮤니케이션 장소로 가장 적합한 곳이 바로 전통시장이라고 본다. 우리의 전통시장은 시장끼리 일정한 간격을 두고 있으며, 또 주거 밀집 지역에 인접해 있다. 따라서 전통시장은 지역커뮤니티를 형성하기에 매우 좋은 공간적인 구조를 가진다 하겠다. 대부분의 시장 고객들은 시장 반경 1km 이내에 거주하는 지역주민들이며, 이들이 교류할 수 있는 광장과 같은 장소를 제공하는 것이 바로 새로운 차원의 전통시장 활성화 방식이라 본다.

❶_반가운 만남-군위시장
❷_장터에서의 정담-풍산시장

전통시장은 사실 대형마트처럼 넓은 상권 범위를 가지는 것이 아니며, 또 특별한 경우를 제외하고는 멀리서 찾아오는 고객은 거의 없다. 전통시장이 1km 이내 거주하는 지역민들에게 최고의 커뮤니티 공간으로 인식될 수 있다면 그것으로 충분히 경쟁력을 갖출 수가 있다고 본다. 여기에 벼룩시장, 지역행사, 택배 서비스 등의 주민 밀착형 활동이 가미되면 더욱 좋다.

먼저 벼룩시장은 전문 상인이 아닌 일반인들이 일정 공간에 모여 자신이 쓰지 않는 물건을 팔고, 다른 사람의 물건을 살 수 있는 장소를 의미한다. 지역민들이 아이가 커서 맞지 않는 옷, 오래된 책, 수집품, 가구류 등을 시장에 가지고 나와 다른 지역민들에게 판매할 수 있는 장을 시장에서 열어 줄 필요가 있다. 이를 통해 지역 경제에도 기여할 수 있고, 시장 안에 볼거리를 만들어 이용객 방문을 늘릴 수도 있다. 그러나 대부분의 전통시장은 통로가 협소하고, 벼룩시장을 열 수 있는 마땅한 공간이 없을 수도 있다. 따라서 규모가 큰 시장에 설치하거나, 토요일이나 일요일에 시장공간을 지역민들에게 내어 주는 방식이 좋을 것으로 본다.

지역민들에게 최고의 시장이 되기 위해서는 택배 서비스를 제공하는 것이다. 전화주문만으로 집안까지 배송되는 시장택배 서비스를 지역주민들에게 제공한다면 소비자들이 굳이 TV홈쇼핑, 대형마트, 편의점 등의 신유통업태를 방문할 필요성이 없게 될 것이다.

지역민과 지역사회를 위한 다양한 행사를 전개할 필요가 있다. 불우이웃돕기, 바자회, 김장 담그기, 지역 축제 등을 상인과 지역민들이 하나가 되어 전개할 때 서로 간의 정도 싹트고, 지역에 대한 관심과 사랑도 늘어나며, 궁극적으로는 전통시장이 단순한 유통업태의 일종이 아닌 진정한 우리의 이웃으로 거듭날 수 있기 때문이다.

(3) 고객들에 대한 신뢰 구축

오늘날 소비트렌드의 가장 큰 핵심은 웰빙well-being이라고 할 수 있다. 우리 사회에서 건강을 중요시하는 풍조가 매우 두드러지면서, 유기농 제품, 자연식품 등으로 불리는 웰빙 음식들은 고가임에도 불구하고 꾸준한 성장을 지속하고 있다.

그러나 이러한 소비트렌드와는 반대로 먹을거리에 대한 소비자들의 불신은 점점 커져만 가고 있다. 최근에도 '수입 소고기 파동', '중국산 불량만두 사건', '과자의 멜라닌 파동', '중국산 불량 먹을거리 사건' 등이 일어나면서 소비자들은 먹을거리에 대해 걱정을 많이 한다.

예부터 신토불이身土不二라 하여 '제 땅에서 난 음식이 최고로 몸에 좋다'라는 말이 있는 것처럼, 우리 농산물이 우리의 건강에 가장 좋다는 것은 누구나 잘 알고 있다. 대형마트에서 한 번도 가 본 적도 들어본 적도 없는 페루나 칠레에서 온 '장어구이'를 볼 때, 소비자들은 아무리 가격이 싸다 한들 구매 결정을 하는 데 만감이 교차될 것이다.

오늘날의 소비자에게는 가격이 싼 제품보다는 믿을 수 있는 제품을 판매하는 것이 가장 중요하다는 말이 유통업계의 화두가 되고 있는 것도 사실이다.

한편 대부분의 대구지역 전통시장은 공산품보다는 1차 상품(과일, 채소, 어패류, 육류, 미곡류 등)을 위주로 취급하고 있는데, 원산지 표시와 가격 표시가 제대로 이루어지지 않아 소비자들이 구매하는 데 어려움이 있음은 물론이고 소비자로부터 신뢰를 얻지 못하고 있는 것이 현실이다. 전통시장 쇠퇴의 주요 원인 중의 하나는 바로 전통시장이 소비자들의 신뢰를 얻지 못하고 있다는 점이다.

지역 전통시장 상인들은 지역 내에서 '상인이지만 소비자요, 소비자이지만 지역민'이라는 점을 명심해야 하고, 또 지역민을 대상으로 장사를 하기 때문에 신뢰와 양심이라는 가치를 절대로 저버려서는 안 된다. 진정한 상도는 이익만 많이 내는 것이 아니라 '남을 도우며, 나도 이익을 얻는 것'이기 때문이다. 뿐만 아니라 상도를 어기면 단기적으로는 수익이 많을지 모르나 장기적으로는 그러하지 못하기 때문이다.

소비자들의 신뢰를 되찾기 위한 좋은 방법으로 전통시장 상인들 간의 강력한 단결을 들 수 있다. 일반적으로 전통시장에서는 점포주 개개인이 사장이고, 점포마다 개별적으로 관리·운영되기 때문에 상호 불간섭의 수평적인 조직구조를 갖는다. 이로 인해 같은 품목을 취급하는 상인들은 서로 협력하기보다는 경쟁자로 인식, 반목하는 경향이 있다. 상인 간 혹은 시장 간 협력을 통해 상품에 대한 신뢰를 구축하는 방법으로 대구지역 전통시장에서 같은 품목을 취급하는 점포들이 연합을 구성하고, 이 연합회를 통해 산지의 전통시장과 자매결연을 맺어 그 지역의 믿을만한 농수산물을 공동구매·판매하는 경우를 들 수 있다. 이로써 상품경쟁력과 신뢰성을 확보할 수 있을 것이다.

이와 더불어 원산지 표시제, 가격 정찰제, 카드결제 시스템 도입, A/S 강화 등도 소비자 신뢰 획득을 위해 반드시 이루어져야 하는데, 이들은 선택적인 것이 아니라 필수적인 것이다. 전통시장 상인들은 '우리의 고객은 내 이웃이자 형제이자 가족'이라는 생각을 가슴 깊이 새겨야 하고, 지역 상인들도 경쟁의 대상이 아닌 함께 살아가야 할 파트너로 인식해야 할 것이다.

(4) 여성과 젊은 층 소비자의 시장 유입 확대

여성의 경제활동 참여율 증가는 가사노동의 양적인 감소를 가져왔다. 여성들이 장보는 데 투자할 수 있는 시간이 줄게되면서 쇼핑 횟수가 줄어들고, 소량구매보다는 대량구매를 선호하게 되었다. 그러면서 인근 전통시장에서 매일 찬거리를 사는 것 보다는 차량을 가지고 대형마트를 찾아가 1주일~1달치 식료품을 한꺼번에 사오는 경향이 많아졌다. 또한, 쇼핑 시간대도 낮 시간보다는 업무가 끝난 뒤인 저녁 시간을 선호하게 되었고, 비싸지만 가깝고 24시간 영업을 하는 편의점을 더 자주 찾게 되었다. 이러한 사회환경 변화로 인해 전통시장의 중요한 고객층인 여성, 특히 젊은 주부들이 전통시장을 외면하고 있어 심각한 문제라 하겠다.

한편 전통시장 이용객의 대부분이 40대 이상의 중·장년층 소비자이며 젊은 층의 전통시장 방문은 매우 저조한 상황이다. 젊은 층은 전통시장보다는 편리하고 쾌적한 대형 유통점을 선호하며, 다소 가격이 비싸도 편리함을 추구하려는 성향이 강하기 때문에 시설현대화 사업 실시 후에도 이들의 전통시장 방문은 좀처럼 늘어나지 않고 있다.

젊은 층이 시장을 방문하지 않는다는 것은 장기적으로 전통시장 자체의 존립이 힘들어질 수 있다는 심각한 문제를 갖는다. 지금 전통시장을 찾는 중장년층 소비자들이 사라진 후 그들을 대신하게 될 오늘날의 젊은 층 소비자들은 그때에도 대형마트를 방문할 것이고, 고객이 존재하지 않는 전통시장은 살아남을 수 없을 것이다.

대구의 전통시장이 살아남기 위해서는 여성 및 젊은 층 소비자의 유입이 반드시 필요하다. 다양한 문화적인 공간을 제공하는 것은 젊은 층 소비자를 시장 내로 유입하는 데 매우 효과적일 수 있다. 젊은 세대들이 현대적이고 쾌적한 쇼핑환경을 선호하기도 하지만, 다양성 또한 매우 중시하며, 새로운 볼거리와 즐거움을 주는 것이라면 다소의 불편함도 감수하는 성향이 있다. 투박하고, 전통적인 막걸리 전문점에 젊은 소비자들이 몰리는 것도 색다른 볼거리와 분위기가 있기 때문이다.

또한, 지역민을 위한 지역밀착형 마케팅의 전개는 어린아이를 키우는 신세대 주부들을 시장으로 유입하는 데 필수적이다. 믿을 수 있는 이웃이 될 수 있고, 문화적인 분위기와 배울 것이 있다면, 전통시장은 아이들에게 충분히 좋은 놀이와 배움의 터가 될 수 있을 것이다.

결론적으로 말해 향후 대구의 전통시장이 존립되기 위해서는 문화적·인간적 접근이 반드시 필요하다고 확신한다. 이로써 대구의 전통시장이 서양의 광장처럼 지역의 많은 사람들이 함께 커뮤니케이션과 문화를 즐길 수 있는 공간이 되고, 기존의 경쟁업태들이 모방할 수 없는 차별화된 유통업태로 자리매김할 수 있으리라 본다.

2) 대구 전통시장 활성화의 주체별 역할

대구 전통시장 활성화를 위한 주체별 역할을 개별상인, 상인회, 지방자치단체라는 3가지 측면에서 살펴보고자 한다.

(1) 개별 상인 : 전통시장 활성화는 상인(의지)에 달려 있다.

첫째, 소비자의 지지와 신뢰를 확보하기 위한 상인의식의 전환이 요구된다. 이를 위해서는 친절·서비스 정신 함양, 점포 경영능력 증진, 상인교육에의 적극적 참여, 우수시장 견학·학습, 고객만족 지향적인 태도가 필요하다. 특히 국내외 모범적인 전통시장(상인)들을 찾아보고 선진화된 상인의식을 본받아야 하며, 시설 현대화 못지않게 상인의식 및 점포 경영의 현대화에도 보다 많은 노력을 기울여야 한다.

둘째, 마케팅 및 홍보활동 강화이다. 그 방법으로는 깜짝 세일, 산지직거래(방학동 도깨비시장), 고객사은행사(부산진시장, 서남신시장의 사은품 증정), 시장 홍보물 제작·배포(인천 신기시장의 시장 소식지, 적립식 카드), 시장 환경변화 및 소비자 기호·성향 파악, 먹을거리·볼거리·즐길 거리 발굴 및 마련(일본 요코하마 시장의 미관 위주 인도 조성), 고객 불편사항 파악을 통한 편의시설 확충(의정부 제일시장의 편의시설 확충과 점포 재배치, 구포시장의 고객쉼터, 어린이 놀이방, 수유실 등의 설치), 청결·위생 상태 개선, 상인 상호 간의 협력 증진 등이 있다.

(2) 상인(회) : 상인회 결속력이 시장 발전을 좌우한다.

첫째, 시장경쟁력 향상을 위해서는 다른 시장과 차별화할 수 있는 시장 장기 발전 계획을 수립하고 시행하여야 한다.

둘째, 신세대(젊은 층) 소비자의 시장 유입를 위한 노력이 요구되는데, 한 예로 그들의 기호에 맞는 이벤트의 개최를 들 수 있다. 서남신시장의 초등학생 시장 그리기 미술 대회와 영국 애플시장의 연주회·마술 공연도 좋은 예이다.

셋째, 시장 및 시장 주변 여건에 적합하게 시장을 특성화, 전문화해야 한다. 그 예로는 강원도 정선시장의 곤드레 나물류·먹을거리, 광주 양동 복개시장의 가구·커튼, 영국 보로시장의 빵·상인 선발제, 일본 스가모시장의 노인용품 등을 들 수 있다.

넷째, 지역 특성과 시장 특성이 반영된 (입)간판(조형물)을 설치해야 한다. 대구 지역 전통시장의 (입)간판 대부분은 단순한 간판 수준에 불과하다. 전남 함평시장의 나비 모양, 수원 지동시장의 독특한 모양의 아케이드, 전남 장흥시장 입구 간판 등은 지역 및 시장 특성을 잘 반영시켰음은 물론 볼거리로서의 가치까지 갖는 것으로 높이 평가되고 있다.

다섯째, 지역민의 복합놀이문화 공간, 문화 관광지로서의 전환을 고려해 볼 만하다. 대구의 경우 지역밀착형 중소 시장들이 대부분(94%)인 점을 고려할 때 지역민과 연계하거나 커뮤니티를 형성할 필요가 있다고 본다. 지역민과의 유대 강화를 위해 독거노인 돌보기 프로그램을 운영하고, 권역별로 점포를 배치한 의정부 제일시장의 경우가 좋은 본보기가 된다.

여섯째, 새로운 시장 콘셉트를 구축해야 한다. 즉, 편의성, 청결성 등의 면에서 부정적 이미지가 강한 시장 이미지를 개선해야 할 뿐만 아니라, 인천 종합어시장과 같은 시장 캐릭터와 브랜드도 개발해야 할 것이다.

일곱째, 노점상과의 공생 방안을 강구해야 한다. 이는 노점(상)이 있어 시장이용객이 전통시장을 찾기도 하기 때문이다. 울산 중앙시장(중구청)의 노점 임대제, 의정부 제일시장의 노점허가제는 노점상과의 공생 전략으로 시장활성화에 성공한 좋은 사례다.

여덟째, 빈 점포(대구 23%, 전국 13%) 활용 방안의 강구이다. 지역민의 문화·교육공간(현장체험학습장, 동아리 모임터 등)으로 활용하는 방안과 광주 양동복개시장(40%)과 같이 임대료를 파격적인 수준으로 낮추어 주는 방법으로 빈 점포 문제를 해결할 수 있다.

아홉째, 지역 소비자 단체 및 언론기관의 협조는 물론 상인회와 지자체 간의 협력도 요구된다.

(3) 지자체 등 : 시장활성화에 적극성을 발휘해야 한다.

첫째, 전통시장 문제는 지역경제 활성화 및 지역민 생계보호 차원에서 검토되어야 한다. 즉, 전통시장의 문제를 지역사회·지방자치단체의 주요 경제 문제로 부각시키고 이를 해결하는 데 지역 언론기관과 소비자 단체 등을 참여시켜야 할 것이다.

둘째, 시장마다 여건과 특성이 다르므로 개별 시장 맞춤형 및 시장 유형별 활성화 전략(개발)이 필요하다.

셋째, 시장별로 발전 가능성을 평가하고, 성장 잠재력이 많은 시장 순으로 집중 지원·육성해야 한다. 특히 대구 대표시장과 구청별 집중 육성시장을 선정하여 이들을 먼저 활성화시켜 나가야 할 것이다.

넷째, 지방자치단체장의 관심과 노력이 요구된다. 이는 상인 의지와 함께 시장

활성화 여부 및 정도를 결정하는 매우 중요한 요소라 하겠다.

다섯째, 상인교육 시 점포 이탈을 꺼리는 상인들이 많아 특정 장소에서 이루어지는 상인교육에의 참여도가 저조한 실정이다. 따라서 상인 스스로 학습 가능한 '상인 자율학습서'를 개발, 활용해야 한다. 더 나아가 대구지역 주요시장을 소개하는 '대구 전통시장 안내 및 홍보책자'의 개발·배포도 필요하다고 본다.

여섯째, 전통시장의 소방에 관한 사항, 안전 및 위생에 관한 사항, 가격정찰제나 계량에 관한 사항 등은 시장 자율에만 맡겨서는 한계가 있다. 따라서 대구광역시에서는 시장 관련 제도적 규정을 엄격히 적용해야 함은 물론 시장구성원들의 자기혁신을 유도하고 소비자들도 보호할 수 있는 행정적 제어 장치를 마련해야 할 것이다.

일곱째, 시장 기능을 상실한 구시가지의 전통시장과 해당 시장의 빈 점포를 시민들을 위한 문화 공간으로 적극 활용해야 한다. 무분별한 재개발보다는 상업기능을 유지하면서 시민들을 위한 공적 기능을 강화하는 방안을 강구해야 한다.

끝으로 "변하지 않으면 살아남을 수 없다"는 것을 강조하면서, 시장 상인들에게는 "시장 현대화는 시장 상인에서부터", 또 지방자치단체에게는 "시장문제 해결은 지역경제 활성화 차원에서 다루어야 한다"라는 말을 전하고 싶다.

부록

1. 대구 전통시장 기초 자료

2009. 4. 현재

구분	시장명	소재지	시설면적(㎡)			점포 수
			대지면적	건물연면적	매장면적	
중구 (15개)	교동시장	교동 67-12	1,515	2,482	1,803	300
	대신지하상가	대신동 241-1	9,036	9,036	3,440	330
	방천시장	대봉1동 11-11	5,785	6,449		60
	번개시장	태평로1가 186-1	2,923	2,189	1,755	125
	서문시장 1지구(직물)	대신동 115-379	3,313	3,233	1,865	270
	서문시장 1지구(포목)	대신동 115-379	3,313	3,233	1,724	350
	서문시장 4지구	대신동 115-377	4,735	14,922	6,935	777
	서문시장 5지구	대신동 115-400	4,268	9,044	7,448	452
	서문시장 건해산물상가	대신동 265	4,762	4,597		108
	서문시장 동산상가	대신동 115-30	3,042	11,429	5,924	653
	명품프라자	대신1동 115-112	761	2,410		75
	동부시장	동인4가 470-2	3,499	3,582	2,727	60
	보성황실	남산동 2466-1				26
	남문시장	남산1동	7,617	22,859	4,319	70
	덕산(염매)시장	덕산동 38	4,658	2,700	1,800	90
동구 (13개)	공항시장	지저동 649	5,461	6,561	3,023	56
	동구시장	효목2동 533	1,492	1,988	1,021	110
	동대구역전시장	신천3동 278	2,011	2,565	1,132	27
	동서시장	신암5동 95-165	5,670	5,099	2,876	77
	목련시장	신기동 265	4,461	9,769	3,768	56
	방촌시장	방촌동 1067-2	2,155	2,702	1,778	87
	불로전통시장	불로동 584-1	15,772	15,050	7,558	106
	송라시장	신천2동 539-2	4,609	6,392	2,578	80

구분	시장명	소재지	시설면적(㎡)			점포 수
			대지면적	건물연면적	매장면적	
동구 (13개)	평화시장	신암1동 597-1	4,060	5,161	2,668	140
	효목시장	효목1동 139-5	1.494	2.581	1.037	35
	반야월 종합시장	신기동 1/4	9,821	25,609	9,627	80
	효신시장	신천4동 415	1,265	1,351	731	60
	신암시장	신암3동	1,775	3,777	1,255	30
서구 (11개)	서구시장	평리3동 1085-1	1,650	1,977	1,584	94
	서문2지구상가	내당동 965				580
	원대신시장	원대동 1434-4	3,970	2,011	1,838	56
	서부시장	비산 2, 3동 434	11,522	20,512	10,064	
	신평리시장	평리4동 1205	1,666	2,907	1,451	162
	이현시장	평리6동 606-8	1,658	677	496	38
	중리시장	평리5동 1538-3	2,217	2,994	1,997	30
	중평시장	평리4동 1205	1,110	1,686	957	56
	밤고개시장	내당동 13-1	1,152	2,201	1,290	161
	새길시장	내당동 968	1,871	832	511	76
	대평리시장	평리3동 567-7	1,662	3,140	1,163	32
남구 (11개)	관문시장(관문상가)	대명11동 160	14,242	13,911	9,570	173
	대명시장	대명3동 2276-5	3,506	1,603	2,083	206
	명덕시장	대명5동 139-1	3,306	1,388	1,388	51
	봉덕시장(봉덕신시장)	봉덕1동 961	3,620	3,824	1,815	120
	성당시장	대명4동 3023-23	4,447	6,605	1,500	128
	영선시장	대명2, 8동 2014-59	2,745	1,076	1,076	68
	대명중앙시장	대명6동 1040	2,970	1,500	1,500	22
	안지랑시장	대명9동 872	3,967	2,190	2,190	20
	남산시장	봉덕3동 686	1,340	1,091	959	60
	광덕시장	대명9동 460	3,141	1,780	1,780	120
	남부시장	대명1동 797-45	3,180	2,017	1,267	141
북구 (12개)	경명시장	칠성1가 89	2,470	17,606	1,362	58
	능금시장	칠성1가 250-1				106
	대구청과시장	칠성1가 276-102	2,718	3,306	2,057	181
	삼성시장	칠성1가 276-108	2,470	17,606	1,362	45
	중앙시장	태전동 156-1	1,858	1,207	1,167	56

구분	시장명	소재지	시설면적(㎡)			점포 수
			대지면적	건물연면적	매장면적	
북구 (12개)	칠성시장	칠성1가 276-165	5,423	11,475	3,423	78
	칠성원시장	칠성1가 81-85	4,336	3,980	3,980	106
	팔달시장	노원2가 375	7,556	6,737	4,164	96
	팔달신시장	노원3가 876	2,665	1,167	916	800
	동대구시장	대현2동 390	2,657	5,493	1,137	180
	산격종합시장	산격동 1258	5,455	5,760	2,331	211
	북부농수산물도매시장	매천동 527-3				400
수성구 (11개)	신천시장	범어3동 1004	4,470	3,082	3,077	87
	지산목련시장	지산2동 1199-10	1,614	2,085	753	40
	청구시장	만촌2동 984-1	3,305	2,444	2,022	60
	황금시장	황금2동 746	3,971	3,982	1,402	72
	동성시장	수성2가 39-1	1,770	1,239	1,138	74
	태백시장	수성2가 39-4	1,226	1,677	729	43
	수성시장	수성2가 39-3	2,520	2,332	1,629	86
	만촌시장	만촌1동 640	3,295	1,996	1,996	20
	수성현대시장	수성1가 649-76	1,920	4,218	2,011	35
	신매시장	신매동 572				30
	매호시장	매호동 1085-6				35
달서구 (18개)	달서시장	본리동 145-2	9,461	8,444	5,125	257
	두류종합시장	성당동 704-5	1,469	2,943	1,997	130
	서남시장	감삼동 55-5	2,320	1,599	1,338	92
	서남신시장	감삼동 56-18				104
	와룡시장	신당동 1763-9				141
	월배시장	진천동 241-3	5,533	10,343	6,116	315
	월성청구시장	월성동 89-3				186
	송현주공시장	송현동 1948-3	1,861	961	1,188	55
	대동시장	상인동 1472-1	6,136	15,992	2,890	77
	도원시장	도원동 1473-1	2,180	5,032	2,555	54
	대곡시장	도원동 1432	4,732	16,065	3,443	72
	서대구시장	두류동 1216-1	3,275	4,997	2,024	110
	송경종합시장	송현동 1941-3	2,365	1,980	1,272	57
	송남시장	송현동 1995-3	2,312	5,563	1,491	51

구분	시장명	소재지	시설면적(㎡)			점포 수
			대지면적	건물연면적	매장면적	
달서구 (18개)	신내당시장	두류3동 489-4	2,408	2,529	1,798	50
	죽전시장	죽전동 410-1	1,527	3,914	2,595	62
	송현시장	송현동 185-8	2,658	1,936	1,357	77
	상원시장	상인동 1583-2				55
달성군 (3개)	화원공설시장	화원읍 천내리 892-1	4,960	1,687	1,193	45
	현풍공설시장	현풍면 원교 12-1	17,216	1,872	1,811	72
	논공중앙종합상가시장	논공읍 북리 824-33				70
합계	**94개**					**12,615**

※ 상기 94개 시장은 2009. 4. 현재 대구지역의 전통시장 상품권 통용시장임

2. 전국 전통시장 주요 통계표(2008. 12.)

1) 우리나라 전통시장 수 · 상인 · 점포 · 시설 현황[1]

단위 : 개, %

	구분	2006년		2008년	
시장현황	전체 전통시장[2]	1,610	100.0	1,550	100.0
	등록유무				
	- 등록시장	991	61.6	858	55.4
	- 인정시장	302	18.8	389	25.1
	- 기타시장	317	19.7	303	19.5
	시장크기				
	- 대형시장	22	1.4	23	1.5
	- 중대형시장	53	3.3	38	2.5
	- 중형시장	540	33.5	477	30.8
	- 소형시장	995	61.8	1,012	65.3
	시장소유				
	- 법인시장	413	25.7	226	14.6
	- 개인시장	129	8.0	87	5.6
	- 공설시장	427	26.5	388	25.0
	- 공동시장	641	39.8	849	54.8
	상권크기				
	- 전국상권	-	-	28	1.8
	- 광역상권	-	-	74	4.8
	- 지역상권	-	-	394	25.4
	- 근린상권	-	-	1,054	68.0
	시장형태				
	- 상가건물형시장	864	53.7	731	47.2
	- 노점형시장	179	11.1	78	5.0
	- 장옥형시장	257	16.0	216	13.9
	- 상가주택복합형시장	310	19.3	525	33.9
	개설주기				
	- 상설시장	1,155	71.7	1,042	67.2

1 | 1)~5)의 통계수치는 시장경영지원센터의 2008년도 전통시장 및 점포경영실태조사 통계자료집에서 발췌한 것임.

2 | 전체 전통시장 수는 2008년 6월 현재 영업 중인 시장 수임.

	구분	2006년		2008년	
시장현황	– 정기시장	455	28.3	377	24.3
	– 상설+정기시장	–	–	131	8.5
	취급상품				
	– 일반시장	1,479	91.9	1,468	94.7
	– 전문시장	131	8.1	82	5.3
	소재지				
	– 대도시	655	40.7	646	41.7
	– 중소도시	432	26.8	562	36.3
	– 읍면지역	523	32.5	342	22.1
	지역				
	– 서울	226	14.0	204	13.2
	– 부산	191	11.9	189	12.2
	– 대구	98	6.1	106	6.8
	– 인천	50	3.1	48	3.1
	– 광주	29	1.8	26	1.7
	– 대전	36	2.2	36	2.3
	– 울산	43	2.7	37	2.4
	– 경기	157	9.8	149	9.6
	– 강원	68	4.2	73	4.7
	– 충북	56	3.5	62	4.0
	– 충남	78	4.8	75	4.8
	– 전북	69	4.3	64	4.1
	– 전남	123	7.6	124	8.0
	– 경북	191	11.9	178	11.5
	– 경남	175	10.9	157	10.1
	– 제주	20	1.2	22	1.4
상인	상인조직				
	있음	1,053	65.4	1,245	80.3
	– 법적단체3	611	58.0	875	70.3
	– 임의단체	442	42.0	370	29.7
	없음	557	34.6	305	19.7
	종사자				
	총 시장 상인4	352,646		362,960	
	종사자5	301,581	100.0	296,005	100.0
	– 점포소유상인비중	64,942	21.5	43,428	14.7
	– 점포임차상인비중	131,021	43.4	134,213	45.3
	– 종업원비중	105,618	35.0	118,364	40.0
	노점상비중6	51,065	14.5	66,955	18.4

3 | 법적단체 : (재래시장 및 상점가 육성을 위한 특별법상의) 동록상인회, (유통산업발전법상의) 상점가진흥조합, (중소기업협동조합법상의) 사업조합 또는 협동조합, (민법상의) 법인

4 | 총 시장 상인 : 종사자+노점상인

5 | 종사자 : 점포소유상인+점포임차상인+종업원

6 | 노점상비중 : (노점상인/총 시장 상인)×100

	구분	2006년		2008년	
점포 수	점포 수				
	– 전체 점포 수	225,725		207,329	
	– 자기소유점포	64,719	28.7	43,704	21.1
	– 임차점포	128,259	56.8	135,206	65.2
	– 빈점포	28,510	12.6	23,663	11.4
	– 기타점포[7]	4,237	1.9	4,756	2.3
경영현황[8]	매출액				
	– 시장당 일평균 매출액	5,787.3만원		5,358.0만원	
	– 점포당 일평균 매출액	48.3만원		46.4만원	
	– 종사자당 일평균 매출액	30.9만원		28.1만원	
	고객수				
	– 시장당 일평균 고객수	2,587.2명		2,485.7명	
	– 점포당 일평균 고객수	21.6명		21.5명	
	– 종사자당 일평균 고객수	13.8명		13.0명	
시장시설[9]	기본시설				
	– 냉방시설[10]	567	65.6	518	70.9
	– 난방시설[11]	563	65.2	514	70.3
	– 아케이드[12]	297	18.4	313	20.2
	홍보시설				
	– 아취/조형물	207	12.9	290	18.7
	– 시장공용광고판	234	14.5	312	20.1
	편의시설				
	– 고객안내센터	99	6.1	92	5.9
	– 고객휴게실	70	4.3	90	5.8
	– 고객주차장	583	36.2	643	41.5

7 | 기타점포 : 창고 및 사무실 등 영업 이외의 목적으로 활용되고 있는 점포

8 | 경영현황 : 2006년, 2008년 점포경영실태조사 자료로 추정

9 | 시장시설 : 시장시설물을 보유하고 있는 시장의 비중

10 | 냉방시설 : 상가건물형 시장 731개 시장 기준

11 | 난방시설 : 상가건물형 시장 731개 시장 기준

12 | 아케이드 : 전체 시장 기준. 상가건물형, 상가주택복합형 시장 311개 이외에 노점형, 장옥형 시장에서 각각 1곳씩 보유

2) 시도별 등록유무 현황

단위 : 개, %, %p

등록 여부 / 지역	등록		인정		기타		전체	
		구성비		구성비		구성비		구성비
전체	858	55.4	389	25.1	303	19.5	1,550	100.0
서울	109	53.4	43	21.1	52	25.5	204	100.0
부산	129	68.3	42	22.2	18	9.5	189	100.0
대구	82	77.4	21	19.8	3	2.8	106	100.0
인천	14	29.2	23	47.9	11	22.9	48	100.0
광주	13	50.0	4	15.4	9	34.6	26	100.0
대전	10	27.8	17	47.2	9	25.0	36	100.0
경북	114	64.0	21	11.8	43	24.2	178	100.0
경남	126	80.3	17	10.8	14	8.9	157	100.0
기타	261	48.0	201	32.1	144	19.9	606	100.0

※ 기타는 울산, 경기, 강원, 충북, 충남, 전북, 전남, 제주를 합산한 수치임

3) 시도별 시장 크기별 현황[1]

단위 : 개, %

시장 크기 / 지역	대형시장		중대형시장		중형시장		소형시장		전체	
		구성비		구성비		구성비		구성비		구성비
전체	23	1.5	38	2.5	477	30.8	1,012	65.3	1,550	100.0
서울	15	7.4	6	2.9	66	32.4	117	57.4	204	100.0
부산	4	2.1	7	3.7	56	29.6	122	64.6	189	100.0
대구	1	0.9	5	4.7	32	30.2	68	64.2	106	100.0
인천	–	–	–	–	24	50.0	24	50.0	48	100.0
광주	–	–	1	3.8	6	23.1	19	73.1	26	100.0
대전	–	–	1	2.8	12	33.3	23	63.9	36	100.0
경북	–	–	1	0.6	33	18.5	144	80.9	178	100.0
경남	1	0.6	3	1.9	57	36.3	96	61.1	157	100.0
기타	2	0.4	14	3.3	191	31.8	399	64.6	606	100.0

※ 기타는 울산, 경기, 강원, 충북, 충남, 전북, 전남, 제주를 합산한 수치임

1 | 시장크기 : 시장 내 점포 수 기준으로 분류
대형시장 – 점포 수 1,000개 이상, 중대형시장 – 점포 수 500~999개,
중형시장 – 점포 수 100~499개, 소형시장 – 점포 수 100개 미만

4) 시도별 상권 크기별 전통시장 현황[2]

단위 : 개, %

상권 크기 / 지역	전국상권시장		광역상권시장		지역상권시장		근린상권시장		전체	
		구성비		구성비		구성비		구성비		구성비
전체	28	1.8	74	4.8	394	25.4	1,054	68.0	1,550	100.0
서울	28	13.7	11	5.4	13	6.4	152	74.5	204	100.0
부산	–	–	26	13.8	29	15.3	134	70.9	189	100.0
대구	–	–	8	7.5	19	17.9	79	74.5	106	100.0
인천	–	–	1	2.1	12	25.0	35	72.9	48	100.0
광주	–	–	5	19.2	6	23.1	15	57.7	26	100.0
대전	–	–	7	19.4	10	27.8	19	52.8	36	100.0
경북	–	–	1	0.6	30	16.9	147	82.6	178	100.0
경남	–	–	2	1.3	54	34.4	101	64.3	157	100.0
기타	–	–	13	2.9	221	37.4	372	59.7	606	100.0

※ 기타는 울산, 경기, 강원, 충북, 충남, 전북, 전남, 제주를 합산한 수치임

5) 시도별 전통시장 내 점포 수 및 구성

단위 : 개, %

상권 크기 / 지역	자기소유 점포	임차점포	빈 점포		기타 점포	전체
				구성비		
전체	43,704	135,206	23,663	11.4	4,756	207,329
서울	5,410	45,098	3,828	6.9	1,111	55,447
부산	8,739	16,092	4,616	15.3	735	30,182
대구	3,695	6,970	2,721	19.6	481	13,867
인천	1,494	3,691	466	8.2	42	5,693
광주	661	1,786	365	13.0	6	2,818
대전	1,325	2,721	270	5.9	285	4,601
경북	2,130	8,374	1,726	13.8	258	12,488
경남	4,541	10,514	2,717	15.1	579	17,991
기타	15,709	40,320	6,954	11.9	1,259	64,242

※ 기타는 울산, 경기, 강원, 충북, 충남, 전북, 전남, 제주를 합산한 수치임

2 | 상권 크기 : 전국상권시장 – 전국을 대상으로 상권이 형성된 시장, 광역상권시장 – 1개 이상의 시도를 대상으로 상권이 형성된 시장
지역상권시장 – 시장이 소재한 시군구를 대상으로 상권이 형성된 시장
근린상권시장 – 시장이 소재한 읍면동 또는 그 일부를 대상으로 상권이 형성된 시장

3. 전통시장 및 상점가 육성을 위한 특별법(2009. 12. 30.)

[시행 2010.7.1] [법률 제9887호, 2009.12.30, 일부개정]

제1장 총칙

제1조(목적) 이 법은 전통시장과 상점가의 시설 및 경영현대화와 시장정비를 촉진하여 지역상권의 활성화와 유통산업의 균형있는 성장을 도모함으로써 국민경제의 발전에 이바지함을 목적으로 한다. 〈개정 2009.12.30〉

제2조(정의) 이 법에서 사용하는 용어의 정의는 다음과 같다. 〈개정 2009.12.30〉

1. "전통시장"이라 함은 다음 각 목의 어느 하나에 해당하는 장소로서 상업기반시설이 노후화되어 개·보수 또는 정비가 필요하거나 유통기능이 취약하여 경영개선 및 상거래의 현대화촉진이 필요한 장소를 말한다.

가. 「유통산업발전법」 제8조의 규정에 의하여 대규모점포로 등록된 시장(이하 "등록시장"이라 한다)

나. 등록시장과 같은 기능을 행하고 있으나 「유통산업발전법」 제2조제3호의 규정에 의한 대규모점포의 요건을 갖추지 못한 곳으로서 대통령령이 정하는 기준에 적합하다고 시장·군수·구청장(자치구의 구청장을 말한다. 이하 같다)이 인정한 곳(이하 "인정시장"이라 한다)

2. "상점가"라 함은 「유통산업발전법」 제2조제6호의 규정에 따른 상점가를 말한다.

3. "상인조직"이라 함은 전통시장(이하 "시장"이라 한다) 또는 상점가의 점포에서 상시적으로 직접 사업을 영위하는 상인들로 구성된 법인·단체등으로서 대통령령이 정하는 것을 말한다.

4. "상권활성화구역"이란 다음 각 목의 요건에 해당되는 곳으로서 시장·군수·구청장이 지정한 구역을 말한다.

가. 시장 또는 상점가가 하나 이상 포함된 곳

나. 「국토의 계획 및 이용에 관한 법률」에 따른 상업지역에 해당되는 곳

다. 해당 구역 안에 대통령령으로 정하는 수 이상의 도매점포·소매점포 또는 용역점포가 밀집하여 하나의 상권을 형성하고 있는 곳

라. 제9조에 따른 실태조사를 실시한 결과 매출액 감소 등 대통령령으로 정하는 기준에 따라 해당 구역의 주요 상업활동이 위축되었거나 위축될 우려가 있다고 판단되는 곳

5. "상업기반시설"이라 함은 시장, 상점가 또는 상권활성화구역의 상인이 직접 사용하거나 고객이

이용하는 상업시설, 공동이용시설 및 편의시설 등을 말한다.

6. "시장정비사업"이라 함은 제41조의 규정에 의한 시장정비사업시행자가 시장의 현대화를 촉진하기 위하여 상업기반시설 및 「도시 및 주거환경정비법」 제2조제4호의 규정에 의한 정비기반시설을 정비하고, 「유통산업발전법」 제2조제3호의 규정에 의한 대규모점포가 포함된 건축물을 건설하기 위하여 이 법 및 「도시 및 주거환경정비법」 등이 정하는 바에 따라 시장을 정비하는 일체의 행위를 말한다.

7. "시장정비사업추진계획"이라 함은 제33조제2항의 규정에 해당하는 자가 시장정비사업을 추진하기 위하여 수립한 계획을 말한다.

8. "시장정비구역"이라 함은 시장정비사업을 추진하기 위하여 제37조의 규정에 의하여 특별시장·광역시장·도지사 또는 특별자치도지사(이하 "시·도지사"라 한다)가 승인·고시한 구역을 말한다.

9. "시장정비사업조합"이라 함은 토지등 소유자가 시장정비사업을 추진하기 위하여 「도시 및 주거환경정비법」 제16조의 규정에 따라 설립한 조합을 말한다.

10. "상가건물"이라 함은 동일 건축물 안에 판매 및 영업시설을 갖추고 그 밖에 근린생활시설을 갖춘 건축물을 말한다.

11. "복합형 상가건물"이라 함은 동일 건축물 안에 판매 및 영업시설 외에 공동주택 또는 업무시설을 갖추고 그 밖에 근린생활시설 등을 갖춘 건축물을 말한다.

제3조(시장의 특성별 육성) ①중소기업청장과 지방자치단체의 장은 시장을 등록여부, 개설 주기 및 주체, 상권의 범위 및 특성 등에 따라 체계적으로 육성하여야 한다.

②시장의 특성별 구분, 개설·관리 및 운영 그 밖에 필요한 사항은 지식경제부령이 정하는 바에 따라 시·군·구의 조례로 정한다. 〈개정 2008.2.29〉

제4조(다른 법률과의 관계) ①시장정비사업과 관련하여 이 법에서 정하지 아니한 사항은 「도시 및 주거환경정비법」 중 도시환경정비사업에 관한 규정을, 그 밖의 사항에 관하여는 같은 법 및 「집합건물의 소유 및 관리에 관한 법률」의 관련 규정을 각각 준용한다.

②지방자치단체는 시장정비사업과 관련하여 이 법, 「도시 및 주거환경정비법」·「주택법」·「건축법」 및 「집합건물의 소유 및 관리에 관한 법률」의 관련 규정의 범위 안에서 시행에 필요한 사항을 조례로 정할 수 있다.

제2장 시장 및 상점가의 지원

제1절 시장 및 상점가의 활성화 촉진

제5조(시장 및 상점가 활성화 기본계획의 수립) ①중소기업청장은 「유통산업발전법」 제3조의 규정에 의한 유통산업시책의 기본방향과 연계하여 다음 각 호의 사항이 포함된 시장 및 상점가의 활성화

를 위한 기본계획(이하 "기본계획"이라 한다)을 관계 중앙행정기관의 장과 협의를 거쳐 3년마다 수립·시행하여야 한다. 〈개정 2009.12.30〉

1. 시장 및 상점가의 활성화를 위한 기본방향 및 정책에 관한 사항
2. 주요 사업의 추진에 관한 사항
3. 재원의 조달 및 운용에 관한 사항
4. 제68조의 규정에 의한 시장경영진흥원 등 지원기관 및 상인조직의 육성에 관한 사항
5. 그 밖에 시장 및 상점가의 활성화를 위하여 필요하다고 인정되는 사항

②중소기업청장은 기본계획의 수립을 위하여 관계 중앙행정기관의 장, 지방자치단체의 장에게 기본계획의 수립에 필요한 자료를 요청할 수 있다.

③중소기업청장은 기본계획을 수립한 때에는 이를 관계 중앙행정기관의 장과 시·도지사에게 통보하여야 한다.

④그 밖에 기본계획의 수립·시행에 관하여 필요한 사항은 대통령령으로 정한다.

제6조(시·도의 지원계획수립) ①시·도지사는 기본계획 및 제7조의 규정에 의한 지역추진계획을 반영한 지원계획(이하 "지원계획"이라 한다)을 수립·시행하여야 한다.

②그 밖에 지원계획의 수립·시행에 관하여 필요한 사항은 지식경제부령으로 정한다. 〈개정 2008.2.29〉

제7조(지역추진계획의 수립) ①시장·군수·구청장은 기본계획을 원활히 추진하기 위하여 다음 각 호의 사항이 포함된 시장 및 상점가의 활성화 추진계획(이하 "지역추진계획"이라 한다)을 시·도지사와 협의를 거쳐 수립·시행하여야 한다. 〈개정 2008.2.29〉

1. 지역추진계획의 연차별 시행에 관한 사항
2. 도시계획과 연계한 시장 및 상점가의 활성화 방향에 관한 사항
3. 시장 및 상점가의 육성계획에 관한 사항
4. 시장 및 상점가에 대한 주요 지원사업에 관한 사항
5. 시장 및 상점가의 활성화에 필요한 재원 확보 방안에 관한 사항
6. 그 밖에 지식경제부장관 또는 중소기업청장이 요청한 사항

②시장·군수·구청장이 지역추진계획을 수립할 때에는 지역 주민 및 상인의 의견을 수렴하여야 하며, 이를 수립한 경우에는 중소기업청장 및 시·도지사에게 제출하여야 한다.

③정부와 시·도지사는 지역추진계획의 수립·시행에 필요한 재정적·행정적 지원을 하거나 지역추진계획에 따라 추진하는 시·군·구(자치구를 말한다. 이하 같다)의 시장 및 상점가 활성화사업을 우선하여 지원할 수 있다.

④그 밖에 지역추진계획의 수립·시행에 관하여 필요한 사항은 지식경제부령으로 정한다. 〈개정 2008.2.29〉

第8조(지원효과평가) ①중소기업청장 및 지방자치단체의 장은 기본계획·지원계획 및 지역추진계획에 따라 지원한 사업에 대한 효과를 평가하여 그 결과를 해당계획에 반영하여야 한다.

②제1항의 규정에 따라 지원사업에 대한 효과를 평가한 지방자치단체의 장은 그 결과를 중소기업청장에게 제출하여야 한다.

③평가대상의 범위, 평가절차 등에 관하여 필요한 사항은 지식경제부령으로 정한다. 〈개정 2008.2.29〉

第9조(시장 및 상점가 실태조사) ①중소기업청장 및 지방자치단체의 장은 기본계획·지원계획 및 지역추진계획의 수립 등을 위하여 필요한 경우 시장 및 상점가에 대한 실태조사(이하 "실태조사"라 한다)를 실시할 수 있다.

②실태조사에는 다음 각 호의 사항이 포함되어야 한다.

1. 시장 및 상점가의 현황에 관한 사항
2. 시장 및 상점가의 상업기반시설 등의 실태에 관한 사항
3. 시장 및 상점가의 상인의 경영실태에 관한 사항
4. 그 밖에 상권의 실태를 파악하기 위하여 필요한 사항

③중소기업청장 및 지방자치단체의 장은 실태조사를 위하여 필요하다고 인정하는 경우에는 관계 중앙행정기관의 장, 지방자치단체의 장, 시장 및 상점가를 소유 또는 관리하는 법인·단체의 장 및 상인조직을 대표하는 자에게 자료의 제출이나 조사업무의 수행에 필요한 협조를 요청할 수 있다. 이 경우 협조 요청을 받은 자는 특별한 이유가 없는 한 이에 응하여야 한다.

④지방자치단체의 장은 실태조사를 실시한 경우 그 결과를 중소기업청장에게 제출하여야 한다.

第10조 삭제 〈2009.12.30〉

第11조(상점가활성화 지원) ①정부와 지방자치단체는 제65조의 규정에 의한 상인회 또는 「유통산업발전법」 제18조의 규정에 의한 상점가진흥조합이 상점가 활성화사업을 추진하는 경우 제20조, 제21조, 제25조 내지 제27조, 제29조 및 제30조의 규정을 준용하여 지원할 수 있다.

②상점가의 시설현대화사업의 지원대상·절차 및 정부 또는 지방자치단체의 지원을 받아 설치한 상업기반시설의 사후관리 그 밖에 필요한 사항은 대통령령으로 정한다.

第12조(주말시장의 지원) 정부와 지방자치단체는 5일마다 정기적으로 개설되는 시장의 상인이 주말에 개설하는 시장으로 전환하고자 하는 경우에는 이에 필요한 지원을 할 수 있다.

第13조(관광지시장의 육성) ①시장·군수·구청장은 시장 인근에 관광지가 있거나 당해 시장을 찾는 관광객이 많은 경우 시·도지사와 협의를 거쳐 관광지시장으로 지정하여 육성할 수 있다.

②시장·군수·구청장이 제1항의 규정에 따라 관광지시장을 지정한 경우에는 그 지정 내용과 육성계획을 중소기업청장에게 제출하여야 한다.

③정부와 지방자치단체가 제1항의 규정에 따라 관광지시장의 육성을 위하여 지원할 수 있는 사항은 다음과 같다.

1. 관광지로의 육성에 필요한 공공시설 및 관광편의시설의 설치 및 개량
2. 관광기념품의 개발 및 판매시설의 설치
3. 관광객의 유치를 위한 축제·행사 및 홍보
4. 시장과 지역 관광자원을 연계한 관광상품의 개발
5. 그 밖에 관광지시장 육성을 위하여 필요하다고 중소기업청장이 인정하는 사항

제14조(임시시장의 개설) ①시장·군수·구청장은 「유통산업발전법」 제14조의 규정에도 불구하고 다음 각 호의 어느 하나에 해당하는 경우 일정한 기간동안 시장의 기능을 행하는 시장(이하 "임시시장"이라 한다)을 개설할 수 있다. 다만, 임시시장의 면적이 대통령령이 정하는 규모 이상인 경우에는 이를 개설하고자 하는 자(시장·군수·구청장은 제외한다)는 시장·군수·구청장에게 등록하여야 한다.

1. 제49조제1항제1호의 규정에 따라 시장정비사업기간 동안 입점상인의 임시영업을 위하여 필요한 경우
2. 천재·지변 또는 이에 준하는 상황으로 인하여 시장의 기능을 정상적으로 수행할 수 없어 긴급하게 시장의 개설이 필요한 경우
3. 지역주민, 인근지역 농어민 또는 시장 및 상점가의 상인, 공공기관·단체가 정해진 날에 농수축산물·생활용품 및 중고품 등의 매매·교환을 하기 위한 경우
4. 대규모의 행사에 따라 관람객·관광객 등을 위한 판매장소가 필요한 경우
5. 저소득층·실업자·노년층 및 농어민 등이 소득증대를 위하여 판매장소가 필요한 경우

②시장·군수·구청장은 임시시장의 개설을 위하여 필요한 경우 국유지 또는 공유지의 사용을 정부 및 시·도지사에게 요청하거나 소관 공유재산·공공장소 및 교통에 지장이 없는 장소 등을 일시 사용하게 하는 등 개설 및 관리에 필요한 지원을 할 수 있다.

③임시시장의 등록절차·개설기준·운영 및 관리 그 밖에 필요한 사항은 지식경제부령이 정하는 바에 따라 시·군·구의 조례로 정한다. 〈개정 2008.2.29〉

제15조(농어민직영매장 설치지원) ①지방자치단체는 지방자치단체에서 개설하여 관리하고 있는 시장(이하 "공설시장"이라 한다)의 빈 점포 또는 여유 공간에 농어민이 생산한 농산물·임산물·축산물 및 수산물(가공 및 조리물을 포함한다)을 직접 소매할 수 있는 매장(이하 "농어민직영매장"이라 한다)의 설치를 지원할 수 있다.

②농어민직영매장의 설치와 운영, 사용료의 징수, 입주 농어민의 자격 그 밖에 필요한 사항은 시·군·구의 조례로 정한다.

제16조 삭제 〈2009.12.30〉

제17조(빈 점포의 활용 촉진) ①정부와 지방자치단체는 시장·상점가 및 상권활성화구역에 있는 빈 점포를 비영리법인·단체 또는 개인 등이 다음 각 호의 장소로 활용할 수 있도록 지원 할 수 있다. 〈개정 2009.12.30〉

1. 상인과 지역주민의 교육·행사 또는 민원상담 등을 위한 장소
2. 고객안내시설·편의시설 또는 공동작업을 위한 장소
3. 지역특산품의 홍보 또는 전시판매를 위한 장소
4. 청년상인을 육성하기 위한 창업보육장소
5. 제25조의 규정에 따른 상거래현대화의 시범점포 육성을 위한 장소
6. 농어민직영매장의 설치장소

②정부와 지방자치단체는 비영리법인·단체 또는 개인 등이 제1항 각 호의 용도로 빈 점포를 활용하는 경우에는 시설의 수리 및 임차 등에 필요한 비용을 예산의 범위 안에서 지원하거나 보조할 수 있다.

제18조(국·공유지 사용료등 감면) ①정부와 지방자치단체는 시장·상점가 및 상권활성화구역에 제2항의 규정에 따른 공동시설(상점가 및 상권활성화구역인 경우에는 제20조의 규정에 의한 시설현대화사업으로 시설한 것에 한한다)을 「국유재산법」 제5조에 따른 국유재산, 「공유재산 및 물품관리법」 제4조의 규정에 의한 공유재산, 「도로법」 제2조의 규정에 의한 도로, 「하천법」 제2조에 따른 하천 및 「공유수면관리법」 제2조에 따른 공유수면(이하 "국·공유지"라 한다)에 관리청의 허가를 받아 설치한 경우 그 사용료·대부료 또는 점용료(이하 이 조에서 "사용료등"이라 한다)를 다음 각 호와 같이 감면할 수 있다. 〈개정 2009.1.30, 2009.12.30〉

1. 국유재산 및 공유재산의 사용료등 : 「국유재산법」 및 「공유재산 및 물품관리법」의 규정에 불구하고 대통령령이 정하는 감면율
2. 도로·하천 및 공유수면의 사용료등 : 「도로법」, 「하천법」 및 「공유수면관리법」의 규정에 불구하고 지방자치단체의 조례가 정하는 감면율

②제1항의 규정에 의하여 국·공유지의 사용료등의 감면대상이 되는 시설은 상인이나 고객이 공동으로 이용하는 다음 각 호의 어느 하나에 해당하는 시설을 말한다.

1. 주차장, 진입로 및 통행로, 화장실, 고객지원센터 등 고객편의를 위한 시설
2. 비 가리개, 공동창고 및 물류센터, 상인교육시설 및 제65조의 규정에 따른 상인회 사무실 등 상인이 공동으로 이용하는 시설
3. 그 밖에 대통령령으로 정하는 공동시설

제19조(공영주차장 주차요금 감면 등) ①시장·군수·구청장은 시장·상점가 및 상권활성화구역의 상인 및 고객이 지방자치단체에서 개설하였거나 관리하고 있는 주차장(시장·상점가 또는 상권활성화

구역 안에 있거나 인접한 것에 한한다)을 주로 사용하는 경우 「주차장법」 및 「공유재산 및 물품관리법」의 규정에 불구하고 지방자치단체의 조례가 정하는 바에 따라 주차장의 사용료를 감면할 수 있다. 〈개정 2009.12.30〉

②지방자치단체의 장은 제1항의 규정에 의한 사용료의 감면대상이 되는 주차장 및 제20조의 규정에 의한 시설현대화사업으로 설치한 주차장에 대하여 「주차장법」 및 「공유재산 및 물품관리법」의 규정에 불구하고 그 관리를 「유통산업발전법」 제12조의 규정에 의한 대규모점포개설자의 업무를 수행하는 자, 제65조의 규정에 의한 상인회 또는 제67조의 규정에 의한 시장관리자에게 위탁할 수 있다.

제1절의2 상권활성화사업의 촉진 〈신설 2009.12.30〉

제19조의2(상권활성화구역 지정 및 변경) ① 시장·군수·구청장은 직접 또는 상인조직을 대표하는 자가 신청하는 경우 시·도지사의 승인을 받아 상권활성화구역을 지정 또는 변경할 수 있다. 이 경우 시·도지사는 중소기업청장과의 협의를 거쳐 승인 여부를 결정하여야 한다.

② 시장·군수·구청장은 제1항에 따라 상권활성화구역의 지정 또는 변경을 승인받은 경우에는 지정 또는 변경 내용을 해당 지방자치단체가 발행하는 공보(이하 "공보"라 한다)에 고시하고 시·도지사와 중소기업청장에게 보고하여야 한다.

③ 상권활성화구역 지정 및 변경 절차, 그 밖에 필요한 사항은 지식경제부령으로 정하는 바에 따라 시·군·구의 조례로 정한다.

[본조신설 2009.12.30]

제19조의3(상권활성화구역 지정의 해제) ① 제19조의2에 따라 지정된 상권활성화구역은 다음 각 호의 어느 하나에 해당되는 경우 해제된 것으로 본다.

1. 상권활성화구역이 지정·고시된 날부터 3년 내에 제19조의5에 따른 사업계획의 승인을 신청하지 아니하는 경우
2. 제19조의6에 따라 사업계획의 승인이 취소된 날부터 1년 내에 새로운 사업계획의 승인을 신청하지 아니하는 경우

② 시·도지사는 제1항에 따라 상권활성화구역의 지정이 해제된 경우에는 지정 해제 내용을 공보에 고시하고 중소기업청장에게 보고하여야 한다.

[본조신설 2009.12.30]

제19조의4(상권활성화사업계획의 수립) ① 시장·군수·구청장은 상권활성화구역을 지정한 경우 상권활성화사업을 원활히 수행하기 위하여 다음 각 호의 사항이 포함된 상권활성화를 위한 사업계획(이하 "사업계획"이라 한다)을 수립하여 시·도지사에게 승인을 받아야 한다.

1. 상권활성화구역의 명칭·위치 및 범위

2. 상권활성화사업의 목적
3. 상권활성화사업의 연차별 추진계획 및 사업시행기간
4. 상권활성화사업의 내용 및 추진방안
5. 상권활성화사업에 사용되는 재원의 조달 및 운용계획
6. 그 밖에 사업계획의 수립을 위하여 지식경제부령으로 정하는 사항

② 사업계획은 제6조 및 제7조에 따른 시·도의 지원계획 및 지역추진계획의 내용과 배치되지 아니하여야 한다.

③ 그 밖에 사업계획의 수립·시행에 관하여 필요한 사항은 지식경제부령으로 정한다.

[본조신설 2009.12.30]

제19조의5(사업계획의 승인) ① 시·도지사는 시장·군수·구청장이 사업계획의 승인을 신청한 경우에는 중소기업청장과의 협의를 거쳐 승인 여부를 결정하여야 한다. 제3항에 따라 사업계획을 변경하는 경우에도 또한 같다.

② 시장·군수·구청장은 제1항에 따라 사업계획을 승인받은 경우에는 사업계획의 내용을 공보에 고시하고 시·도지사와 중소기업청장에게 보고하여야 한다. 제3항에 따라 사업계획을 변경하는 경우에도 또한 같다.

③ 시장·군수·구청장은 사업계획이 승인된 후 사정변경으로 인하여 사업계획의 변경이 필요하다고 인정하는 경우에는 그 변경사유 및 관계 자료를 첨부하여 시·도지사에게 변경승인을 신청하여야 한다. 다만, 지식경제부령으로 정하는 경미한 사항을 변경하기 위한 경우에는 그러하지 아니하다.

④ 사업계획의 승인에 관하여 필요한 사항은 지식경제부령으로 정한다.

[본조신설 2009.12.30]

제19조의6(사업계획의 승인 취소) ① 시·도지사는 다음 각 호의 어느 하나에 해당하는 경우에는 제19조의5에 따른 사업계획의 승인을 취소할 수 있다. 이 경우 중소기업청장과의 협의를 거쳐야 한다.

1. 사업계획의 승인이 고시된 날부터 3년 내에 상권활성화사업이 시행되지 아니하는 경우
2. 상권활성화사업 시행에 대한 중소기업청장 또는 시·도지사의 시정명령이 시정기간 내에 이행되지 아니하는 경우
3. 제19조의9에 따른 평가를 실시한 결과 사업진행 또는 사업성과가 현저히 미흡하다고 인정되는 경우
4. 그 밖에 시장·군수·구청장이 필요하다고 판단하여 승인의 취소를 요청하는 경우

② 중소기업청장은 제1항제1호 및 제2호의 경우에는 시·도지사에게 사업계획의 승인 취소를 권고할 수 있다.

③ 시·도지사는 제1항에 따라 사업계획의 승인을 취소한 경우에는 그 승인 취소 내용을 공보에 고시하고 중소기업청장에게 보고하여야 한다.

④ 그 밖에 사업계획의 승인 취소에 관하여 필요한 사항은 지식경제부령으로 정한다.
[본조신설 2009.12.30]

제19조의7(상권활성화 지원) ① 정부와 지방자치단체는 제19조의8에 따른 상권관리기구 등이 상권활성화사업을 추진하는 경우 예산의 범위에서 제20조, 제21조 및 제23조부터 제30조까지의 규정에 따른 지원을 할 수 있다.

② 상권활성화사업의 지원대상, 사업별 지원한도, 절차, 그 밖에 필요한 사항은 대통령령으로 정한다.
[본조신설 2009.12.30]

제19조의8(상권관리기구의 설치) ① 시장·군수·구청장은 상권활성화사업을 효율적으로 추진하기 위하여 다음 각 호의 업무를 수행하는 상권관리기구를 설치할 수 있다.

1. 상권활성화사업의 계획 수립에 필요한 자료의 제공 등 지원 업무
2. 상권활성화사업
3. 상권활성화와 관련된 사업으로서 시장·군수·구청장이 위탁하는 사업
4. 그 밖에 지식경제부장관, 중소기업청장 또는 시·도지사가 상권활성화를 위하여 필요하다고 인정하는 사업

② 상권관리기구는 「민법」에 따른 비영리법인으로 한다.

③ 상권관리기구는 상권활성화사업의 효율적인 추진 및 자문을 위하여 상권활성화구역 안의 토지 등 소유자, 상인, 거주자 및 유통 관련 전문가 등으로 구성된 상권활성화협의회를 운영할 수 있다.

④ 정부와 지방자치단체는 상권관리기구에 대하여 예산의 범위에서 상권활성화사업 시행에 드는 비용의 전부 또는 일부를 지원하거나 보조할 수 있다.

⑤ 그 밖에 상권관리기구의 설치 및 운영에 필요한 사항은 지식경제부령으로 정하는 바에 따라 시·군·구의 조례로 정한다.
[본조신설 2009.12.30]

제19조의9(상권활성화사업에 대한 지원효과평가) 상권활성화사업에 대한 지원효과평가에 관하여는 제8조를 준용한다.
[본조신설 2009.12.30]

제2절 상업기반시설의 현대화 지원

제20조(상업기반시설 현대화사업의 지원) ①정부와 지방자치단체는 시장의 상인조직 또는 제67조의 규정에 의한 시장관리자가 추진하는 다음 각 호의 상업기반시설 현대화 사업(이하 "시설현대화사업"이라 한다)에 대하여 필요한 비용을 예산의 범위 안에서 지원하거나 보조할 수 있다. 이 경우 시설현

대화사업 중 주차장을 설치·개량하는 사업에 대하여는 우선하여 지원할 수 있다.

1. 상업시설 : 영업에 직접 제공되는 건물 및 시설물 등의 개량, 보수 및 수선

2. 공동시설 : 상인이나 고객이 공동으로 이용하는 비 가리개, 창고, 상인교육시설, 전기·가스·화재 등에 관한 안전시설물 등의 설치·개량 및 관광(테마)거리 등의 조성

3. 고객편의시설 : 고객이 주로 이용하는 주차장, 진입로, 화장실, 고객지원센터 등의 설치·확장 및 보수 등

4. 공설시장에 대한 제1호 내지 제3호에 해당하는 시설의 신축 또는 개축 등

②시설현대화사업의 지원대상, 사업별 지원한도, 절차 및 사후관리 그 밖에 필요한 사항은 대통령령으로 정한다.

제21조(시설현대화사업의 국·공유지 등의 사용) 정부와 지방자치단체는 시설현대화사업을 지원함에 있어서 제20조제1항 각 호의 규정에 해당하는 시설을 국·공유지에 직접 설치하게 하거나 이를 그 시설의 부지로 제공하여 사용하게 할 수 있다.

제22조(전주이설비용 부담에 관한 특례) 시장·군수·구청장이 시설현대화사업추진에 지장이 되어 도로에 시설되어 있는 전주를 이설하거나 지중에 설치하고자 이를 「전기사업법」 제2조제2호의 규정에 의한 전기사업자에게 요청하는 경우 그 이설 등에 필요한 비용은 같은 법 제72조제1항의 규정에 불구하고 당해 시설현대화사업의 추진주체와 전기사업자가 100분의 50의 비율로 부담하게 할 수 있다.

제23조(점포배치의 효율화) 정부와 지방자치단체는 시장 상인들이 점포의 통합 또는 재배치, 다수의 점포로 구성된 판매공간의 재구성 등의 공동사업을 추진하는 경우 예산의 범위 안에서 비용의 일부를 지원할 수 있다.

제24조(임차상인 및 공설시장 입점상인의 보호) ①정부와 지방자치단체는 시설현대화사업을 지원함에 있어서 점포를 소유한 자와 점포에 입주한 임차상인이 임대료의 조정 등 상호협력을 통하여 임차상인에 대한 지원 효과가 큰 시장을 우선하여 지원할 수 있다.

②시장·군수·구청장은 시설현대화사업을 지원함에 있어서 임차상인이 불리하지 아니하도록 노력하여야 한다.

③시장·군수·구청장은 공설시장에 대한 시설현대화사업을 실시하는 경우 시설현대화사업을 실시하기 이전에 시장안의 점포 등에서 영업을 하던 상인이 사업이 완료된 후 특별한 사유가 없는 한 우선하여 재입점할 수 있도록 조치하여야 한다.

제3절 경영현대화 촉진

제25조(상거래현대화의 촉진) ①정부와 지방자치단체는 상인의 전자상거래와 신용카드결제, 판매시점정보관리시스템의 도입, 통신수단을 이용한 주문, 시장간의 정보화네트워크 구축 등의 상거래현대화를 촉진하여야 한다.

②정부와 지방자치단체는 제1항의 규정에 의한 상거래현대화의 촉진을 위하여 필요한 비용을 예산의 범위 안에서 지원하거나 보조할 수 있다.

제26조(공동사업의 활성화) 정부와 지방자치단체는 상인이 거래비용의 절감 및 매출의 증대를 위하여 다음 각 호의 어느 하나에 해당하는 공동사업을 추진하는 경우 필요한 비용을 예산의 범위 안에서 지원하거나 보조할 수 있다.

1. 상품·상표·포장용기의 개발 및 디자인의 개선 등에 관한 사업
2. 구매·물류·배송에 필요한 공동시설 및 시스템의 설치에 관한 사업
3. 공동상품권의 발행 및 공동판매장의 설치 등 판로지원에 관한 사업
4. 그 밖에 중소기업청장이 필요하다고 인정하는 사업

제27조(판로촉진과 홍보지원) 정부와 지방자치단체는 상인의 국내외 시장개척, 전시회·박람회 개최, 판매 촉진을 위한 행사 및 축제 등의 마케팅 활동에 필요한 비용을 예산의 범위 안에서 지원하거나 보조할 수 있다.

제28조(상인교육 및 전문인력 양성) ①정부와 지방자치단체는 상인의 경영현대화, 영업기법의 개선, 정보화의 촉진 등에 필요한 교육 및 자문을 지원하거나 이에 필요한 전문인력의 양성을 지원할 수 있다.

②정부와 지방자치단체는 제1항의 규정에 의한 지원을 효과적으로 수행하기 위하여 필요한 경우에는 대학(산업대학 및 전문대학을 포함한다. 이하 같다)·연구소·법인 및 단체 등을 교육·자문 및 훈련기관으로 지정할 수 있다.

③정부와 지방자치단체는 제2항의 규정에 의하여 지정한 교육·자문 및 훈련기관에 대하여 교육·자문 및 훈련에 필요한 비용을 예산의 범위 안에서 지원할 수 있다.

제29조(산학협력사업 등 지원) 정부와 지방자치단체는 대학·비영리법인 및 단체가 시장의 상권활성화에 대한 자문·지도 또는 상인의 경영현대화 및 상품개발 등을 상인조직과 공동으로 추진하는 경우 이에 필요한 비용을 지원하거나 보조할 수 있다.

제30조(대규모점포와 시장과의 협력) ①시장·군수·구청장은 「유통산업발전법」 제2조제3호의 규정에 의한 대규모점포(다수의 점포에 도·소매업 및 용역업이 혼재한 형태로 운영되는 점포의 집단을

제외한다. 이하 이 조에서 같다)를 운영하는 자에 대하여 그 주변시장과의 협력을 요청할 수 있다.

②시장·군수·구청장은 제1항의 협력사업 추진에 필요한 지원을 할 수 있다.

③대규모점포와 시장과의 협력에 관하여 필요한 사항은 대통령령으로 정한다.

제4절 시장정비사업의 촉진

제31조(시장정비사업 대상 시장) ① 시장정비사업은 시장과 종전의 「중소기업의 구조개선 및 경영안정지원을 위한 특별조치법」(법률 제6639호에 따라 폐지된 것을 말한다) 제6조, 종전의 「중소기업의 구조개선과 재래시장활성화를 위한 특별조치법」(법률 제7235호에 따라 폐지된 것을 말한다) 제12조 또는 종전의 「재래시장육성을 위한 특별법」(법률 제7945호에 따라 전부 개정되기 전의 것을 말한다) 제18조에 따라 시장재개발·재건축사업시행구역 또는 시장정비사업시행구역으로 선정된 후 그 효력이 상실된 곳을 대상으로 한다. 〈신설 2007.12.27, 2009.12.30〉

② 제1항에 따라 시장정비사업의 대상이 될 수 있는 시장은 다음 각 호의 어느 하나에 해당하는 곳이어야 한다. 다만, 인정시장의 경우에는 시장정비구역 안의 국·공유지 면적(도로, 하천 및 공유수면은 제외한다. 이하 제41조 및 제47조도 같다)이 전체 토지면적의 2분의 1이상이어야 한다. 〈개정 2007.12.27, 2009.12.30〉

1. 상업기반시설의 노후화가 심각하여 시설물의 안전에 결함이 있거나 경쟁력을 상실한 시장
2. 화재 또는 홍수·태풍·폭설 등 자연재해로 인하여 상업기반시설 등이 훼손되어 시장의 기능을 정상적으로 수행할 수 없거나 보수·수선으로는 그 기능회복이 불가능한 시장
3. 그 밖에 시장·군수·구청장이 상권활성화 및 도시개발을 위하여 필요하다고 인정하는 시장

③ 제2항에도 불구하고 「도시재정비 촉진을 위한 특별법」 제5조의 규정에 의하여 지정된 재정비촉진지구에 속하는 시장으로서 시장·군수·구청장이 시장정비사업의 추진이 곤란하다고 인정하는 곳과 그 밖에 시장정비사업을 제한할 필요가 있다고 대통령령이 정한 시장은 시장정비사업 대상에서 제외한다. 〈개정 2007.12.27〉

제32조(시장정비사업추진위원회) ①시장정비구역 안에 있는 토지나 건축물의 소유자 및 그 지상권자(이하 "토지등 소유자"라 한다)가 시장정비사업조합을 설립하여 시장정비사업을 시행하고자 하는 경우에는 토지등 소유자의 과반수의 동의로 시장정비사업추진위원회(이하 "추진위원회"라 한다)를 설립하여 「도시 및 주거환경정비법」 제13조의 규정에 따라 시장·군수·구청장의 승인을 얻어야 한다.

②추진위원회는 위원장 1인을 포함한 5인 이상으로 구성한다. 〈개정 2009.12.30〉

③추진위원회는 다음 각 호의 업무를 행한다.

1. 시장정비사업추진계획의 수립 및 제출
2. 「도시 및 주거환경정비법」 제69조의 규정에 의한 정비사업전문관리업자의 선정
3. 시장정비사업조합의 설립을 위한 준비업무

4. 토지등 소유자 동의에 관한 업무

5. 그 밖에 추진위원회가 행하는 것이 필요하다고 대통령령이 정한 업무

④그 밖에 추진위원회와 관련한 사항은 「도시 및 주거환경정비법」 제13조 내지 제15조의 규정을 준용한다.

제33조(시장정비사업추진계획의 수립) ①시장정비사업추진계획의 승인을 얻고자 하는 자는 다음 각 호의 사항을 포함한 시장정비사업추진계획(이하 "사업추진계획"이라 한다)을 수립하여 시장·군수·구청장에게 사업추진계획 승인에 대한 추천을 신청하여야 한다.

1. 시장정비구역의 범위

2. 시장정비사업의 필요성

3. 다음 각 목의 내용에 대하여 필요한 조치사항

가. 「국토의 계획 및 이용에 관한 법률」 제2조제4호의 규정에 의한 도시관리계획 중 도시계획시설의 결정 또는 변경결정

나. 「국토의 계획 및 이용에 관한 법률」 제2조제5호의 규정에 의한 지구단위계획의 결정 또는 변경결정

다. 「국토의 계획 및 이용에 관한 법률」 제36조의 규정에 의한 주거지역 및 공업지역의 용도지역 범위 안에서 대통령령이 정하는 지역으로의 용도지역 변경

4. 제49조제1항 및 제6항의 규정에 의한 입점상인 보호대책

5. 그 밖에 사업추진계획의 검토를 위하여 필요하다고 대통령령이 정하는 사항

②제1항의 규정에 따라 사업추진계획 승인에 대한 추천신청을 할 수 있는 자는 다음 각 호의 어느 하나에 해당하는 자로 한다.

1. 토지등 소유자(개인 또는 법인이 단독으로 소유한 경우에 한한다)

2. 추진위원회

3. 토지등 소유자가 시장정비사업을 추진하기 위하여 설립한 법인(이하 "시장정비사업법인"이라 한다)

4. 시장·군수·구청장(제41조제3항 및 제47조제1항의 규정에 따라 시장·군수·구청장이 직접 시행하는 경우에 한한다)

5. 「대한주택공사법」 제2조에 의하여 설립한 대한주택공사(이하 "주택공사"라 한다) 또는 「지방공기업법」 제49조의 규정에 의하여 설립한 지방공사(이하 "지방공사"라 한다). 다만, 제41조제3항의 규정에 해당하는 경우에 한한다.

③사업추진계획의 수립절차와 내용 및 시·군·구에 제출하는 서류 그 밖에 필요한 사항은 대통령령으로 정한다.

제34조(동의에 관한 특례) ①사업추진계획을 수립하여 시장·군수·구청장에게 제출하고자 하는 자

는 다른 법률의 규정에 불구하고 시장정비구역 토지면적의 5분의 3 이상에 해당하는 토지소유자의 동의 및 토지등 소유자 총수의 5분의 3 이상의 동의를 얻어야 한다.

②제1항의 규정은 다른 법률의 규정에 불구하고 시장정비사업조합의 설립인가 및 제39조의 규정에 의한 시장정비사업시행계획의 내용에 대한 동의를 얻는 경우에도 각각 이를 적용한다.

③제1항의 규정에 따른 토지등 소유자의 동의자 수의 산정방법 그 밖에 필요한 사항은 대통령령으로 정한다.

第35조(사업추진계획에 대한 승인 신청) ①시장·군수·구청장은 사업추진계획에 대하여 다음 각 호의 사항을 검토하여 시·도지사에게 사업추진계획에 대한 승인을 신청하여야 한다. 〈개정 2008.3.21〉

1. 시장정비구역의 적정성
2. 제33조제1항제3호 각 목에 규정한 내용에 대하여 조치할 사항
3. 「건축법」 제18조제2항의 규정에 의한 건축허가를 제한하는 규정의 적용배제의 필요성
4. 입점상인을 위한 보호대책의 타당성 및 실현 가능성

②시장·군수·구청장이 제1항의 규정에 의한 사업추진계획을 검토함에 있어서 「국토의 계획 및 이용에 관한 법률」 제113조제2항의 규정에 따라 시·군·구에 두는 시·군·구도시계획위원회의 심의절차는 적용하지 아니한다.

③사업추진계획의 승인신청 및 검토 그 밖에 필요한 사항은 대통령령으로 정한다.

第36조(시장정비사업심의위원회) ①시장정비사업에 관한 다음 각 호의 사항을 심의하기 위하여 시·도에 시장정비사업심의위원회(이하 "심의위원회"라 한다)를 둔다.

1. 사업추진계획
2. 제35조제1항 각 호에서 규정한 사항
3. 그 밖에 심의위원회의 심의가 필요하다고 대통령령이 정한 사항

②심의위원회는 위원장 1인을 포함하여 15인 이내의 위원으로 구성하고, 위원 중 9인은 「국토의 계획 및 이용에 관한 법률」 제113조제1항의 규정에 따라 시·도에 두는 시·도도시계획위원회의 위원 중에서 시·도지사가 지명하는 자로, 그 밖의 위원은 대통령령이 정하는 자 중 시·도지사가 위촉하는 자로 한다.

③심의위원회의 구성 및 운영 그 밖에 필요한 사항은 대통령령으로 정한다.

第37조(사업추진계획에 대한 승인) ①시·도지사는 시장·군수·구청장이 제35조의 규정에 따라 승인을 신청한 사업추진계획에 대하여 심의위원회의 심의를 거쳐 승인 여부를 결정하여야 한다.

②제1항의 규정에 의하여 심의위원회가 심의한 사항에 대하여는 「국토의 계획 및 이용에 관한 법률」 제113조의 규정에 불구하고 시·도에 두는 시·도도시계획위원회의 심의절차를 적용하지 아니한

다. 다만, 시장정비구역이 「국토의 계획 및 이용에 관한 법률」 제8조, 제9조 및 제59조의 규정에 해당하는 경우에는 그러하지 아니하다.

③시·도지사가 사업추진계획을 승인할 때에는 다음 각 호의 사항을 포함하여야 한다. 〈개정 2008.3.21〉

1. 시장정비구역의 범위
2. 제33조제1항제3호 각 목에 규정한 사항
3. 「건축법」 제18조제2항의 규정에 의한 건축허가의 제한 필요성

④제1항의 규정에 의하여 시·도지사가 사업추진계획을 승인하는 때에는 시장정비구역 및 사업추진계획의 개요를 관보 또는 공보에 고시하여야 한다. 이 경우 시·도지사가 승인·고시한 시장정비구역은 「도시 및 주거환경정비법」 제2조제1호의 규정에 의한 정비구역으로 지정된 것으로 본다. 〈개정 2009.12.30〉

⑤시장·군수·구청장은 사업추진계획이 승인된 후 사정변경으로 인하여 사업추진계획의 변경이 필요하다고 인정되는 경우에는 그 변경사유 및 관계 자료를 첨부하여 시·도지사에게 변경승인을 신청하여야 한다. 다만, 대통령령이 정하는 경미한 사항을 변경하기 위한 경우에는 그러하지 아니한다.

⑥시·도지사는 제5항의 규정에 의하여 변경을 승인한 때에는 그 내용을 관보 또는 공보에 고시하여야 한다.

⑦사업추진계획의 승인·변경승인 및 고시 그 밖의 필요한 사항은 대통령령으로 정한다.

제38조(사업추진계획의 승인취소 등) ①시·도지사는 제41조의 규정에 따른 시장정비사업시행자(이하 "사업시행자"라 한다)가 사정변경 등의 사유로 토지등 소유자의 과반수의 동의를 얻어 시장·군수·구청장을 통하여 사업추진계획의 승인취소를 요청하는 경우에는 그 승인을 취소할 수 있다.

②사업추진계획의 승인이 고시된 날부터 3년 이내에 시장정비사업에 관하여 제39조의 규정에 따른 사업시행인가가 없는 때에는 3년이 되는 날의 다음날부터 사업추진계획의 승인은 그 효력을 상실한다. 다만, 사업시행자가 천재·지변 및 사업추진계획의 변경 등의 사유로 시장·군수·구청장을 통하여 사업추진계획의 승인의 효력 상실에 대한 유예신청(1회에 한하며, 그 기간은 2년으로 한다)을 하여 시·도지사로부터 유예승인을 얻은 경우에는 그러하지 아니한다.

③시·도지사는 제1항의 규정에 의하여 사업추진계획의 승인을 취소하거나 제2항의 규정에 의하여 사업추진계획의 승인 효력이 상실된 때에는 그 내용을 관보 또는 공보에 고시하여야 한다.

④제1항의 규정에 의하여 사업추진계획의 승인이 취소되거나 제2항의 규정에 의하여 사업추진계획의 승인 효력이 상실된 때에는 제37조제1항의 규정에 의하여 시·도지사가 행한 사업추진계획에 대한 승인이 행하여지지 아니한 것으로 보며, 제45조 및 제51조 내지 제53조의 규정에 의한 특례조치는 취소된 것으로 본다.

⑤시장·군수·구청장은 제1항의 규정에 의하여 사업추진계획의 승인이 취소되었거나 제2항의 규정에 의하여 사업추진계획의 승인 효력이 상실된 시장에 대하여는 당해 사업추진계획의 승인 취소 또

는 효력의 상실 내용을 고시한 날부터 2년 이내에 다시 사업추진계획에 대한 승인신청을 할 수 없다.

제39조(사업시행인가 등) ①사업시행자(공동시행의 경우를 포함하되, 사업시행자가 시장·군수·구청장인 경우를 제외한다)가 시장정비사업을 시행하고자 하는 경우에는 「도시 및 주거환경정비법」 제30조의 규정(제3호 내지 제5호의 규정을 제외한다)에 의한 사업시행계획에 제49조의 규정에 의한 입점상인 보호대책을 포함하여 시장·군수·구청장으로부터 사업시행인가를 받아야 한다.

②시·도지사가 시장정비구역으로 선정한 시장을 정비함에 있어서 복합형 상가건물로 건축하는 경우로서 대통령령이 정하는 요건을 충족하는 때에는 그 시장에 대하여 「주택법」 제16조제1항 및 제2항의 규정에 불구하고 사업계획의 승인 대상에서 이를 제외한다.

제40조(다른 법률의 허가 등의 의제) ①사업시행자가 사업시행인가를 받은 때(시장·군수·구청장이 직접 정비사업을 시행하는 경우에는 사업시행계획서를 작성한 때를 말한다. 이하 이 조에서 같다)에는 다음 각 호의 허가·인가·승인·신고·심사·동의·지정·해제 및 협의(이하 "인·허가등"이라 한다)가 있는 것으로 보고, 사업시행인가에 대한 고시가 있은 때에는 다음 각 호의 관계 법률에 의한 인·허가등의 고시·공고 등이 있은 것으로 본다. 〈개정 2007.4.11, 2008.3.21, 2009.1.30, 2009.6.9〉

1. 「주택법」 제9조의 규정에 의한 주택건설사업 등의 등록 및 같은 법 제16조의 규정에 의한 사업계획의 승인

2. 「건축법」 제11조의 규정에 의한 건축허가 및 같은 법 제20조의 규정에 의한 가설 건축물의 건축허가 또는 축조신고

3. 「도로법」 제34조의 규정에 의한 도로공사시행의 허가 및 같은 법 제40조의 규정에 의한 도로점용의 허가

4. 「사방사업법」 제20조의 규정에 의한 사방지 지정의 해제

5. 「농지법」 제34조의 규정에 의한 농지전용허가·협의 및 같은 법 제35조의 규정에 의한 농지전용신고

6. 「산지관리법」 제14조 · 제15조의 규정에 의한 산지전용허가 및 산지전용신고와 「산림법」 제62조제1항·제90조의 규정에 의한 허가. 다만, 「산림법」에 의한 산림유전자원보호림·채종림 및 시험림의 경우를 제외한다.

7. 「하천법」 제30조제1항의 규정에 의한 하천공사 시행의 허가, 같은 법 같은 조제6항의 규정에 의한 하천공사실시계획인가 및 같은 법 제33조의 규정에 의한 하천의 점용 등의 허가

8. 「수도법」 제17조의 규정에 의한 일반수도사업의 인가 및 같은 법 제52조 또는 제54조의 규정에 의한 전용상수도 또는 전용공업수도 설치의 인가

9. 「하수도법」 제13조의 규정에 의한 공공하수도 사업의 인가

10. 「측량·수로조사 및 지적에 관한 법률」 제15조제3항에 따른 지도등의 간행 심사

11. 「국유재산법」 제30조에 따른 사용허가

12. 「공유재산 및 물품관리법」 제20조의 규정에 의한 행정재산등의 사용·수익허가

13. 「측량·수로조사 및 지적에 관한 법률」 제86조제1항에 따른 사업의 착수·변경 신고

14. 「국토의 계획 및 이용에 관한 법률」 제56조의 규정에 의한 개발행위의 허가, 같은 법 제86조의 규정에 의한 도시계획시설사업시행자의 지정 및 같은 법 제88조의 규정에 의한 실시계획의 인가

15. 「오수 · 분뇨 및 축산폐수의 처리에 관한 법률」 제9조제2항 및 같은 법 제10조제2항의 규정에 의한 오수처리시설 또는 단독정화조의 설치신고

16. 「소방시설설치유지 및 안전관리에 관한 법률」 제7조제1항의 규정에 의한 건축허가 등의 동의

②사업시행자가 시장정비사업에 대하여 제1항의 규정에 의한 인·허가등의 의제를 받고자 하는 경우에는 사업시행인가를 신청하는 때에 해당 법률이 정하는 관계 서류를 함께 제출하여야 한다. 다만, 사업시행인가를 신청할 때에 시공자가 선정되어 있지 아니하여 관계서류를 제출할 수 없는 경우에는 시장·군수·구청장이 정하는 기한까지 이를 제출할 수 있다.

③시장·군수·구청장은 사업시행인가를 함에 있어서 제1항 각 호의 규정에 의하여 의제되는 인·허가등에 해당하는 사항이 있는 경우에는 미리 관계 기관의 장과 협의하여야 하며, 협의를 요청 받은 관계 기관의 장은 요청받은 날(제2항 단서의 경우에는 서류가 관계 기관의 장에게 도달된 날을 말한다)부터 20일 이내에 의견을 제출하여야 한다. 이 경우 관계 행정기관의 장은 당해 법률에서 규정한 인·허가등의 기준을 위반하여 협의에 응하여서는 아니 된다.

④시장정비사업에 대하여 제1항의 규정에 의하여 다른 법률에 의한 인·허가등이 있은 것으로 보는 경우에는 관계 법률 또는 시·도 조례에 의하여 당해 인·허가등의 대가로 부과되는 수수료 등은 이를 면제한다.

제41조(사업시행자 등) ①시장정비사업은 제33조제2항제1호, 제3호 내지 제5호의 규정에 해당하는 자 및 시장정비사업조합이 시행한다.

②사업시행자는 필요한 경우 조합원 또는 토지등 소유자 과반수의 동의를 얻어 다음 각 호의 어느 하나에 해당하는 자와 공동으로 시장정비사업을 시행할 수 있다.

1. 주택공사·지방공사(이하 "주택공사등"이라 한다)
2. 「건설산업기본법」 제9조의 규정에 의한 건설업자(이하 "건설업자"라 한다)
3. 「주택법」 제12조제1항의 규정에 의하여 건설업자로 보는 등록사업자
4. 그 밖에 대통령령으로 정하는 자

③시·도지사는 다음 각 호의 어느 하나에 해당하는 사유가 있는 때에는 제1항의 규정에 불구하고 시장·군수·구청장으로 하여금 시장정비사업을 직접 시행하게 하거나 주택공사등으로 하여금 시장정비사업을 시행하게 할 수 있다.

1. 천재·지변 또는 그 밖의 사유로 인하여 긴급히 시장정비사업을 시행할 필요가 있다고 인정되는 때

2. 지방자치단체의 장이 시행하는 도시계획이나 공공시설에 관한 사업과 병행하여 시행할 필요가 있다고 인정되는 때

3. 시설물의 안전진단결과 건축물의 기둥·보 또는 내력벽의 내력 상실 등 중대한 결함이 있다고 인정되는 때

4. 당해 시장정비구역 안의 국·공유지 면적이 전체 토지면적의 2분의 1이상인 때

5. 당해 시장정비구역 안의 토지등 소유자 과반수 및 전체 토지면적의 2분의 1이상의 토지소유자가 시·도지사에게 시장정비사업의 직접 시행을 요청하는 때

제42조(시장정비사업대행자 지정) ①시장·군수·구청장은 사업현황 또는 그 밖의 사정으로 인하여 사업시행자가 시장정비사업을 계속 수행하기가 곤란하다고 판단되는 경우에는 시장정비사업을 직접 대행하거나 주택공사등으로 하여금 대행하게 할 수 있다.

②시장·군수·구청장은 제1항의 규정에 의하여 시장정비사업을 직접대행하거나 주택공사등을 대행자로 지정하여 사업을 대행하게 하는 때에는 그 사실을 시·도지사에게 통보하여야 한다.

제43조(환지 및 보류지 등) 시장정비사업이 완료되어 준공완료 고시가 있은 후 대지 또는 건축물의 소유권을 이전함에 따라 취득하는 대지 또는 건축물 중 토지등 소유자에게 분양하는 대지 또는 건축물은 「도시개발법」 제40조의 규정에 의하여 행하여진 환지로 보며, 「도시 및 주거환경정비법」 제48조제3항의 규정에 의한 보류지와 일반에게 분양하는 대지 또는 건축물은 「도시개발법」 제34조의 규정에 의한 보류지 또는 체비지로 본다. 〈개정 2008.3.21〉

제44조(대규모점포의 등록) 사업시행자는 시장정비사업이 완료된 때(「도시 및 주거환경정비법」 제52조의 규정에 의한 정비사업의 준공인가를 말한다)에는 그 완료일부터 6월 이내에 「유통산업발전법」 제8조의 규정에 따라 대규모점포의 개설등록을 하여야 한다.

제45조(인접지역을 포함한 시장정비사업에 관한 특례) ①시·도지사는 등록시장에 인정시장·상점가 등이 인접하여 이를 포함하지 아니하고는 시장정비사업을 효율적으로 추진하기가 어렵다고 인정되는 경우에 한하여 사업시행자가 인접지역 토지등 소유자의 4분의 3 이상 및 토지면적의 3분의 2이상의 동의와 시장·군수·구청장의 추천을 받은 경우 해당 인접지역을 포함하여 사업추진계획을 승인할 수 있다. 〈개정 2008.12.19〉

②시·도지사는 제1항의 규정에 따라 인접지역을 포함하여 사업추진계획을 승인한 경우에는 사업시행자로 하여금 인접지역 안의 입점상인에 대해서도 제49조의 규정에 따른 입점상인 보호대책을 수립·시행하도록 하여야 한다.

③제1항의 규정에 의한 인접지역의 범위와 요건에 관하여는 대통령령으로 정한다.

제46조(국·공유재산의 처분 특례) ①시장·군수·구청장은 사업시행인가 또는 시장·군수·구청장이 직접 시행하는 시장정비사업에 국·공유재산의 처분에 관한 내용이 포함되어 있는 때에는 미리 관리

청과 협의하여야 한다. 이 경우 관리청이 불분명한 재산 중 도로·하천·구거 등에 대하여는 국토해양부장관을, 그 외의 재산에 대하여는 기획재정부장관을 관리청으로 본다. 〈개정 2008.2.29〉

②시장정비구역 안의 국·공유재산은 「국유재산법」 제9조 또는 「공유재산 및 물품관리법」 제10조의 규정에 의한 국유재산계획 또는 공유재산관리계획과 「국유재산법」 제43조 및 「공유재산 및 물품관리법」 제29조의 규정에 의한 계약의 방법에 불구하고 등록시장 또는 공설시장으로 시장정비사업을 추진하는 경우에 사업시행자 또는 점유자 및 사용자에게 다른 사람에 우선하여 수의계약으로 매각 또는 임대할 수 있다. 〈개정 2009.1.30〉

③국·공유재산의 처분 등에 관한 그 밖의 사항은 「도시 및 주거환경정비법」 제66조의 규정을 준용한다.

제47조(공설시장의 시장정비사업 특례) ①시장·군수·구청장은 공설시장으로서 시장정비구역 안의 국·공유지 면적이 전체 토지면적의 2분의 1 이상인 경우 시장정비사업을 직접 시행하거나 다음 각 호에서 정한 자로 하여금 대행하게 할 수 있다.

1. 토지등 소유자가 설립한 시장정비사업조합 또는 시장정비사업법인
2. 제41조제2항 각 호의 규정에 해당하는 자
3. 시·군·구와 시장 상인 등이 시장정비사업을 추진하기 위하여 공동으로 출자하여 설립한 법인
4. 그 밖에 시장·군수·구청장이 시장정비사업을 수행하기에 적합하다고 인정하는 공공법인

②공설시장에 대한 시장정비사업을 실시하고자 하는 사업시행자는 사업추진계획의 수립, 시장정비사업조합의 설립인가 및 사업시행인가를 신청하는 경우에는 제34조제1항의 규정에 의한 동의 외에 당해 공설시장에서 상시 영업을 하는 상인 및 점포를 소유한 자 총수의 각 5분의 3 이상의 동의를 얻어야 한다. 이 경우 동의자 수의 산정방법 등은 제34조제3항의 규정을 준용한다.

③시장·군수·구청장은 공설시장 안에서 사업을 영위하는 상인 및 점포를 소유한 자에게 시장정비사업에 필요한 비용을 부담하게 할 수 있다.

④공설시장의 시장정비사업에 관하여는 제2조제6호의 규정에 불구하고 매장면적을 1천 제곱미터 이상으로 할 수 있다.

제48조(지구단위계획구역 등에 관한 특례) 시·도지사가 사업추진계획 승인을 고시함에 있어서 제33조제1항제3호 각 목에서 규정한 사항 및 「건축법」 제18조제2항의 규정에 의한 건축허가의 제한에 대하여 결정한 사항이 없는 경우에는 「국토의 계획 및 이용에 관한 법률」 제51조 규정에 의한 지구단위계획구역의 지정에 관한 도시관리계획 및 「건축법」 제18조제2항의 규정에 의한 건축허가의 제한규정에 불구하고 사업시행인가를 받아 시장정비사업을 시행할 수 있다. 다만, 당해 시장정비구역에 지구단위계획이 결정되어 있는 곳은 이 법에서 특례로 규정하지 아니한 사항에 대해서는 그 결정된 지구단위계획을 따른다. 〈개정 2008.3.21〉

제49조(입점상인에 대한 보호대책) ①사업시행자는 시장정비사업을 함에 있어서 다음 각 호의 사항 등을 포함한 입점상인에 대한 보호대책을 수립·시행하여야 한다.

1. 시장정비사업기간에 임차상인 등을 포함한 입점상인이 영업활동을 계속할 수 있도록 하는 임시시장의 마련에 관한 사항

2. 제1호의 규정에 의한 임시시장의 마련이 곤란한 경우 영업활동의 중단으로 인한 금전적 손실의 보전 등에 관한 사항

3. 사업추진계획의 승인·고시 당시의 임차상인 등 입점상인에 대하여 시장정비사업 완료 후 재입점을 위한 점포의 우선 분양 또는 임대료의 할인 및 임대점포 마련 등에 관한 사항

②시장·군수·구청장은 사업추진계획의 승인을 얻고자 하는 자가 사업추진계획을 제출한 때에 당해 시장에서 입점상인에 대하여 과도한 임대료 인상 등 영업에 불리한 환경을 조성하여 사업추진계획의 승인을 얻고자 하는 자와 입점상인간에 분쟁이 진행 중인 경우에는 시·도지사에게 사업추진계획의 승인신청을 하기 전에 이를 해결토록 요청하거나, 제58조의 규정에 의한 시장분쟁조정위원회에 조정을 신청할 수 있다.

③정부와 지방자치단체는 제1항의 규정에 의한 입점상인에 대한 보호대책을 수립·시행하는 사업시행자에 대하여 지원하거나, 입점상인이 시장정비사업기간 동안 다른 곳에서의 영업 또는 시장정비사업 완료 후 원활한 재입점을 지원하기 위하여 필요한 자금을 융자할 수 있다.

④시장·군수·구청장은 사업시행인가 또는 관리처분계획인가를 할 때에 사업시행자의 입점상인 보호대책 이행 여부를 확인하고 특별한 사유 없이 그 이행이 미흡한 경우에는 기한을 정하여 사업시행자에게 시정을 요청하여야 한다.

⑤정부와 지방자치단체는 사업시행자가 제4항의 규정에 의한 시정요청사항을 정당한 사유 없이 이행하지 아니할 경우에는 사업비용 지원의 중단 및 회수 등 필요한 조치를 할 수 있다.

⑥사업시행자가 시장정비사업계획에 따라 복합형 상가건물을 건축하는 경우에는 「주택법」 제38조의 규정에 불구하고 시장정비구역에서 직접 사업을 영위하는 무주택자인 입점상인 중 대통령령이 정하는 요건을 갖춘 자에 대하여는 주택을 우선하여 공급(1세대 1주택에 한한다)할 수 있다.

제50조(임시시장의 마련 특례) ①정부 및 지방자치단체의 장은 사업시행자가 입점상인 보호대책을 이행하기 위하여 국·공유지에 임시시장을 설치하고자 하는 경우 「국유재산법」 또는 「공유재산 및 물품관리법」의 규정에 불구하고 수의계약으로 이를 일시 사용하게 할 수 있다.

②사업시행자는 시장정비사업이 완료되면 임시시장을 폐쇄하고 국·공유지는 원래대로 복구하여야 한다.

③사업시행자가 개설한 임시시장에 대한 운영과 관리의 책임은 사업시행자가 부담한다.

제51조(용적률에 관한 특례) 시장정비사업구역 중 「국토의 계획 및 이용에 관한 법률」에 의한 주거지역 및 공업지역 중 대통령령이 정하는 지역에 위치한 시장의 용적률은 같은 법 제78조제1항 및 제2항

의 규정에 불구하고 주거지역은 500퍼센트 이하의 범위 안에서, 공업지역은 400퍼센트 이하의 범위 안에서 대통령령으로 따로 정한다.

제52조(건폐율에 관한 특례) 시장정비사업구역 중 「국토의 계획 및 이용에 관한 법률」에 의한 주거지역·상업지역 및 공업지역 중 대통령령이 정하는 지역에 위치한 시장의 건폐율은 같은 법 제77조의 규정에 불구하고 주거지역 및 공업지역은 70퍼센트 이하의 범위 안에서, 상업지역은 90퍼센트 이하의 범위 안에서 대통령령으로 따로 정한다.

제53조(일조 등의 확보를 위한 건축물의 높이제한에 관한 특례) 시장정비사업시행인가를 받아 주거지역 및 공업지역 중 대통령령이 정하는 지역 안에서 공동주택을 갖춘 복합형 상가건물을 건축하는 경우에는 「건축법」 제61조제2항의 규정에 불구하고 건축물의 각 부분의 높이는 그 부분으로부터 채광을 위한 창문 등이 있는 벽면으로부터 직각방향으로 인접대지 경계선까지의 수평거리의 4배 이하의 높이의 범위 안에서 각각 대통령령으로 따로 정한다. 〈개정 2008.3.21〉

제53조의2(대지 안의 공지에 관한 특례) 시장정비사업구역 중 대통령령으로 정하는 지역 안에서 상가건물을 건축하는 경우 「건축법」에 따른 건축선 및 인접대지경계선으로부터 띄어야 하는 거리는 같은 법 제50조에도 불구하고 용도지역·용도지구 및 건축물의 용도·규모·층수·도로상황 등을 고려하여 6미터 이내의 범위에서 대통령령으로 따로 정한다.
[본조신설 2007.5.17]

제54조(도시계획시설 결정 해제) ①시·도지사는 시장·군수·구청장이 다음 각 호의 어느 하나에 해당하는 시장에 대한 도시계획시설의 결정 해제를 요청하는 경우 「국토의 계획 및 이용에 관한 법률」 제30조의 규정에 따라 도시관리계획을 결정 또는 변경결정 할 수 있다.

1. 화재 또는 자연재해가 발생하여 시장의 기능을 정상적으로 수행할 수 없거나 복구가 곤란한 경우
2. 당해 시장이 그 기능을 현저히 상실하여 시장의 기능을 행하지 아니하여도 인근지역 주민의 생활에 큰 불편이 없는 경우

②시·도지사가 제1항의 규정에 의한 결정 또는 변경결정을 하고자 할 때에는 「국토의 계획 및 이용에 관한 법률」 제113조의 규정에 의하여 시·도에 두는 시·도도시계획위원회의 심의 외의 절차에 관한 사항은 적용하지 아니한다.

제55조(시장정비사업에 대한 지원) 정부와 지방자치단체는 사업시행자에 대하여 사업에 필요한 자금을 예산의 범위 안에서 지원할 수 있다.

제56조(국세 및 지방세 감면에 관한 특례) ①정부와 지방자치단체는 시설현대화사업을 함에 따라 새

로이 설치하거나 확장하는 시설물 등에 대하여 부과하는 취득세·등록세·재산세 및 도시계획세 등의 지방세를 「지방세법」이나 지방자치단체의 조례가 정하는 바에 따라 감면할 수 있다.

②정부와 지방자치단체는 사업시행자가 시장정비사업에 직접 사용하기 위하여 취득하는 사업용 부동산에 대하여 취득세·등록세·재산세 및 종합토지세 등의 지방세를 「지방세법」이나 지방자치단체의 조례가 정하는 바에 따라 감면할 수 있다.

③정부는 제43조의 규정에 의한 환지, 보류지 및 체비지에 대하여는 국세에 관한 법률이 정하는 바에 따라 소득세를 면제할 수 있다.

제57조(과밀부담금 감면) 시장정비구역 안에서 시장정비사업으로 건축된 건축물에 대하여는 「수도권정비계획법」 제12조의 규정에 의한 과밀부담금에 관한 규정에 불구하고 당해 부담금의 100분의 50에 해당하는 금액을 감액한다.

제5절 분쟁의 조정

제58조(시장분쟁조정위원회) 시장정비사업, 시장 및 상점가의 시설현대화사업 등 상권의 활성화사업과 관련한 이해관계자간의 다음 각 호의 분쟁을 조정하기 위하여 시·도에 시장분쟁조정위원회(이하 "조정위원회"라 한다)를 둘 수 있다.

1. 시장정비사업과 관련한 동의 등에 관한 분쟁
2. 시장정비사업의 입점상인 보호대책과 관련한 점포소유자와 임차상인간의 분쟁
3. 그 밖에 위원장이 조정위원회에 부의하는 사항

제59조(조정위원회의 구성 등) ①조정위원회는 위원장 1인을 포함한 11인 이상 15인 이내의 위원으로 구성한다.

②조정위원회의 위원장은 시·도 소속 2급 또는 3급 공무원 중 시·도지사가 지명하는 자가 된다.

③조정위원회의 위원은 시·도 소속 3급 또는 4급 공무원 중 시·도지사가 지명하는 자와 다음 각 호의 어느 하나에 해당하는 자 중 시·도지사가 위촉하는 자로 한다.

1. 판사·검사 또는 변호사의 자격이 있는 자
2. 심의위원회의 위원
3. 「부동산 가격공시 및 감정평가에 관한 법률」 제23조의 규정에 의한 감정평가사
4. 「건축사법」 제23조의 규정에 의하여 건축사업무신고를 한 건축사
5. 「비영리민간단체 지원법」 제2조의 규정에 의한 비영리민간단체가 추천하는 자
6. 그 밖에 토지수용, 정비사업 또는 시장에 관한 학식과 경험이 풍부한 자

④공무원이 아닌 위원의 임기는 2년으로 하되, 연임할 수 있다.

⑤보궐위원의 임기는 전임자의 잔임기간으로 한다.

⑥제1항 내지 제5항에서 정한 사항 외에 조정위원회의 회의 및 운영 그 밖의 필요한 사항은 시·도의 조례로 정한다.

제60조(분쟁의 조정) ①시장정비사업, 시장 및 상점가의 활성화 사업과 관련한 분쟁의 조정을 원하는 자는 분쟁당사자를 상대방으로 하여 서면으로 관할 시·도의 조정위원회에 분쟁의 조정을 신청할 수 있다.

②제1항의 규정에 의하여 분쟁의 조정신청을 받은 조정위원회는 신청을 받은 날부터 45일 이내에 이를 심사하여 조정안을 작성하여야 한다. 다만, 부득이한 사정이 있는 경우에는 조정위원회의 의결로 그 기간을 연장할 수 있다.

제61조(자료요청 등) ①조정위원회는 분쟁조정을 위하여 분쟁당사자 또는 참고인에게 필요한 자료의 제출을 요청할 수 있다. 이 경우 당해 분쟁당사자 또는 참고인은 정당한 사유가 없는 한 이에 응하여야 한다.

②조정위원회는 필요하다고 인정하는 경우에는 분쟁당사자 또는 참고인으로 하여금 조정위원회에 출석하게 하여 그 의견을 들을 수 있다.

제62조(조정의 효력) ①조정위원회는 제60조제2항의 규정에 의하여 조정안을 작성한 때에는 지체 없이 이를 각 분쟁당사자에게 제시하여야 한다.

②제1항의 규정에 의하여 조정안을 제시받은 분쟁당사자는 그 제시를 받은 날부터 15일 이내에 그 수락 여부를 조정위원회에 통보하여야 한다.

③분쟁당사자가 조정안을 수락한 때에는 조정위원회는 즉시 조정서를 작성하고, 조정위원회의 위원장 및 각 분쟁당사자는 이에 기명날인하여야 한다.

④분쟁당사자가 제3항의 규정에 의하여 조정안을 수락하고 조정서에 기명날인한 때에는 분쟁당사자간에 조정서와 동일한 내용의 합의가 성립된 것으로 본다.

제63조(조정의 각하 및 중지) ①조정위원회는 분쟁의 성질상 조정위원회에서 조정함이 적합하지 아니하다고 인정하거나 부정한 목적으로 신청되었다고 인정하는 경우에는 당해 조정신청을 각하할 수 있다. 이 경우 조정각하의 사유 등을 신청인에게 통보하여야 한다.

②조정위원회는 신청된 조정사건에 대한 처리절차의 진행 중에 일방 분쟁당사자가 소를 제기한 때에는 그 조정절차를 중지하고 이를 분쟁당사자에게 통보하여야 한다.

제64조(조정절차 등) 제60조 내지 제63조에서 정한 사항 외에 분쟁의 조정방법 및 조정절차 그 밖의 필요한 사항은 대통령령으로 정한다.

제3장 상인조직 및 시장경영진흥원 〈개정 2009.12.30〉

제65조(상인회) ①시장·상점가 및 상권활성화구역에서 사업을 직접 영위하는 상인의 전부 또는 일부는 상인회를 자율적으로 설립할 수 있다. 〈개정 2009.12.30〉

②법인인 상인회는 주된 사무소의 소재지에 설립등기를 함으로써 성립한다.

③상인회를 설립하고자 하는 자는 지식경제부령이 정하는 바에 따라 시장·군수·구청장에게 등록하여야 한다. 이 경우 법인인 상인회는 정관을 작성하여 시장·군수·구청장의 인가를 받아야 한다. 정관을 변경할 때에도 또한 같다. 〈개정 2008.2.29〉

④상인회는 다음 각 호의 사업을 할 수 있다. 〈개정 2009.12.30〉

1. 시설 및 경영현대화를 위한 사업
2. 상인의 매출증대 및 영업활성화를 위한 공동사업
3. 상인에 대한 교육 및 지역주민과의 협력사업
4. 상거래 질서유지 및 고객불만 처리에 관한 업무
5. 상업기반시설의 관리업무(제67조의 규정에 의한 시장관리자의 역할을 겸하는 경우에 한한다)
6. 그 밖에 정부 및 지방자치단체에서 시장·상점가 및 상권활성화구역의 상권활성화를 위하여 위탁하거나 인정하는 사업

⑤상인회는 상인회의 운영 및 제4항 각 호의 규정에 의한 사업의 수행에 필요한 경비를 회원으로부터 징수할 수 있다.

⑥중소기업청장 및 시장·군수·구청장은 필요한 경우 상인회의 운영에 관한 서류의 제출을 요구할 수 있다.

⑦정부와 지방자치단체는 상인회가 제4항의 규정에 의한 사업을 수행하는 경우 필요한 비용을 예산의 범위 안에서 지원할 수 있다.

⑧상인회의 설립과 운영 그 밖의 필요한 사항은 지식경제부령이 정하는 바에 따라 시·군·구의 조례로 정한다. 〈개정 2008.2.29〉

⑨법인인 상인회에 관하여 이 법에 규정한 것을 제외하고는 「민법」중 사단법인에 관한 규정을 준용한다.

제66조(상인연합회) ①상인회, 상점가진흥조합, 상인을 회원으로 설립한 법인·조합·단체 및 「상법」상의 회사인 시장의 전부 또는 일부를 회원으로 하는 상인연합회(이하 "연합회"라 한다)를 설립할 수 있다.

②연합회를 설립하고자 하는 자는 지식경제부령이 정하는 바에 따라 중소기업청장의 설립허가를 받아야 한다. 〈개정 2008.2.29〉

③연합회는 법인으로 하고, 주된 사무소의 소재지에 설립등기를 함으로써 성립한다.

④연합회는 다음 각 호의 사업을 행한다.

1. 시장 및 상점가 상인의 상권활성화

2. 시장 및 상점가 상인의 공동상품개발과 판로확보

3. 시장 및 상점가 상인의 구매 · 판매 및 물류에 관한 공동사업

4. 상인의 자조조직 육성 및 지원

5. 정부와 지방자치단체의 장이 위탁하는 사업

6. 그 밖에 중소기업청장이 필요하다고 인정하는 사업

⑤정부와 지방자치단체는 연합회가 제4항의 규정에 의한 사업을 수행하는 경우 필요한 비용을 예산의 범위 안에서 보조하거나 지원할 수 있다.

⑥ 연합회의 회장은 제4항의 사업을 수행함에 있어서 정관으로 정하는 바에 따라 이사 또는 직원 중에서 재판상 또는 재판 외의 행위를 할 권한이 있는 대리인을 선임할 수 있다. 〈신설 2008.12.19〉

⑦중소기업청장은 필요한 경우 연합회의 운영 등에 관한 서류의 제출을 요구할 수 있다. 〈개정 2008.12.19〉

⑧연합회의 설립과 운영 그 밖의 필요한 사항은 지식경제부령으로 정한다. 〈개정 2008.2.29, 2008.12.19〉

⑨연합회에 관하여 이 법에 규정된 것을 제외하고는 「민법」중 사단법인에 관한 규정을 준용한다. 〈개정 2008.12.19〉

제67조(시장관리자) ①시장·군수·구청장은 당해 시장에 「유통산업발전법」 제12조제1항 내지 제3항의 규정에 의한 대규모점포 개설자의 업무를 수행하는 자가 없는 경우에는 제2항의 규정에 해당하는 자 중에서 다음 각 호의 업무를 행하는 자(이하 "시장관리자"라 한다)를 지정할 수 있다.

1. 상업기반시설의 유지 및 관리

2. 화재의 예방, 청소 및 방범 활동

3. 고객의 안전유지 및 고객과 인근지역 주민의 피해·불만의 처리

4. 상거래 질서의 확립

5. 그 밖에 시장의 관리를 위하여 필요하다고 시장·군수·구청장이 인정하는 업무

②시장관리자는 다음 각 호의 어느 하나에 해당하는 자로 한다.

1. 제65조의 규정에 의하여 설립한 상인회 또는 상인 조직

2. 「민법」 또는 「상법」의 규정에 따라 설립한 법인

3. 「중소기업협동조합법」의 규정에 따라 시장 상인을 조합원으로 설립한 사업협동조합 또는 협동조합

4. 그 밖에 시장·군수·구청장이 제1항 각 호의 규정에 의한 업무를 수행할 능력이 있다고 인정하는 공공 법인·단체

③지방자치단체는 시장관리자가 제1항 각 호에서 규정한 업무를 수행하는 경우 당해 업무의 공공성 및 시장 개설주체의 성격 등을 감안하여 필요한 경비를 예산의 범위 안에서 지원할 수 있다.

④시장관리자의 지정절차 그 밖에 필요한 사항은 지식경제부령이 정하는 바에 따라 시·군·구의 조례로 정한다. 〈개정 2008.2.29〉

第68條(시장경영진흥원) ①시장·상점가 및 상권활성화구역의 상권활성화사업을 체계적으로 지원하기 위하여 시장경영진흥원(이하 "진흥원"이라 한다)를 둔다. 〈개정 2009.12.30〉

②진흥원은 법인으로 하고 주된 사무소의 소재지에 설립등기를 함으로써 성립한다. 〈개정 2009.12.30〉

③진흥원은 다음 각 호의 업무를 행한다. 〈개정 2009.12.30〉

1. 시장·상점가 및 상권활성화구역의 시설 및 경영현대화사업에 대한 자문·상담 및 지도
2. 상인의 경영 및 상거래현대화와 정보화 등 선진유통기법 교육·연수
3. 시장·상점가 및 상권활성화구역의 활성화를 위한 전문가 양성 및 파견
4. 시장·상점가 및 상권활성화구역의 활성화 및 시장정비사업에 대한 조사·연구 및 용역
5. 정부 및 지방자치단체의 시장·상점가 및 상권활성화구역에 대한 지원사업 효과평가
6. 시장·상점가 및 상권활성화구역의 활성화를 지원하는 법인 또는 단체에 대한 지원
7. 그 밖에 시장·상점가 및 상권활성화구역의 활성화를 위하여 정부와 지방자치단체에서 위탁하거나 중소기업청장이 필요하다고 인정하는 사업

④중소기업청장과 지방자치단체의 장은 진흥원이 제3항 각 호에서 규정한 업무를 수행하는 경우 사업에 필요한 경비의 전부 또는 일부를 지원 또는 보조하거나 재산상의 편의를 제공할 수 있다. 〈개정 2009.12.30〉

⑤진흥원의 설치 및 운영 그 밖의 필요한 사항은 대통령령으로 정한다. 〈개정 2009.12.30〉

⑥진흥원에 관하여 이 법에 규정된 것을 제외하고는 「민법」중 재단법인에 관한 규정을 준용한다. 〈개정 2009.12.30〉

[제목개정 2009.12.30]

제4장 보칙

第69條(보고 및 자료의 제출) ①시·도지사 또는 시장·군수·구청장은 지식경제부령이 정하는 바에 따라 다음 각 호의 사항을 중소기업청장에게 보고하여야 한다. 〈개정 2008.2.29, 2009.12.30〉

1. 시장·상점가·상권활성화구역, 상인회 및 상권관리기구의 현황
2. 시설·경영현대화 사업 및 시장정비사업의 추진실적

②중소기업청장, 시·도지사 또는 시장·군수·구청장은 이 법에 의한 자금·비용 또는 보조금을 지원받은 다음 각 호의 자에 대하여 지원자금의 집행내역 등에 관한 자료를 지식경제부령이 정하는 바에 따라 제출하게 할 수 있다. 〈개정 2008.2.29, 2009.12.30〉

1. 시설현대화사업을 실시한 시장·군수·구청장, 상권관리기구의 대표자 또는 시장·상점가의 상

인을 각 대표하는 자

2. 제11조 내지 제30조, 제55조, 제65조제7항 및 제66조제5항의 규정에 의한 지원을 받은 상인·상인회·연합회·상점가진흥조합·상인조직 및 법인·단체, 시장정비사업시행자 및 교육·자문·훈련기관을 각 대표하는 자

제70조(장부 등의 조사) ①중소기업청장, 시·도지사 및 시장·군수·구청장은 제69조제2항 각 호의 자가 제출하는 자료에 대하여 확인이 필요한 경우에는 소속 공무원으로 하여금 해당 시장 및 상점가, 법인·단체 등의 사무소 또는 사업장에 출입하여 장부·서류 및 시설 등을 조사하게 할 수 있다.

②제1항의 규정에 의한 조사를 하는 공무원은 그 권한을 나타내는 증표를 지니고 출입시 이를 관계인에게 내보여야 한다.

제71조(권한의 위임·위탁) ①중소기업청장은 이 법의 규정에 의한 권한의 일부를 대통령령이 정하는 바에 따라 지방자치단체의 장에게 위임하거나 다른 행정기관의 장에게 위탁할 수 있다.

②중소기업청장은 대통령령이 정하는 바에 따라 제8조, 제9조, 제17조, 제25조 내지 제29조의 규정에 의한 권한의 일부를 상인회·연합회 및 진흥원의 대표에게 위탁할 수 있다. 〈개정 2009.12.30〉

제5장 벌칙

제72조(벌칙) 제44조의 규정을 위반하여 대규모점포의 개설등록을 하지 아니한 자는 1년 이하의 징역 또는 3천만원 이하의 벌금에 처한다.

제73조(양벌규정) 법인의 대표자나 법인 또는 개인의 대리인·사용인 그 밖의 종업원이 그 법인 또는 개인의 업무에 관하여 제72조의 위반행위를 한 때에는 행위자를 벌하는 외에 그 법인 또는 개인에 대하여도 같은 조의 벌금형을 과한다. 다만, 법인 또는 개인이 그 위반행위를 방지하기 위하여 해당 업무에 관하여 상당한 주의와 감독을 게을리하지 아니한 경우에는 그러하지 아니하다. 〈개정 2008.12.19〉

제74조(과태료) ①다음 각 호의 어느 하나에 해당하는 자는 500만원 이하의 과태료에 처한다.

1. 제14조의 규정을 위반하여 등록을 하지 아니하고 임시시장을 개설하거나 거짓 그 밖의 부정한 방법으로 임시시장 개설등록을 받은 자

2. 제69조제2항 각 호에 해당하는 자(시장·군수·구청장을 제외한다)중 정당한 사유 없이 자료의 제출을 거부하거나 허위보고를 하는 자

②제1항의 규정에 의한 과태료는 대통령령이 정하는 바에 따라 중소기업청장 또는 지방자치단체의 장(이하 "부과권자"라 한다)이 부과·징수 한다.

③제2항의 규정에 의한 과태료 처분에 불복이 있는 자는 그 처분의 고지를 받은 날부터 30일 이내에 부과권자에게 이의를 제기할 수 있다.

④제2항의 규정에 의하여 과태료 처분을 받은 자가 제3항의 규정에 의하여 이의를 제기한 때에는 부과권자는 즉시 관할 법원에 그 사실을 알려야 하며, 그 통보를 받은 관할 법원은 「비송사건절차법」에 의한 과태료의 재판을 한다.

⑤제3항의 규정에 의한 기간 이내에 이의를 제기하지 아니하고 과태료를 납부하지 아니한 때에는 국세 또는 지방세 체납처분의 예에 의하여 이를 징수한다.

부칙 〈제9887호,2009.12.30〉

①(시행일) 이 법은 공포 후 6개월이 경과한 날부터 시행한다.

②(시장활성화구역에 관한 경과조치) 이 법 시행 당시 종전의 규정에 따라 지정된 시장활성화구역은 종전의 규정에 따른다.

③(시장경영지원센터에 대한 경과조치) 이 법 시행 당시 종전의 규정에 따른 시장경영지원센터는 이 법에 따른 시장경영진흥원으로 본다.

/// 서울의 전통시장

❶	❷
❸	❹
❺	❻

❶_방학동 도깨비시장 점포
❷_우림시장 간판
❸_평화시장 외부 전경
❹_광장시장 내부
❺_중곡제일시장 입구
❻_신원시장 입구

/// 인천, 경기도의 전통시장

❶	❷
❸	❹
❺	❻

❶_수원 지동시장 입구
❷_인천 신기시장 입구
❸_수원 남문시장 조형물
❹_의정부 제일시장 내부
❺_인천 종합어시장 입구
❻_부천 자유시장 조형물 –왈순이아지매

/// 경북의 전통시장 - 1

❶	❷
❸	❹
❺	❻

❶_안동 풍산장터 알림석
❷_봉화시장 노점 벽화
❸_영천공설시장 먹을거리 장터
❹_영해시장 아케이드
❺_영양시장 입간판
❻_경주 성동시장 입구

/// 경북의 전통시장 – 2

❶	❷
❸	❹

❶_포항 죽도시장 입구
❷_문경 신흥시장 입구
❸_예천 상설시장 입구
❹_안동 구시장 먹을거리 노점가

/// 부산, 경남, 울산의 전통시장

❶	❷
❸	❹
❺	❻

❶_부산 자갈치시장 홍보물
❷_부산 기장시장 입구
❸_경남 화개장터 전통장옥
❹_울산 중앙시장 문화갤러리
❺_김해 전통시장 간판
❻_통영 중앙시장 입구

/// 충청남 · 북도의 전통시장

❶	❷
❸	❹
❺	❻

❶_단양시장 입구
❷_공주 뚝방시장 입구
❸_금산인삼시장 내부
❹_옥천시장 입구
❺_논산화지중앙시장 LCD 전광판
❻_청주 육거리시장 입구

/// 강원도의 전통시장

❶	❷
❸	❹
❺	❻

❶_동해 묵호항시장 조형물-문어
❷_주문진시장 조형물-오징어
❸_봉평 5일장 조형물
　-소설 '메밀꽃 필 무렵'
❹_횡성시장 화장실 내 벽화-한우
❺_속초 중앙시장-빛의 거리
❻_정선 5일장 홍보물

/// 전라남 · 북도, 광주의 전통시장

❶_나주 영산포풍물시장 조형물 –배
❷_목포 종합수산시장 입구 –물고기 모양
❸_장흥토요시장 이벤트–동창회
❹_구례 산동시장 고객쉼터
❺_함평시장 입구–나비문양 등
❻_광주 양동시장 입구

/// 제주도의 전통시장

❶	❷
❸	❹
❺	❻

❶_동문시장 입구
❷_동문시장 고객지원센터
❸_서귀포시장 입구 간판
❹_서귀포시장 내부
❺_제주 5일장 내부
❻_서귀포항 노변시장

/// 영국의 전통시장

❶_코벤트가든 거리-마임공연
❷_캠던 마켓 상점
❸_애플마켓 입구
❹_주빌레 마켓 상품진열
❺_페티코트 레인마켓 표시물
❻_포토벨로 마켓 상품들

/// 프랑스의 전통시장

❶	❷
❸	❹
❺	❻

❶_해변가의 드루 트루빌 시장
❷_파리 몽마르뜨 언덕 위의 그림시장
❸_파리 벼룩시장 내부
❹_파리 꽃시장
❺_앙시 중앙시장 도로변
❻_니스 벼룩시장

#2 8분 만에 보는 해외 30개국 80개 명품 전통시장 구경

/// 독일의 전통시장

❶	❷
❸	❹
❺	❻

❶_프랑크푸르트 노점시장
❷_클라인 마켓 내부
❸_뮌헨 벼룩시장 내부
❹_뉘른베르크 시장의 식품점
❺_자르뷔르켄 벼룩시장의 어린이 상인
❻_뮌헨 빅투알리엔 마켓의 상징물

/// 오스트리아, 스위스의 전통시장

❶	❷
❸	❹
❺	❻

❶_오스트리아 빈벼룩시장의 소비자
❷_오스트리아 빈 나쉬마켓의 상품진열
❸_오스트리아 짤즈부르크 벼룩시장
❹_스위스 루체른 벼룩시장
❺_루체른 피쉬 마켓 안내물
❻_스위스 루체른 아침시장

#2 8분 만에 보는 해외 30개국 80개 명품 전통시장 구경

/// 네델란드, 벨기에, 이탈리아의 전통시장

❶	❷
❸	❹
❺	❻

❶_네델란드 암스테르담 책시장
❷_네델란드 암스테르담 꽃시장
❸_벨기에 골동품 시장
❹_이탈리아 베로나 중앙시장
❺_이탈리아 로마 노변시장
❻_물의 도시 베네치아 리알토시장

/// 체코, 그리스의 전통시장

❶	❷
❸	❹

❶_체코 프라하중앙시장 점포
❷_체코 프라하중앙시장 내부
❸_그리스 아테네 노변시장 점포
❹_그리스 아테네시장-정육점

/// 터키, 스웨덴, 러시아의 전통시장

❶_터키 이스탄불 그랜드바자르(시장) 입구
❷_수많은 관광객이 찾는 그랜드바자르(시장)
❸_러시아 노변시장-1
❹_러시아 노변시장-2
❺_스웨덴 스톡홀름 노변시장-1
❻_스웨덴 스톡홀름 노변시장-2

/// 일본의 전통시장

❶_텐진바시 상점가 내부
❷_아카시 상점가 내의 상점
❸_극락 상점가 내의 점포
❹_극락 상점가 내의 이벤트 -희극공연
❺_나카미세 상점가 거리
❻_일본 전통복장을 한 상인

/// 두바이, 인도의 전통시장

❶	❷
❸	❹
❺	❻

❶_세계 최대의 두바이 금시장
❷_두바이 마디낫주메이라 시장
❸_두바이 야시장 입구
❹_인도 빠하르간지 시장 내부
❺_인도 산드니촉시장 내 상점
❻_산드니촉시장
–저울을 든 노점상

/// 미국, 과테말라의 전통시장

❶	❷
❸	❹
❺	❻

❶_미국 뉴욕 타임스퀘어 노변시장
❷_미국 뉴저지주 팔라머스 파크
❸_미국 호놀룰루 노변시장
❹_과테말라 노점 상인
❺_과테말라 중앙시장-행상여인
❻_과테말라 세빌시장

/// 필리핀, 말레이시아의 전통시장

❶	❷
❸	❹
❺	❻

❶_필리핀 깔람바 어물시장 외관
❷_필리핀 깔람바시장 거리
❸_필리핀 플레아시장 간판
❹_필리핀 플레아시장 내부
❺_필리핀 시사이드어시장 –싱싱한 해산물
❻_말레이시아 바탐시장–과일점

/// 싱가폴, 인도네시아의 전통시장

❶	❷
❸	❹
❺	❻

❶_싱가폴 리틀인디아 야시장
❷_싱가폴 차이나타운 상가
❸_싱가폴 호커푸드센터 이벤트 무대
❹_인도네시아 펭윈시장 입구
❺_인도네시아 농사바사르시장 점포
❻_인도네시아 부자바하리시장 입구

/// 베트남의 전통시장

❶	❷
❸	❹
❺	❻

❶_벤탄시장 입구
❷_빈타이시장 입구
❸_벤탄시장 내부
❹_빈타이시장의 옛날식 점포
❺_껀트 새벽 수상시장
❻_푸미흥 시장

/// 태국, 캄보디아의 전통시장

❶_태국 램딘시장
❷_태국 치앙마이 탄닌시장
❸_태국 방콕시장
❹_캄보디아 씨엠립시장
❺_캄보디아 씨엠립시장 점포
❻_캄보디아 프놈펜시장

/// 중국의 전통시장

❶	❷
❸	❹
❺	❻

❶_북경 골동품 시장
❷_부자묘시장 내 조형물
❸_남경 청과물 시장-노점
❹_장사 이누 골동품시장
❺_상해 복민가 소상품시장
❻_국제 소상품시장(이우시장) –전광판

/// 홍콩, 대만의 전통시장

❶	❷
❸	❹
❺	❻

❶_홍콩 몽콕 새시장
❷_홍콩 완차이 시장
❸_홍콩 레이디스 시장
❹_대만 농산물 시장
❺_대만 옥시장
❻_대만 야시장

/// 몽골, 우간다의 전통시장

❶	❷
❸	❹
❺	❻

❶_몽골 울란바토르 나랑톨시장 입구
❷_몽골 울란바토르 나랑톨시장 내부
❸_몽골 흡수골 시장 입구
❹_몽골 흡수골 시장 점포
❺_우간다 캄팔라 시장
❻_우간다 시골장-과일점

#3 전국 전통시장 사진공모전 우수 작품사진

경북대 지역시장연구소 주관 〈전국 전통시장 사진 공모전〉 수상작

/// 제1회(2007년) 수상작

❶_문용준 作(금상)
제목 : 금강산도 식후경
촬영지 : 성남 모란시장

❷_조정자 作(동상)
제목 : 맛보세요
촬영지 : 고령시장

❸_박종환 作(은상)
제목 : 살거요, 말거요?
촬영지 : 주왕산 전통시장

#3 전국 전통시장 사진공모전 우수 작품사진

/// 제2회(2008년) 수상작

❶ / ❷

❶_신덕순 作(은상)
제목 : 동태
촬영지 : 문경 가은시장

❷_손용희 作(동상)
제목 : 장날
촬영지 : 온양 중앙시장

/// 제3회(2009년) 수상작

❶_이남희 作(은상)
제목 : 수산물 시장
촬영지 : 통영 수산물 시장

❷_고숙자 作(가작)
제목 : 시장풍경
촬영지 : 전주 남부시장

❸_현정호 作(가작)
제목 : 그때 그 시절
촬영지 : 고령시장

참고문헌

강승화(2002), 「우리나라 재래시장활성화 방안에 관한 연구」, 연세대학교 대학원 석사학위 논문

경상북도의회·경북대 지역시장연구소(2008), 『경북 재래시장 유형별 활성화 모델 개발 연구』

김경욱·김호정(2002), 『대리점·소매점 경영 이렇게 하면 성공한다』, 도서출판 문장

김규창(1996), 『대구 광역상권의 현황과 발전방향』, 한국 마아케팅연구원

김대길(2000), 『시장을 열지 못하게 하라』, 가람기획

김용만·이장환·황화철(2000), 『유통업 창업과 경영』, 형설출판사

김종국(2007), 「한국 재래시장의 유형분류와 전략적 유형 정의에 관한 연구」, 숭실대학교 대학원 박사학위 논문

김종의·한동여·박민아·석유미·노화용(2008), 『한국소비자와 통하는 마케팅』, 형설출판사

김준호(2007), 『고객만족경영』, 무역경영사

김찬동(2005), 『환경개선사업 시행 후 재래시장활성화 방안』, 서울시정개발연구원

민경호(2006), 『기업가정신』, 무역경영사

박강수(1977), 『한국재래시장연구』, 범학도서

배병렬(1997), 『고객 가치 창조』, 도서출판 석정

백남운(1999), 『조선사회경제사』, 범우사

변명식·고경순(2006), 『재래시장경영론』, 학문사

설병수(2005), 「농촌 정기시장의 사회·문화적 의미」, 지방사와 시장 문화, 제8권 1호, 경북대 영남문화연구원

설병수(2005), 「상주권 장시에 대한 연구」, 영남학, 제7호, 경북대 영남문화연구원

손광수(1994), 『하기 쉬운 CS 알기 쉬운 CS』, 21세기북스

중소기업청·시장경영지원센터(2005), 『재래시장활성화를 위한 한·일 국제세미나』

중소기업청·시장경영지원센터(2006), 『2005년 기준 재래시장 실태조사보고』

중소기업청·시장경영지원센터(2008), 『2007년도 상점가 점포경영 및 경쟁력 조사』

중소기업청·시장경영지원센터(2008), 『2008년도 전국 지역중심상권 실태조사』

중소기업청·시장경영지원센터(2008), 『지역상권 개발제도 도입을 통한 상권 활성화 방안』

중소기업청·시장경영지원센터(2008), 『잘 되는 시장 성공이야기』

시장경영지원센터(2008), 『지방 공설시장의 중장기 개발방향 연구』

시장경영지원센터(2008), 『지역상권 활성화 한국형 모델에 관한 연구』

시장경영지원센터(2008), 『2008년도 전통시장 및 점포경영 실태조사 통계자료집』

신기진(2005), 『재래시장 블루오션』, 도서출판 효성

안성호(2005), 『재래시장의 실태와 특화전략』, 도서출판 다운샘

안영갑 · 최경주 · 박상익(2006), 『한국의 재래시장』, 도서출판 두남

유한섭(1992), 『한국의 시장 상업사』, 주식회사 신세계 백화점

윤명길(1995), 『유통 개방시대의 소매유통 어떻게 할 것인가』, 동인

이동진(2007), 『소비자관계마케팅』, 박영사

이상옥(1994), 「한국 재래시장의 유통근대화에 관한 연구」, 단국대학교 대학원 박사학위논문

이재하 · 홍순완(1992), 『한국의 장시』, 민음사

이철호(1991), 『장터순례』, 도서출판 유림

이춘근(2002), 「지역재래시장의 실태와 활성화 방안」, 한국지역학회 · 대구경북개발연구원

임영균 · 안광호 · 김상용(2005), 『유통경로관리』, 경문사

임종인(1983), 『우리나라 유통기업의 개방전략과 현대화』, 기술연구원

장수용(2000), 『고객만족을 위한 친절서비스』, 현대미디어

장홍섭 · 안승철(1998), 『현대소비자론』, 삼영사

장홍섭(2004), 『현대사회와 소비자』, 경북대학교 출판부

장홍섭 · 김재진 · 이수형 · 이상환(2005), 『마케팅』, 경북대학교 출판부

쟈구어씨 · 장권링(2004), 김태성 옮김, 『거상』, 더난출판

전진문(2004), 『경주최부잣집 300년 부의 비밀』, 황금가지

제리윌슨(2005), 『새로운 고객은 끊이지 않는다』, 비전과 리더십

조병찬(2004), 『한국시장사』, 동국대학교출판부

주영하 · 전성현 · 강재석(2003), 『사라져가는 우리의 5일장을 찾아서』, 민속원

진기홍(2008), 「중국 내 대형마트의 점포특성요인과 점포이미지 및 점포충성도와의 관계」, 계명대학교 대학원 박사학위논문

한국방송광고공사(2006), 『2006 소비자 행태조사』

한상설, 박희랑(2004), 『마케팅 마인드 · 툴 · 스킬』, 도서출판 한솜

한정주(2007), 『조선의 거상 경영을 말하다』, 비즈페이퍼

Philip Kotler · Gary Armstrong(2008), Principles of Marketing 12th, Prentice Hall

David A. Aaker(1984), 『Strategic market management』, John Wiley&Sons, Inc

J.D.Forbes(1987), 『The consumer interest』, Croom helm

지은이 | 장흥섭

학력

- 영남대학교 상경대학 경제학과 졸업(1973년)
- 고려대학교 경영대학원 경영학과 졸업(1976년)
- 경희대학교 대학원 경영학과 졸업(1983년, 경영학 박사)

주요 경력

- 한국경영교육학회장(1997년)
- 한국전략마케팅학회장(1998년)
- 교육인적자원부 고등학교 2종 교과서 심의위원(1999년)
- 서울대학교 소비자학과 교류교수(2000년)
- 한국경영경제학회장(2003년)
- 경북대학교 경상대학장 · 경영대학원장(2003, 2004년)
- 전국경영대학(원)장협의회 회장(2004년)
- (사)영상아카데미학회장(2009년)
- 판매사, 경영지도사 자격시험 출제위원(2004, 2009년)
- 중국 남경재경대학 객원교수
- 대구광역시의회 자문위원
- 경상북도 소비자정책심의위원
- 중소기업청 시장경영지원센터 자문위원
- 경북대학교 경영학부 교수(마케팅 전공) / 지역시장연구소장

저서 · 논문 · 연구보고서

- 저서 : 『현대사회와 소비자』, 『현대소비자론』, 『마케팅』(공저),
  『관광과 함께하면 재미있는 경북 전통시장』 외 다수
- 논문 : 「소비자 문제 해결을 위한 대안적 모델」 외 30여 편
- 연구보고서 : 「신평리시장 및 주변상가 활성화 방안 연구」 외 다수

수상

- 한국전략마케팅학회 학회 발전 공로상(2000년)
- 일본상업교육학회 국제 학술교류 공로상(2004년)
- 한국경영교육학회 교육대상(2007년)